O BRASIL NO MUND

Argemiro Procópio

O BRASIL
NO MUNDO
DAS DROGAS

EDITORA
VOZES

Petrópolis
1999

FICHA TÉCNICA DA VOZES

DIRETOR EDITORIAL
Avelino Grassi

EDITOR
Lídio Peretti
Edgar Orth

DIRETOR INDUSTRIAL
José Luiz Castro

EDITOR DE ARTE
Omar Santos

EDITORAÇÃO
Revisão gráfica: Revitec S/C
Diagramação: Josiane Furiati
Supervisão gráfica: Valderes e Monique Rodrigues

ISBN 85.326.2155-4

Este livro foi composto e impresso pela Editora Vozes Ltda.

SUMÁRIO

INTRODUÇÃO

Análises e informações contidas neste livro constituem resultado de cinco anos consecutivos de trabalho. Os procedimentos de pesquisa começaram efetivamente no mês de novembro de 1994, quando os embaixadores dos Estados Unidos da América, dos Países Baixos, da Suíça, da Itália e do Peru, em Brasília, participaram do I Simpósio sobre a Questão das Drogas e do Narcotráfico nas Relações Internacionais. Em junho do ano seguinte, a temática girou em torno da análise sobre Imprensa e Narcotráfico nas Relações Internacionais.

A partir daí, incorpora-se nessa pesquisa bateria de dados, antigos e novos, publicados na imprensa regional, local e internacional. O esforço valioso e anônimo de jornalistas não é desperdiçado: sua absorção em várias vertentes da pesquisa permitiu acompanhar outros fenômenos sociais associados à febre das drogas.

As fontes aqui usadas radiografam inclinações e atitudes da sociedade em face da questão dos ilícitos. A reconhecida fragilidade e as dificuldades referentes ao grau de confiabilidade e exatidão dos dados, a discrepância das estatísticas inevitavelmente estão refletidas na pesquisa, apesar dos cuidados na análise.

Em abril de 1996, no escopo desse estudo, teve lugar um terceiro debate a respeito das "Visões Políticas sobre o Narcotráfico". No mês de novembro de 1997, o IV Simpósio abordou o tema Corrupção e Narcotráfico. Em 1998, a pesquisa concentrou-se notadamente no jogo do bicho, na maconha e na lavagem de dinheiro. Também como resultado desses esforços, textos com resultados parciais do trabalho receberam espaço em publicações da Universidade de Brasília[1] e da Revista Brasileira de Política Internacional[2].

Depois de reflexões e de novos estudos, o conteúdo deste livro não é exatamente o das mencionadas publicações. Com substantivas modificações, em função do alargamento da plataforma analítica, sua leitura dificilmente será a mesma.

Isso, de fato, significa um novo esforço, até mesmo com diferenças no tratamento do tema, o que não quer dizer que se cortou a raiz com o levantado e redigido em fases anteriores do projeto. Ao contrário, como resultado de uma parte relevante da pesquisa "Dimensões e Características Sociológicas do Narcotráfico no Brasil", patrocinada pelo Conselho de Desenvolvimento Científico e Tecnológico – CNPq, este livro é um somatório de análises e debates.

Dentro do seu objetivo geral, levanta bases empíricas referentes à questão das desigualdades sociais e salariais presente nas manifestações do mundo das drogas. Caracteriza a situação do Brasil em termos de produção, consumo, processamento, trânsito, comercialização de drogas e lavagem de dinheiro, no contexto do narcotráfico nas relações internacionais.

Os fatos aqui relatados resultam da observação atenta da realidade de cada dia. Parte deles foi levantada junto a diferentes órgãos públicos, autoridades e especialistas envolvidos no tratamento do assunto. Outro tanto é fruto da coleta de experiências de gente comum: de alunos em escolas noturnas até fiéis de igrejas. Foram entrevistados expressivo número de empregadas domésticas, de detentos em liberdade condicional, de universitários, de recrutas no serviço militar, de pessoas em farmácias comprando remédios, de jovens freqüentadores de boates e malhadores em academias.

---

1. PROCÓPIO, Argemiro. "O crime organizado no contexto da globalização". In: *Textos de Política e Relações Internacionais* – Fundação Universidade de Brasília/Instituto de Ciência Política e Relações Internacionais. Caderno nº 6, fevereiro de 1997.

2. PROCÓPIO, Argemiro; VAZ, Alcides Costa. "O Brasil no contexto do narcotráfico internacional". In: *Revista Brasileira de Política Internacional*, Ano 40, nº 1, Brasília, 1997, p. 75-122.

Em razão da natureza delicada do tema, insuficientemente explorado no âmbito das ciências sociais, a pesquisa exigiu especial atenção quanto às informações coletadas. O recurso a fontes primárias encontra limites no caráter clandestino do tráfico de drogas e na conseqüente dificuldade de identificação, acesso e mapeamento de organizações que compõem a estrutura do narcotráfico tanto interna quanto internacionalmente, em suas diversas facetas. Nos órgãos estatais, talvez devido ao aspecto freqüentemente sigiloso das informações que orientam as ações do Estado, particularmente as de caráter repressivo, os obstáculos tampouco foram menores.

Diante disso e da necessidade de gerar e, ao mesmo tempo, integrar e sistematizar dados, procurou-se recuperar análises de estudos anteriores deste autor, dedicados à contravenção nos garimpos de ouro, onde máfias estrangeiras metiam a mão no contrabando de riquezas nacionais ao mesmo tempo que introduziam aqui o veneno do mercúrio.

Trabalhos de campo e vivência na Região Amazônica durante a década de 1980 influenciaram visivelmente na pesquisa. Daí o peso da Amazônia e o substantivo espaço a ela reservado em quase todos os capítulos.

No decorrer dos anos deste estudo, países vizinhos e outros distantes do Brasil foram visitados, alguns várias vezes. Em La Paz , Bolívia, presenciando as marchas e os protestos dos camponeses plantadores de coca em 1996 e 1997 conseguiram-se valiosas explicações. Durante períodos de férias e licença sabática, viagens com roteiro histórico-cultural à China, à Turquia, ao Marrocos e à Iugoslávia, ainda que não necessariamente dentro do escopo desta investigação, serviram ocasionalmente na coleta de dados e impressões. Algumas delas encontram-se retransmitidas neste texto. A permanência em Berlim como pesquisador visitante do Instituto Ibero-americano do Acervo Cultural Prussiano permitiu confrontar idéias e informações.

A ampliação do universo das observações, análise crítica e até mesmo o medo dos anacronismos da temática transformaram-se em requisitos para reflexões manifestas em alterações na análise no decorrer do projeto. Depois de abaixada a febre da obsessão globalista no marco teórico das explicações do fenômeno do narcotráfico, este livro, perambulando por trilhas explicativas nebulosas e complexas, pretende demonstrar que – ao se respeitar a moralidade objetiva e a ética social e ao se devolver ao usuário de drogas a sua condição de ser humano – as soluções para os problemas das drogas ilícitas não são uma utopia morta.

A partir desta introdução, marca-se terreno delineando as atuais tendências e modalidades do narcotráfico. No primeiro e no segundo capítulos, diversificadas exemplificações ilustram o processo de expansão, interiorização e integração latino-americana pelas drogas. No terceiro e no quarto, o esforço para um esboço da dialética da criminalidade e pequena radiografia da contravenção no processo da globalização ajudam talvez a visualizar a inescrupulosa aliança da corrupção e do capital nas permeáveis estruturas do narcotráfico. Nos três últimos capítulos e na conclusão, em uma mistura de informações com esperanças, tratando do ecumenismo do ilícito, da construção do pacto social antidrogas e de mitos do narcotráfico, o desiderato é a busca de esforços concentrados para soluções definitivas, de modo a fazer entender que, em nome do messianismo político, as políticas adotadas tanto no cenário internacional quanto no nacional não respondem às novas necessidades e realidades no combate às drogas.

Pretende este livro, editado quase no final dos anos proclamados como "Década das Nações Unidas contra o Abuso de Drogas" (1991 a 2000), somar-se aos esforços públicos e anônimos de milhares de pessoas no Brasil e no mundo na luta contra o mal deste século que está quase no fim e do outro que logo vai começar.

Espera-se que as críticas aqui manifestas, imbuídas do espírito de cooperar, sejam vistas positivamente na busca de solução para o problema cuja expansão e incorreta manipulação transformou em ameaças à paz e à segurança internacional.

No mais, cabe relembrar a obviedade que nem todas as verdades são eternas, que o tempo acaba com as coisas. *Tempus edax rerum!*

I

A INTEGRAÇÃO LATINO-AMERICANA POR MEIO DO NARCOTRÁFICO

A coca como marco do processo de integração continental

Não deixa de ser útil relembrar que, historicamente, as drogas atuam como formidável agente e vetor de integração. Na América pré-colombiana, a coca significou o elo entre as sociedades consumidoras indígenas andinas e sociedades indígenas amazônides que há séculos plantam a coca ou o ipadu.

Dos anos 1980 em diante, o papel do narcotráfico que utiliza o crescimento do êxodo rural e da infra-estrutura urbana amazônica tem sido de protagônica importância no desencadeamento do que ousamos chamar de "integração regional paralela". A presença articulada da máfia américo-colombiana na Amazônia brasileira, desde os anos 1970, ronda os garimpos. Nas minas, chegam ingredientes químicos utilizando a infra-estrutura das rotas do contrabando do mercúrio.

O comércio ilegal do ouro, da cassiterita e das pedras preciosas geralmente passa pelos mesmos trilhos da corrupção usados pela cocaína. Posteriormente, aderiu a esse processo o crime organizado do Uruguai, Paraguai, Argentina, Peru e Bolívia, o que significa integração pela desgraça.

Se algum monumento tivesse de ser erguido para lembrar o bem-sucedido processo paralelo de integração continental, com certeza deveria ser escolhida como marco de referência a coca. Mérito ou demérito, crime ou virtude, a história saberá julgar.

Não há como esconder que a cocaína, em menos de três décadas, integrou as Américas em um esquema de contravenção continental sem paralelo na história. É doloroso constatar que essa droga tem provocado inusitado movimento de fronteira. Grande fluxo humano, movimentação de capitais, emprego e estratégias montadas para a lavagem de dinheiro incrementam o setor industrial, agropecuário, financeiro e de construção civil nos países americanos. São testemunhos vivos de que a cocaína atua como vetor de integração, atrelada a uma economia informal de extrema vitalidade.

A história do papel da coca no mundo pré-colombiano, fosse ela estudada, deixaria menos perplexas as diplomacias do continente. As mesmas que, com suas demoradas e morosas negociações, tardiamente encararam o processo de integração continental tão sonhado por Bolívar. Por séculos, prenderam-se em rivalidades e lutas pela ampliação de territórios, esquecendo o papel da cooperação e da integração.

Depois dos enervantes anos da Guerra Fria e dos conflitos ideológicos, manipulados e explorados tanto por confessas democracias quanto por malvistas ditaduras do mundo subdesenvolvido, não poderiam as nações ficar órfãs de explicações fáceis para as desgraças mundiais. No maniqueísmo, no esquema das duas únicas opções, vale dizer, ou o pecado ou a virtude, a manipulada opinião pública soube eleger as substâncias entorpecentes como o mal do século. Igualmente por isso, o narcotráfico transformou-se em formidável instrumento de poder, até mesmo porque, teologicamente falando, o mal é perigoso. Nas encruzilhadas dos caminhos da dialética da criminalidade, desorientaram-se as motivações dos Estados Nacionais em suas campanhas e cruzadas antidrogas. Alguns países nela entraram guiados por princípios éticos, religiosos e morais, ou por terem sido vítimas das drogas. Outros sem convicção engrossam o coro moralista antitóxico, ou para bajular, ou para conseguir favores, enfim, barganhar.

Os Estados Unidos da América, desde o século passado, capitaneia esta política, guiado inicialmente por princípios de ordem comercial. Os prejuízos com a perda do mercado do transporte do ópio mesclado ao comércio de peles no século

XIX levaram comerciantes e religiosos missionários norte-americanos a irem adotando, pouco a pouco, postura contra o tráfico até ver transformada essa postura em um princípio de ordem ética moral.[3]

A República Popular da China, com as duas guerras do ópio que devassaram o país, tem verdadeira ojeriza pelas drogas. Sua legislação, senão a mais rigorosa, é a que mais radicalmente se aplica e não raras vezes com pena de morte, até mesmo para os consumidores. Por paradoxal que possa parecer, os dois pilares históricos da luta contra as drogas, Estados Unidos da América e República Popular da China, mantiveram durante quase meio século estratégias diametralmente opostas. Na China, a luta se volta contra o consumidor, contra o viciado: partem os chineses do pressuposto de que se não há quem consuma, não há por que produzir ou traficar.

A Guerra do Ópio é ensinada nas escolas, repetida nos sindicatos, nas fábricas e no campo. Os meios de comunicação de massa e o próprio Partido Comunista, com base na experiência histórica chinesa, encaram o viciado como perigo para segurança nacional e causa da desagregação da família.

A grande preocupação – misturada à formidável alegria de ver a volta de Hong-Kong ao seio da pátria, depois de cem anos de domínio pelo colonialismo britânico – é a questão dos dependentes de droga daquela cidade. Autoridades chinesas no setor de saúde chegaram expressar o temor que Hong-Kong seja o "Cavalo de Tróia" das drogas. Ainda que os métodos sejam discutíveis, como a pena de morte para o viciado que rouba para consumir, sendo a família obrigada a pagar a bala que for gasta na execução do autor do crime –, não se pode esconder a eficácia dos resultados da estratégia chinesa. O rigoroso controle interno, até agora pelo menos, mostra-se mais consistente e eficaz que a política antidrogas dos norte-americanos.

---

3. Ver: FOIZER, Rosely. *Gênese e desdobramentos da Política dos Estados Unidos da América de combate às drogas*. Tese de mestrado, Departamento de Relações Internacionais, Universidade de Brasília, 1994.

Os Estados Unidos da América, com a tradicional política do porrete, atormentam as nações amazônides, sem uma severa contrapartida dentro das suas fronteiras. Ameaçam constantemente países ditos de trânsito, como o Brasil e o México, esquecendo o princípio da responsabilidade compartilhada. Tal política não tem diminuído o número de viciados nos Estados Unidos. Demonstra que a estratégia de conter a oferta sem reprimir a demanda é inócua.

O medo, quem sabe, de perder votos entre a juventude e nas amplas camadas consumidoras de drogas e o desconhecimento de como atacar os grandes grupos e os que lavam dinheiro das drogas tornam impotente a política norte-americana de combate às drogas que retrogradamente, com raras exceções, trata ainda o problema das drogas bilateralmente, isto é, com cada país separadamente.

A negativa, por cerca de vinte anos, de sentar-se à mesa para negociar com os países latino-americanos em bloco, impediu tratamento transnacional para fenômeno que fundamentalmente tem essa característica. As contradições dos Estados Unidos da América e de muitos outros países, nessa área, vão além desse viés, porque, mesmo considerando o narcotráfico fenômeno multinacional, a guerra contra ele é, especificamente, monopólio do Estado. Falta maior engajamento por parte dos meios de comunicação de massa, das igrejas, das organizações não-governamentais e da sociedade civil como um todo.

Teimando monopolizar essas guerras em uma espécie de luta por pedaço de poder, os Estados Nacionais, em sua maioria, dão pouco espaço para agentes não-governamentais. Ou seja, dá-se para fenômeno, que tem características também globalistas, receitas típicas do que existe de mais tradicional do realismo, ou seja, o narcotráfico é questão de *Razon d'État*. Vê-se então que, apesar do diagnóstico correto, a medicação é equivocada. Está claro que, pela sociologia das relações internacionais, quanto maior e diversificado for o número de atores envolvidos na luta contra o narcotráfico, mais abrangente deverá ser a ação. Em outras palavras, é preciso ter visão estrutural e não apenas conjuntural da realidade das drogas.

O estudo do narcotráfico é mais que simples categoria analítica. Sua análise é verdadeira provocação às ciências sociais, um desafio ao debate interparadigmático, porque coloca dúvidas tanto nas respostas do globalismo quanto na interpretação realista centrada no poder e na capacidade reguladora do Estado.[4] Não se pode esquecer que o consumo de drogas abarca questões de ordem interna e externa. Todavia, sendo também o narcotráfico fenômeno que nada à vontade nas águas da integração regional, sua análise pede caracterizações que ultrapassam as fronteiras nacionais. O caráter empírico e pragmático de análises, atrelado a fatos, tendências e perspectivas, no Brasil e em outros países, abre perspectivas para interpretações da fenomenologia das drogas no final do século.

A agulha da bússola para definir as direções desnorteia-se diante do velho discurso da decadência moral dos costumes. Considerado esse pressuposto, partindo para o terreno subjetivo da crise de identidade, até mesmo sobre o valor do hedonismo nas relações internacionais, é que será possível tatear melhor a problemática das drogas.

Observados esses pontos, pode-se verificar por que e como os entorpecentes se transformam em mecanismo de integração paralela no continente, por intermédio de suas vinculações com estruturas políticas e econômicas. Integração principalmente por meio da corrupção. Autoridades nacionais que, voluntariamente ou por inércia, deixam instrumentos de poder ao alcance das mãos do crime organizado colaboram no processo de integração marginal de dimensões continentais, contribuindo com a destruição de sua própria sociedade. Assim, compreende-se por que o dinheiro é lavado, receptado e como termina usado hipocritamente pelas sociedades que condenam esse crime. Resta desvendar a facilidade com que os agentes econômicos, nos campos principalmente comercial e financeiro, movem-se a serviço do narcotráfico, dentro do sistema das relações econômicas internacionais contemporâneas.

---

4. Ver: GRAY, John. *False Dawn: the delusions of global capitalism*. Grant Books, Londres, 1998.

"Cooperação técnica" e integração

Por sua natureza ilegal e pela conseqüente necessidade de procurar escapar do monitoramento das forças de segurança, o narcotráfico, em suas diversas dimensões, tende a assumir características de constante inovação e integração. Esse aspecto é particularmente claro no que diz respeito aos caminhos utilizados. As rotas do narcotráfico são a maior prova do processo de integração pelas drogas. Pouco importa se são abertas, fechadas, mudadas e, em alguns casos, esquecidas por um espaço de tempo e depois rearticuladas e reutilizadas.

Nesse universo de troca e "cooperação técnica", parte da cocaína reexportada do Brasil para a América do Norte e Europa vem da Colômbia, Peru e Bolívia, passando freqüentemente pelo Paraguai e pelo Uruguai. O MDMA, mais conhecido como ecstasy, que já tem similares *made in Brazil* há cerca de meia década saía da Europa diretamente para o consumidor brasileiro, via aeroportos e portos marítimos das grandes cidades e capitais deste subcontinente. Mais rudimentar, o comércio da pasta básica chega por campos de pouso, caminhões transportadores de madeira e de gado com fundos falsos, além de por automóveis particulares. A pasta base que entra no Brasil por Paraguai, Bolívia, Peru e Colômbia ultimamente é produzida em localidades de cultivo e colheita da coca; após o processamento das folhas, seu volume se reduz enormemente, facilitando o transporte por via aérea, fluvial ou terrestre.

Grande problema para a fabricação de cocaína no Peru e na Bolívia, em 1995 e 1996, diz respeito à dificuldade de obtenção de ácido sulfúrico e querosene. Nos anos 1980, esses produtos entravam e saíam do Brasil por Tabatinga, no Estado do Amazonas, fronteira com a cidade colombiana de Leticia. Por haver se transformado em rota famosa, ficou policiada. A pasta base que entra ou que é processada no Acre, Rondônia, Mato Grosso, Mato Grosso do Sul, Tocantins e Goiás, segue para as cidades do interior de São Paulo e de Minas Gerais, antes de ser consumida, não importa onde. Essa rota recebeu o nome de "rota caipira", por seu caráter interiorano. Ademais, ela tem sido usada como meio de estoque da cocaína.[5]

Supõe-se que as esquecidas e velhas ferrovias sejam utilizadas pelos narcotraficantes que misturam a cocaína em sacas de café ou de trigo. A rota caipira é apoiada pela União Corsa (Máfia Francesa) e pelas máfias italianas da Calábria e da Sicília; as duas últimas levaram alguns de seus membros mais jovens a migrar para o Brasil, não em virtude do cerco da justiça italiana, mas dada a alta lucratividade dos negócios aqui. Pela rota caipira, desconfia-se que se transporte de tudo, inclusive químicos. As drogas correm de norte a sul do subcontinente: chega à Ciudad del Este, Manaus e até mesmo à Ushuaia que, por serem zonas francas, fornecem infra-estrutura física, humana e bancária extremamente favoráveis ao contrabando e ao narcotráfico.

Até os anos 1980, o Brasil era o único país na América do Sul a fabricar o éter e a acetona em escala industrial. Com a imposição de rijeza na fiscalização de tais produtos e constante vigilância da *Drug Enforcement Administration* (DEA), exigindo maior rigor na exportação, parte da cocaína consumida no Brasil passou a ser processada aqui. Em razão da vigilância policial praticada sobre os químicos controlados na fase da produção, tornou-se comum o desvio dos mesmos. Difícil dizer o quanto Peru, Colômbia e Bolívia exportam em pasta-base, em cocaína, heroína e o quanto desses produtos o Brasil consome e reexporta. O certo é que as estratégias são tão diversificadas a ponto de se saber que nos anos 1980 cultivou-se o ipadu em escala comercial na região da Cabeça de Cachorro, no Estado do Amazonas. Se hoje ainda o é, não se sabe. As plantações de coca e papoula seguem à risca receituários agronômicos, ao que se supõe, a princípio estudados nos Países Baixos. Assim, as plantações de papoula na América Latina chegaram modernizadas, com alta tecnologia e bom nível de produtividade, graças inicialmente à "cooperação técnica" holandesa.

5. *O Globo*, 8.9.96, p. 16.

Saber por que esse país plano – no imaginário das pessoas, um jardim de tulipas com moinhos de vento, homens com tamancos de madeira e mulheres loiras de tranças – transformou-se em marco de referência de pelo menos duas gerações, no aberto consumo de drogas, é desafiante exercício. Saiu dali a própria palavra droga, que, em flamengo ou no holandês antigo *droog*, quer dizer punhado de folhas secas. No português do Brasil, a evolução do uso popular da palavra droga comprova que sua utilização tende a uma conotação negativa. "Está uma droga", "é uma droga", "que droga!" são sinônimos de porcaria e baixa qualidade.

Antigamente não era assim. Drogarias e farmácias tinham quase significados comuns, lugares para compra de químicos e remédios destinados à cura ou embelezamento do corpo. Droga era palavra inocente e neutra, relacionada geralmente a produtos químicos para uso doméstico.

A Convenção de Genebra de 1936 obrigou-se a uma adjetivação qualitativa negativa para acompanhar a palavra droga, ou seja, os textos falam em drogas nocivas.

A contracultura nos Países Baixos antecedeu ao fenômeno de Woodstock; escandalizava, nos anos 1960, aos militantes de esquerda transformados em exilados políticos e que, depois da anistia, voltaram ao Brasil arejados por idéias novas, fruto da convivência internacional. Dezenas e dezenas deles chegaram ao poder por meio das urnas. Inicialmente os militantes de esquerda radicais encaravam as drogas como fenômeno da decadência capitalista. Tardou pouco para que maconha, ácidos da felicidade, bolinhas e LSD fossem vistos como coisa da "esquerda festiva". Menos demorado ainda foi o processo para apagar por completo a imagem das conotações ideológicas entre usuários.

Pensar diferente levou a outro caminho o ex-prisioneiro político Fernando Gabeira. Em vez da filiação em partidos de seus ex-companheiros, com visão sobre as drogas diferente da sua, como o Partido dos Trabalhadores – PT ou do Partido da Social-Democracia – PSDB, procurou nova militância no Partido Verde, aqui, como na Alemanha e nos Países Baixos, entre outros, um partido político de exemplar coerência.[6]

Um pouco de história

A produção do ópio inicia-se com pequenos cortes no bulbo da papoula para retirada da seiva, em grego, ópio. Daí são fabricados derivados, como a morfina e a heroína. Em 1994, a Colômbia substituía plantações de coca por plantações de papoula. A papoula e a coca testemunham que o mundo está globalizado não é de hoje: o fenômeno existe antes da difusão dessa terminologia pelos cientistas políticos nos anos 1990.

Os sumérios na Mesopotâmia, cinco mil anos antes de Cristo, tratavam de enfermidades com infusões à base de papoula. A *papaver somniferum*, papoula ou dormideira, era conhecida dos faraós. Cultivada em Tebas, no Egito, recebeu o nome de ópio tebaico ou tebaína.

Os romanos consumiam o ópio livremente. Com o cristianismo, ele passou a ser considerado planta infernal, coisa de bruxaria. Graças aos turcos no século VII, sabe-se que efeitos mais fortes são conseguidos pela inalação da fumaça do suco da papoula solidificado.

O usuário habitual necessita cada vez de doses maiores. É quase um tipo de resistência adquirida; tal tolerância lembra o fenômeno de monges que ingerem inicialmente pequenas doses de arsênico, que vão aumentando para ficarem imunes a elas, em caso de tentativa de envenenamento. Antigamente, certos roceiros faziam o mesmo em Minas Gerais, com variados venenos. A esse fenômeno denomina-se mirtridatização, em reconhecimento a Mirtrídates VI, Rei do Ponto que, um século antes de Cristo, utilizava esse método para sobreviver a envenenamentos, no que foi seguido por numerosos imperadores, sobretudo chineses. Todavia, a globalização propriamente dita do ópio ocorreu no século XVIII. Com a expansão das rotas comerciais, ele se torna uma droga universal. Em

---

6. Ver: GABEIRA, Fernando. *O que é isso, companheiro?* Companhia das Letras, 1979.

1843, inventada a seringa hipodérmica, o hábito da droga se alastra. A morfina injetada em militares feridos durante a Guerra Civil nos Estados Unidos da América destranca as portas para o vício no continente. Em 1870, casas para fumar ópio foram abertas na Califórnia. Em 1898, os Estados Unidos da América adquiriram as Ilhas Filipinas dos espanhóis e resolveram proibir locais de fumar ópio. A proibição surtiu efeito inverso em Manila. Em 1903, apareceram novas lojas, totalizando 190 pontos para o consumo na cidade de Manila.[7] Cerca de setenta anos depois, a mesma cena se repete nos Estados Unidos, com ex-combatentes do Vietnã que voltam viciados em heroína.

Retrocedendo da Guerra do Vietnã até a descoberta do Novo Mundo, no século XV, aqui os colonizadores espanhóis entenderam que, para os maias e astecas, a coca é planta sagrada. Em 1596, conheceu-se o primeiro estudo europeu a respeito das virtudes da folha de coca realizado por Nicolas Monardes.

No começo do século passado, isolada a morfina em laboratório, ela passou ser chamada na Alemanha de "remédio dos deuses". De coisas dos deuses a coisas do diabo, voltemos para o Brasil, sem esquecer o Santo Daime e a União do Vegetal, esta última fundada em Rondônia por um seringueiro chamado José Gabriel da Costa. Ele aprendeu com indígenas da fronteira Brasil-Bolívia a preparar o chá que serve aos fiéis. A ayahuasca tem dois alcalóides, ou seja, a harmalina do cipó e a dimetiltriptamina que vem da chacrona, nome da folha que se mistura na infusão. Sob o efeito dessas bebidas, os adeptos têm alucinações, com descobertas novas que dizem fazer de si mesmos.

Procurando novas rotas

Na procura dos atuais caminhos, vale considerar que as rotas dos anos 1980, depois de vigiadas e conseqüentemente esquecidas, podem ser reutilizadas em outros momentos. Nesse sentido, a região da cidade de Presidente Prudente, no

---

7. Ver: TAYLOR, Arnold H. *United States and the International Movement to Control the Traffic in Narcotic Drugs, UMI, Ann Labor,* 1988.

interior do Estado de São Paulo, pode estar novamente transformando-se em receptora da droga que chega dos países produtores, por via aérea, seguindo daí para o Rio de Janeiro e para São Paulo, por via terrestre. O mesmo pode ocorrer na Rodovia Raposo Tavares (SP 270) que conecta São Paulo a Mato Grosso do Sul.[8] A Rodovia Castelo Branco (SP 280), a que liga São Paulo a Três Lagoas/MS (SP 300) e a rota que liga Assis a Ribeirão Preto (SP 333) e dali a Minas Gerais são todas, certamente, importantes para o narcotráfico, mas em nada comparável com o descontrolado tráfico de produtos químicos pela Rodovia Fernão Dias, ligando Belo Horizonte a São Paulo. Famosa pelo escoamento de produtos químicos sem nenhuma fiscalização nos primeiros anos da década de 1990, essa Rodovia, até antes do início das obras para sua duplicação, é retrato falado da corrupção e do nada se fazer contra as drogas.

No Brasil, a repressão ao narcotráfico concentra-se tradicionalmente nas grandes cidades. O foco de atenção dos órgãos de informação e de inteligência e de quase todo o aparato policial centralizou-se principalmente nas capitais e, em particular, no Rio de Janeiro, em São Paulo, Recife, Belo Horizonte, Salvador, Manaus, Brasília, Fortaleza, Porto Velho, Belém, Curitiba e Goiânia. Na maior parte dessas cidades, existem consulados, onde ficam normalmente os escritórios da DEA e suas redes de informantes.

Nas capitais mencionadas, há efetivamente consumo de psicotrópicos, gangues, distribuidores, lavadores de dinheiro e fabricantes de produtos químicos controlados. No entanto, é fundamental observar que a inteligência que controla e fomenta o narcotráfico, sua estrutura de produção e a logística de distribuição para o país e exterior não se encontra necessariamente nessas capitais. Está também nas metrópoles dos países centrais, no mesmo lugar onde acaba o grosso dos dividendos das drogas. A política antidrogas do país faz de conta não entender isso e a polícia representa o velho papel de capi-

---

8. Ver: Geffray, Christian. Efeitos sociais, econômicos e políticos da penetração do narcotráfico na Amazônia *brasileira*. Relatório de Atividades nº 2. ORSTOM/CNPq, fevereiro de 1996.

tão-do-mato, vale dizer, caça o escravo, que é o pequeno distribuidor, e nunca prende o patrão ou os caciques das drogas. Ainda pior, quando a polícia prende, o Judiciário solta. No Brasil, existem 300 mil mandatos de prisão não cumpridos, evidenciando total desintegração entre as instâncias formais de combate ao crime.

A logística da estrutura produtiva do narcotráfico no Brasil, desde a crise dos grandes cartéis colombianos na década de 1980, passou por radical processo de descentralização. As estruturas de comando se multiplicaram e espalharam-se por vários lugares no exterior e interior do país, em ramificações e em mãos de máfias de diferentes procedências geográficas.

O êxito da estratégia da micro e da macrodistribuição simultânea de narcóticos e produtos químicos criou inovações na produção. A papoula substituiu certas áreas onde antes se plantava a coca na Colômbia. Por outro lado, as plantações de coca extrapolaram as fronteiras dos produtores tradicionais, ou seja, Peru e Bolívia, alcançando o Equador e o Panamá, entre outros. No processo de interiorização das drogas, pequenas e médias cidades entram e saem de cena, não só na Amazônia Brasileira, mas por todo o continente. No Sudeste do Brasil, pode-se mencionar, a título de exemplo: Campinas, Santos, Ribeirão Preto, Aparecida do Norte, Rezende, Barra do Piraí, Angra dos Reis, Campos, Vassouras, Araçatuba, Governador Valadares, Uberaba, Uberlândia, Diamantina, Paracatu, Varginha, Pouso Alegre, Teófilo Otoni, Juiz de Fora, Colatina e Vila Velha.

A contaminação da sociedade pelo narcotráfico nos centros urbanos de médio e pequeno porte por quase todos os estados da Federação prova que as drogas não estão concentradas, como nos anos 1970 e 1980, nas metrópoles ou exclusivamente em cidades fronteiriças com a Colômbia, o Peru, a Bolívia e o Paraguai. Argumento forte a favor desse ponto de vista é o preço da cocaína. Nas cidades do interior, na maior parte dos casos, o preço é substantivamente inferior, e a droga é de melhor qualidade. Dizem que o grau de pureza da cocaína distribuída no interior é maior do que daquela consumida no Rio de Janeiro e em São Paulo. Tanto isso é verdade que, hoje, levas de dependentes residentes nos grandes centros abastecem-se nas cidades do interior, aproveitando-se de festividades religiosas, rodeios e carnaval, entre outros eventos. Não havendo o "controle de qualidade" das drogas, como já existe nos Estados Unidos da América e Europa, a maneira aqui é tentar buscar "água na mina".

A expansão do tráfico, da produção e do consumo de substâncias entorpecentes no interior, ou seja, o êxito da penetração do narcotráfico no Brasil debita-se, em parte, ao conjunto de erros da política antidrogas desenvolvida pelo Estado brasileiro. Durante duas décadas, as autoridades curvaram-se demasiadamente frente às pressões e aos ditames da DEA. Assim, os esforços nacionais contra as drogas centraram-se quase que somente nos grandes portos marítimos e aeroportos, evitando a saída das drogas para o exterior, ou seja, para os Estados Unidos da América e para a Europa Ocidental. Todavia, as autoridades esqueceram-se de que uma política inteligente e efetiva deveria se preocupar com a entrada pelos "fundos" e, em conseqüência, com a saída pela "frente". Apesar do conceito geográfico distorcido, leia-se, como "fundos", as fronteiras amazônicas e, como "frente", a parte atlântica, isto é, a tradicional conexão com os países ocidentais ditos ricos e desenvolvidos.

Diante da abundância de drogas e da concorrência das anfetaminas, os preços dos derivados da coca prometem cair mais ainda. Milhares de cidadãos se viciam, ocasionando prejuízos sociais irreparáveis. Enquanto a polícia e os cães rastreadores vasculham aeroportos como Cumbica ou Galeão, as cidades fronteiriças e o interior brasileiro são deixados no abandono. Sem controle, transformaram-se, graças à inércia do Estado, em paraísos e bases para o narcotráfico, atraindo para si consumidores e vendedores de drogas, dando emprego perigoso a levas de gente que na vida nunca teve carteira profissional assinada. No Brasil os trabalhadores com registro são aproximadamente 23 milhões, número pequeno para uma população ativa que ultrapassa 75 milhões de pessoas.

O uso de alucinógenos é prática comum em todos os estratos sociais. Consome mais quem paga mais. O comércio de entorpecentes é regido pelas leis do mercado e tanto faz se o cliente é das favelas, da classe média ou da alta sociedade. No interior do Estado de São Paulo, até os trabalhadores rurais empregados no ramo do corte de cana consomem *crack*. Pessoas empregadas no mercado dos tóxicos são remuneradas com cocaína, fato que contribui substancialmente para a expansão de seu consumo e a favor do dinamismo nas vendas, ajudando a sobrevivência dessa droga em face da concorrência da penetração das anfetaminas.

As rotas do narcotráfico não se alteram apenas em razão da repressão policial. Historicamente, o aumento da capacidade de repressão não tem correspondente na diminuição do consumo de psicotrópicos. As rotas sofrem mudanças em virtude das próprias estratégias do tráfico, como, por exemplo, para permitir o transporte em pequenas quantidades. No Estado de São Paulo, duas rotas sobressaíram-se em 1995 e 1996: a Rota Norte – que sai da cidade de Araçatuba, seguindo por São José do Rio Preto e Campinas, até chegar a São Paulo – e a Rota Oeste, que sai de Presidente Prudente, passando por Ourinhos e Sorocaba até São Paulo. Por elas, transporta-se a droga que vem da Bolívia e que chegava anteriormente por via férrea de Corumbá até Bauru, e dali a São Paulo. Com essa mudança, o número de pequenos traficantes aumentou tanto nas cidades mencionadas, que torna quase impossível uma eficiente atuação policial, comprovando mais uma vez que a estratégia de prevenção contra as drogas é inócua com esforços isolados.

O turismo nos estados do Nordeste, como Bahia, Pernambuco e Ceará, atrai certo fluxo de turistas europeus e americanos. Com eles sai a droga, em insignificantes quantidades, nos vôos internacionais. Assim, por enquanto, é ainda incipiente a contribuição do turismo nordestino, sendo hoje prematura a afirmação da existência do narcoturismo nessa região. O mesmo não pode ser dito em relação às rotas aéreas e aos cruzeiros de luxo para Miami.

Barcos pesqueiros e iates, estes sim, precisam ser lembrados. Isso porque alguns deles colocam a droga nos navios em alto-mar, que sequer atracam nos portos nacionais. Esse é o caso de cargueiros chineses e japoneses que navegam pelo Atlântico Sul. Ou vice-versa, nessa estratégia, a heroína e anfetaminas tranqüilamente chegam ao Brasil.

Toda a frota de transporte marítimo no Brasil, não contando a da Petrobrás, perfaz 50 navios com capacidade de transporte de 2,5 milhões de toneladas.[9] Exatamente a metade da soma desses navios é o número das companhias associadas ao Sindicato Nacional de Empresas de Navegação (Sindarma).

Os armadores nacionais respondem por apenas 3% do movimento de carga do país. Essa reduzidíssima participação leva a crer que a quase totalidade do transporte intercontinental por mar, de drogas e produtos químicos empregados na fabricação de substâncias alucinógenas, entram e saem pela costa brasileira, uruguaia e argentina, quase que exclusivamente em embarcações estrangeiras. Por proposta da diplomacia dos governos da Argentina e Brasil, apresentada em Buenos Aires no mês de julho de 1998, navios de bandeira estrangeira navegarão livremente no Mercosul,[10] o que tornará extremamente difícil a vigilância policial no combate ao narcotráfico nesse setor.

Em princípios de 1998, foram descobertos, na Europa e nos Estados Unidos da América, "velhos segredos" no que diz respeito à entrada das drogas. Daí a renovada vigilância sobre aviões de linhas aéreas latino-americanas, como Avianca, LanChile, Varig, Vasp, TAM, Aerolineas Argentinas, entre outras. Passageiros provenientes do Paraguai, Colômbia, Venezuela, Brasil, Peru, Chile e Argentina, quando desembarcam nos Estados Unidos da América e nos países da União Européia, são exaustivamente revistados, sofrendo constantes constrangimentos. Driblando toda essa parafernália inquisitória e de revista de passageiros, os grandes cartéis, manipulando a estratégia do transporte formiga, decidiram enviar a droga em grandes quantidades para a Turquia, Grécia, Espanha, Marrocos, Mé-

---

9. *Gazeta Mercantil Latino-Americana*, 19 a 25 de outubro de 1998, p. 8.
10. *Gazeta Mercantil*. Ibid.

xico, Tailândia e Filipinas, países onde existe o turismo de massa de europeus e norte-americanos.

Não há como revistar milhares de turistas. Europeus, japoneses e norte-americanos, quando voltam a seus lares de suas férias, praticamente não são controlados por serem cidadãos de "primeira classe". Fica assim fácil a desova dos grandes estoques. Passageiros de vôos charter com destino a Espanha, Grécia, Portugal, Marrocos, Chipre e Itália, entre outros, congestionam os aeroportos durante o verão europeu. No velho continente, heroína, cocaína e anfetaminas transitam quase que sem controle policial, por meio de linhas aéreas desconhecidas dos latino-americanos, como SunExpress, Air Europa, Lauda Air, Aero Lloyd, Air Berlin, Air Liberté, Nouvel Air, Air Malta, Air Via, Arkia, Austrian Air Transport, Condor, Eurowings, Germania, Hapag Lloyd, LTU, Spanair, TEA Schweiz, Tunis Air, Viva Air, Martinair, Deutsch BA, Air One, Transavia, Virgin Express etc.

O coitado do narcotraficante nigeriano ou colombiano que transporta cápsulas plastificadas de entorpecentes, para depois defecá-las com a ajuda de laxantes, além do perigo de vida que corre e da insignificância do que ganha por levar drogas nos intestinos, desempenha o papel idiota de "boi-de-piranha". A imprensa dá notória publicidade a esses passageiros da morte, usuários geralmente de linhas como Varig, Ibéria, Avianca e Aeroflot, entre outras. É difícil provar se essa é ou não uma estratégia da inteligência do narcotráfico para desviar a atenção dos grandes corredores da droga. Se a droga dependesse de intestinos humanos para ser transportada, certamente os dependentes viveriam à míngua.

O contrabando de animais vivos tem dois lados. Por exemplo, o alto preço da arara azul e da anacã justifica o risco da empreitada. Animais fáceis de reproduzir em zoológicos, como certas espécies de serpentes – a jibóia é um caso – transportam vivas a heroína em suas entranhas. É a estratégia de um ilícito camuflando outro. Isso tem dado certo no tráfico da heroína colombiana com destino à União Européia e aos Estados Unidos da América.

Marrocos e Tunísia, tanto por sua história quanto pela hospitalidade de seu povo, transformaram-se em alguns dos pontos preferidos do turismo de massa dos países mais ricos. A juventude, frustrada por não poder sequer usufruir parte do consumido pelos estrangeiros em seus países, foge de lá. Muitos mil marroquinos morreram afogados na travessia da África para a Europa. Quando conseguem chegar, geralmente a violenta polícia espanhola os recebe não com abraços e sim com tapas, passando a processos de extradição imediatos; o mesmo aconteceu com os tunisianos e albaneses que, no verão de 1998, alcançaram chegar vivos à Itália. As autoridades de migração italiana recebem estes imigrantes ilegais à base do chute. Nessas ocasiões, direitos humanos soam como nome feio. Quase ninguém fala deles.

Destino menos trágico é dado ao haxixe marroquino, que tem no enclave colonial espanhol de Ceuta seguro entreposto para os tóxicos africanos com destino à Europa. As acusações de que as minorias ciganas fazem esse tráfico tapeiam a opinião pública, uma vez que a grande responsável pelo tráfico na Espanha é a corrupção de sua própria polícia. A mania de culpar minorias étnicas por tráfico de drogas é herança da ditadura franquista, viva em muitas partes da Espanha. Reações parecidas vêm ocorrendo na Itália, com relação a albaneses, e na Alemanha, na França e na Bélgica, com migrantes islâmicos, entre os quais bósnios e curdos.

Os controles aduaneiros feitos em quaisquer dos continentes trazem medíocres resultados: as drogas entram por cantos e brechas. Recorde-se que, após o início das operações de repressão ao narcotráfico com a participação direta das Forças Armadas no Rio de Janeiro, nas Operações Rio I e Rio II, respectivamente, em novembro de 1994 e fevereiro de 1995, robusteceram-se as linhas abastecedoras de São Paulo. O mesmo pode-se dizer sobre as rotas que, a partir dessas duas cidades, estendem-se a outros continentes. Isso porque a perseguição aos traficantes não acabou com os entorpecentes; apenas levou à busca de alternativas. Notório exemplo foi a opção pelo Estado do Espírito Santo, onde se localiza um dos importantes portos marítimos do Brasil, o Porto de Vitória. O grande aumento do tráfico observado na capital capixaba fez acreditar que, em certo período, os traficantes preferiram essa saída, em lugar dos portos de Santos e do Rio de Janeiro.

Traficantes do Rio procuram lugares distantes para instalar-se, diversificando e tornando seguras suas bases de atuação. Nesse caso, áreas de fronteira, próximas às cidades de Corumbá e Paranhos no Estado de Mato Grosso do Sul, incluindo-se as cidades de Ponta Porã e Pedro Juan Caballero, acabaram em evidência. Estimativas da Polícia Federal, possivelmente um tanto exageradas, diziam que 80% da cocaína que chegava ao Brasil tinha naquela região sua porta de entrada. É por ali que autoridades afirmavam chegar 70% da cocaína enviada à Europa e aos Estados Unidos. Também passavam produtos químicos, como a acetona e o éter, por contrabando ou por intermédio de "empresas" de exportação que abasteciam as unidades de refinamento da coca na Bolívia.

O Uruguai, que por aproximadamente duas décadas serviu de principal caminho de contrabando para saída do ouro brasileiro, é ponte de trânsito para os precursores químicos. Muitos de seus conceituados banqueiros, homens de negócios e políticos com discrição invejável ajudam a camuflar a rota da entrada de químicos. A Suíça latino-americana é referência no processo de lavagem de dinheiro e, em passado recente, ponto de distribuição das disputadas anfetaminas européias para Argentina e Brasil.

É expressiva a passagem de traficantes por Punta del Este e Montevidéu. Da mesma forma que o narcotráfico beneficiou-se e beneficia-se com o fim do controle de cidadãos e mercadorias nas fronteiras dos quinze países membros da União Européia, também os traficantes lucraram com o processo de integração fomentado pelo Mercosul entre Argentina, Brasil, Paraguai e Uruguai. O Paraguai, por exemplo, é notório ponto de contrabando e rota gorda do tráfico[11]. Todavia, lá não se lava tanto dinheiro como no Uruguai. Ciudad del Este é centro abastecedor de armas para os traficantes brasileiros.

---

11. *O Globo*, 14.5.95, p. 14; 15.5.95, p. 5.

No Paraguai, a venda de armas – de pistolas automáticas a fuzis AR-15, M-16 e outros igualmente sofisticados – é permitida. Por essa razão, não há impedimentos formais para que traficantes brasileiros possam comprá-las e enviá-las, utilizando aviões pequenos, ônibus de sacoleiros, ônibus de linha ou carros de passeio, que saem do Paraguai com destino ao Brasil.

Apesar de ter durado pouco, o recrudescimento da repressão com a Operação Rio e a captura de armas pelas forças policiais levou os narcotraficantes a buscar com intensidade armas por meio do contrabando. Ampliaram o abastecimento, além das tradicionais compras no Paraguai. Atualmente, sai dos Estados Unidos, de Israel e da Alemanha a maior parte das armas usadas pelos traficantes brasileiros.

Nunca deixou de dar certo, no Brasil, a tática da descentralização do narcotráfico, vale dizer, muitos e pequenos negócios, lembrando que "de grão em grão a galinha enche o papo". A repressão dos Estados Unidos e a lição colombiana obrigam os narcotraficantes a espalharem-se pelo Brasil de norte a sul. Faz com que outros países como Chile, Argentina, Uruguai e Venezuela compartilhem com o Brasil as rotas de transporte.

As apreensões de psicotrópicos no Brasil aumentaram 2.223% no ano de 1998 em comparação com 1997, indicando o crescimento da procura interna. A cocaína para a Europa, desde o início de 1998, é escoada com intensidade em áreas navegáveis do Rio Branco conectadas a trechos da BR-174 pela Venezuela, e dali para Guiana e Suriname. Essa nova rota é importantíssima. Por causa disso, neste livro, o tópico intitulado "a criminalidade setentrional", no capítulo IV, é todo reservado à BR-174. A capital do enclave colonial francês que é Caiena hoje é referência para o contrabando de drogas. A partir dali, excelentes conexões são estabelecidas com os paraísos fiscais no Caribe.

A ressonância da crise asiática já chegou ao Chile, membro orgulhoso do Fórum de Cooperação Ásia-Pacífico. A boa infra-estrutura comercial chilena, principalmente no comércio de frutas e peixe, agora é excelente espaço para o narcotráfico, não importando o fato de a imagem do Chile, com a prisão do general Pinochet em Londres, ter acabado tão doentia, tão arranhada como a do Brasil, da Colômbia, do Peru, da Bolívia e do Paraguai, entre outros. A crise econômica mundial relativizou a decantada vantagem do Chile de fazer parte do mencionado Fórum de Cooperação arrefecendo o calor do seu entusiasmo de aproximação junto aos países asiáticos, onde o silencioso narcotráfico com antiga tradição é mais poderoso e dinâmico que na própria América Latina.

Drogas na Capital Federal

Há sinais de que grupos atuantes na exportação e na importação de estupefacientes estejam ainda se fixando na região Centro-Oeste do país. O Estado de Goiás, por sua posição geográfica, é considerado importante ponto de passagem para o tráfico; dispõe de aeroportos e grande número de pistas de pouso em áreas rurais, bem como de malha viária facilitadora do acesso para diferentes regiões do país. Isso sem mencionar o fato de estar nessa região a Capital do País. No Distrito Federal, simultaneamente, cresce o consumo de anfetaminas, de drogas pesadas e dos subprodutos da cocaína, particularmente a merla. Políticos e funcionários do Judiciário, do Legislativo e do Executivo – vale dizer, o alto poder aquisitivo de representativa parcela de sua população – transformaram o Distrito Federal em um dos pontos de maior rentabilidade do comércio de drogas a varejo do país.

A cidade do Rio de Janeiro detentora da maior concentração de funcionários públicos do país rivaliza com o Distrito Federal como um dos pontos ideais para a distribuição de cocaína e anfetaminas a varejo. A violência na Capital Federal cresceu brutalmente nos últimos anos. Por exemplo, a média de assaltos a postos de gasolina no primeiro semestre de 1998 é de um a cada 12 horas. Nas entrequadras, onde se encontra o comércio local, o número de roubos à mão armada a padarias, restaurantes e mercearias toma dimensões graves. Os comerciantes, em sua maioria, acham que chamar a polícia é perda de tempo e dinheiro, porque nunca são encontrados os assaltantes. Quando podem, apelam para contratação de seguranças particulares. Se forem contados todos os seguranças e vigias espalhados pelo país, calcula-se que essa verdadeira milícia chegue quase ao dobro do contingente total das Forças Armadas na ativa, estimado aproximadamente em 270 mil pessoas. Isso não deixa de constituir-se em grave preocupação em termos de segurança nacional, uma vez que expressivo número de assaltos a bancos e desvios de carga perpetram-se por "seguranças" empregados e desempregados.

A impunidade e as imunidades, sobretudo no Legislativo e no Judiciário, transformaram Brasília em excelente lugar de negócios ilícitos, em especial para negócios da droga articulados com o setor financeiro e com o comércio de quinquilharias provenientes do Paraguai. Na Capital Federal, substâncias psicotrópicas inicialmente chegavam com produtos de contrabando vendidos em plena luz do dia na chamada "Feira do Paraguai", onde se encontram mercadorias importadas dos Estados Unidos, da Europa e da Ásia.

Essa Feira recebeu apoio do governo distrital para sua instalação, inicialmente ao lado do Estádio Mané Garrincha, zona nobre da capital federal. Exemplo de ilegalidade, contribui em infra-estrutura à contravenção. Brinquedos, tapetes, produtos eletrônicos, cristais, utensílios de cozinha e uma variedade enorme de artigos contrabandeados lá vendidos provavelmente abriram caminhos para o transporte de cocaína, de químicos e de armas.

A importância econômica da Feira do Paraguai e sua sustentação por grupos de políticos que se beneficiam do contrabando têm levado o Governo do Distrito Federal a permitir sua existência, dando-lhe infra-estrutura e intermediando os conflitos criados com a Associação dos Comerciantes do Distrito Federal. Na briga da transferência da Feira, esteve notória a preocupação com o futuro do voto e das opções partidárias dos feirantes. Ou seja, a luta pela caça aos votos em muitos casos é complacente com a contravenção e com o crime organizado. Prova que narcopolítica não é apenas um termo: ela existe tanto em ditaduras quanto em democracias; não distingue cor das bandeiras dos partidos políticos. A narcopolítica é rica em narcodólares; particularmente generosa na época das eleições, é inclemente no momento da cobrança de seus favores.

Em Brasília, o número de viciados entre os filhos de moradores das mansões do Lago Sul, a área mais nobre da capital, é mais denso que o encontrado nas cidades satélites. A dimensão da crise social, a perda de valores e a desagregação da família estão em íntima relação com o aumento dos viciados nos segmentos abastados da sociedade. Daí ser parcial a verdade de que apenas o desemprego e a baixa escolaridade são responsáveis pela expansão das drogas.

O consumo de drogas, se aumenta entre desempregados, cresce entre os filhos da classe média alta e também entre mulheres jovens e ricas. Na Universidade de Brasília – UnB, o número de usuários subiu aceleradamente, segundo pesquisa a ser comentada nos próximos parágrafos.

De acordo com essas investigações, cujos méritos dos resultados deve-se à espontaneidade da contribuição e de iniciativas dos próprios estudantes – alguns deles consumidores – chegou-se a conclusões particularmente esclarecedoras.

Antes, entretanto, de mencionar tais conclusões, faz-se necessário relembrar que o universo da investigação está em uma universidade de ensino público e gratuito. Isto é, uma instituição freqüentada por filhos da elite da Capital Federal. Na UnB existem proporcionalmente pouquíssimos estudantes efetivamente pobres: lá, filhos de excluídos só por milagre passam no concorrido vestibular. Os negros nessa universidade também são minoria, seja entre alunos, seja entre professores.

Os gigantescos estacionamentos do campus, repletos de modelos novos e de marcas caras de automóveis e a própria fisionomia do estudante, economizam palavras sobre a origem social, o perfil econômico e o nível de vida do seu público. Por essas e por outras razões, as universidades integralmente subsidiadas pelo Estado são um excelente lugar para a largada ao processo de distribuição da renda no Brasil. Se os filhos da burguesia pagassem seus estudos, haveria como dar bolsas para o estudante proletário, a ser devidamente reembolsada, depois de concluídos os estudos.

A pesquisa "Por que consumir? O que pensam os estudantes universitários sobre as drogas", se não conseguiu tantas respostas quanto as desejadas, pelo menos lançou algumas luzes na questão da interpretação das substâncias alucinógenas presentes na vida de um segmento da juventude.[12] Coletados de forma descontínua e informal, em um espaço de oito semestres acadêmicos, os fatos aqui apresentados, sem pretender seguir o caminho das pesquisas eleitorais – crentes confessas da "infalibilidade metodológica" –, relacionam-se a um pequeno, porém representativo, universo. Dado o caráter confidencial das informações, propositadamente recusou-se o auxílio de questionário e gravadores. As conclusões, resultado de ajuda aleatória de uma centena de jovens, refletem depoimentos extraídos de suas histórias de vida. Os diagnósticos foram vários:

– o consumidor de drogas não é necessariamente o mau aluno. A média geral acumulada de suas notas é MS, ou seja, média superior;

– mais da metade dos estudantes que se drogam, igualmente pratica esportes. Parte deles, além de fazer ginástica, joga peladas de futebol nos fins de semana. Entre esses, vários dedicam-se ao atletismo. Entre as mulheres consumidoras, cerca de 45% delas já passaram ou ainda freqüentam academias de ginástica;

– depois que ingressaram na Universidade, houve pequeno aumento do consumo de bebidas alcoólicas pelos estudantes. Tal prática geralmente está circunscrita a festas com os velhos e novos amigos, almoços ou churrascos com a família nos fins de semana.

– menos de 15% são fumantes de cigarros convencionais. Quase todos afirmaram que gostariam de abandonar o tabaco que não calha bem com a filosofia da "geração saúde", dividida hoje entre usuários e não usuários de substâncias ilícitas;

– com ou sem a mística do passado, a *cannabis* é ainda, entre as substâncias proibidas, a mais consumida. Tal fato não quer dizer que a primeira experiência tenha sido realizada

---

12. PROCÓPIO, Argemiro. *Por que consumir? O que pensam os universitários sobre as drogas.* Pesquisa – REL/UnB, 1994-1998.

com ela. Foi dito que até nas escolas secundárias os colegiais consideram a maconha como coisa leve e, sob certos aspectos, banal. Não desperta tanto a curiosidade como em outros tempos. Agora, o apelo gira em volta de entorpecentes fortes. É por isso que as anfetaminas, a cocaína e a própria heroína vêm se transformando na grande tentação da dentada no fruto proibido. Poucos dão-se conta – dependendo da forma e da intensidade do uso – de que isso expulsa os adãos e as evas do paraíso;

– ao contrário do que se imaginava, a heroína é conhecida e consumida pelos universitários, que também usam com freqüência o LSD;

– a chamada autonomia do campus universitário, lugar onde as forças policiais só entram se convocadas pelo Reitor, acreditava-se que fosse abrigo ideal para o comércio de drogas. Quem foi universitário nos anos 1960 e 1970 deve ainda pensar assim. Hoje, nem 10% dos estudantes se abastecem de drogas dentro da UnB, evitando "dar bandeira". Fora dali, existem drogas a melhor preço, qualidade e nas quantidades desejadas;

– dos entrevistados e entrevistadas, a grande maioria visivelmente não era dependente, porque ainda consumia drogas de forma esporádica. Todavia, a experiência continuada de duas décadas como docente mostra que vários desses consumidores sociais, ou consumidores curiosos, acabam transformando-se em dependentes, alguns até abandonando os estudos. Sabe-se que parte dos roubos de carros e toca-fitas nos estacionamentos da Universidade é praticada por estudantes envolvidos no negócio das drogas.

Na Capital Federal, as drogas não estão só no asfalto. O caipira sabe que, na bucólica região dos cerrados, no término da seca e quando inicia a estação das águas, algo de especial acontece: as chuvas provocam a natureza e, além do esplendoroso verdume da vegetação, surgem espécies minúsculas de coloridas flores atapetando o chão e cogumelos que brotam em profusão.

A moçada há muito tomou conhecimento de sabedorias centenárias dos sertanejos e as pratica em seus acampamentos nos feriados e fins de semana. É por essa razão que se vê nas paisagens do entorno da Capital Federal tanta juventude em festa à cata de cogumelos. Os que se aventuram a esse costume sem conhecer as espécies às vezes se intoxicam, com risco de vida.

Durante o IV Simpósio sobre a Corrupção e o Narcotráfico, em novembro de 1997, quando o Secretário-Geral da Conferência Nacional dos Bispos do Brasil, Dom Geraldo Damasceno, relatava experiências positivas da Igreja Católica relacionadas à recuperação do dependente, dados parciais dessa pesquisa foram apresentados pela primeira vez.

Tais observações não constituem grande novidade para o público universitário. Todavia, somadas a outras arroladas neste livro, por exemplo, as relatadas no segundo capítulo referentes à maconha e às anfetaminas, mostrarão que as substâncias alucinógenas não são monopólio nem do negro, nem do loiro, nem do bandido, nem do mau aluno. Como demonstrou essa pesquisa, o bom estudante também pode ser consumidor. Essa realidade quebra mitos em torno das drogas. Estereótipos, sejam eles negativos ou positivos, não ajudam na solução do problema. Começando pela verdade, há como lutar com armas eficazes contra as substâncias alucinógenas. Vai aí um lembrete aos encarregados da propaganda antidrogas nas instituições públicas: a campanha do sim ao esporte e não às drogas precisa ser revista. Nas conversas travadas nas academias de ginástica para o embelezamento do corpo acham-se as mais atualizadas referências sobre as anfetaminas!

De onde jorra o mel, sai igualmente o fel

Países transformados em apoio para o narcotráfico do eixo Brasil-África são: África do Sul, Marrocos, Congo, Nigéria e Angola. Neste último, devido a semelhanças lingüísticas e culturais, é fácil para o narcotraficante brasileiro infiltrar-se. A seu favor está o caos reinante da recente guerra civil.

As possibilidades de contrabandear riquezas com drogas nocivas, como tanto se faz no Brasil, são enormes, principalmente no Congo, enfraquecido por conflitos de origem étnica. Ali e em Angola, o contrabando de diamantes – o mesmo que ocorreu na Colômbia, com as esmeraldas, e ainda ocorre no Brasil, com águas-marinhas, ametistas, turmalinas e topázios – ajuda a abrir as portas para as drogas. O destino final do lucro dessas pedras é o mesmo dado aos diamantes: Suíça, Inglaterra, Israel, Estados Unidos da América e Países Baixos em primeira mão.

Essa constatação empírica, além de realidade histórica, é ponto focal desta pesquisa por comprovar ter sido o contrabando de esmeraldas na Colômbia, o da cassiterita e prata na Bolívia e o de ouro e pedras preciosas no Brasil os responsáveis históricos pela criação de infra-estrutura a favor da contravenção. Por essa razão, a questão continuará sendo tratada em outras partes deste livro. Apenas para exemplificar a ligação do narcotráfico com o contrabando de pedras preciosas brasileiras para o exterior é que será citado o nome de Temístoles de Moura, o Clay Torres, comerciante de pedras preciosas no Rio de Janeiro. Este senhor é ligado ao argentino Juan Carlos Hernandez, nome odiado e famoso por ter sido ele o receptador do ouro da derretida taça Jules Rimet, conquistada pela seleção brasileira de futebol na Copa do Mundo de 1970 no México. Este mesmo Juan Carlos Hernandez foi detido em 7 de janeiro de 1997 com 7,5 quilos de cocaína em São Paulo. Se ficar preso, estará terminada sua carreira no tráfico de drogas, ouro e pedras preciosas.[13]

A cooperação no plano internacional em bases multilaterais é essencial no combate às drogas. O contrabando do ouro e das pedras preciosas, entre outros, precisa ser combatido com a mesma intensidade com que se pretende combater as drogas ilícitas. Os países desenvolvidos, principalmente os Estados Unidos da América, precisam entender que "por onde entra o mel, entra igualmente o fel".

Toda a teia de contravenções formada pelo contrabando do café e da soja brasileira para o Paraguai – que de lá é reexportada para o exterior usando os portos marítimos brasileiros –, pelo contrabando do ouro peruano e pelo de madeira e

---

13. *O Estado de S. Paulo*, 8.1.98.

espécies vegetais nobres da selva dos países amazônicos, como Bolívia, Peru, Equador, Colômbia, Venezuela e Brasil, tem ligações diretas ou indiretas com o narcotráfico.

Entre as rotas fluviais e marítimas empregadas pelos narcotraficantes, centenas delas possuem conexões fluviais que se estabelecem na Bacia Amazônica e na Bacia do Prata, indo tanto em direção ao Atlântico quanto aos países andinos. Outra rota fluvial importante serve à região de Corumbá, no Mato Grosso do Sul. Corumbá, no final dos anos 1990, era ponto de convergência da droga saída do vale do Rio Huallaga, na Colômbia, do Peru e da Bolívia.

A hidrovia Paraguai-Paraná, de uns poucos anos para cá, transformou-se em seguro escoadouro de produtos químicos destinados ao refino da cocaína boliviana. Enquanto a vigilância da DEA concentrou-se no espaço amazônico, o narcotráfico, espertamente, saltou para o sul do continente estabelecendo maleáveis e modernas bases no Mercosul.

As centenas de barcaças graneleiras, cada uma delas transportando o equivalente a 50 caminhões semi-reboque, transubstanciaram-se em esconderijos ideais da contravenção.

Graças à hidrovia Paraguai-Paraná, com aproximadamente três mil quilômetros, o famoso porto de Buenos Aires e também Punta del Este, no Uruguai, passaram a ter novo destaque no narcotráfico, "aliviando" a carga de outros portos no subcontinente, até mesmo os de Santos e do Rio de Janeiro. Em matéria de transporte de produtos químicos controlados, essa hidrovia transfere para os países do Mercosul responsabilidades anteriormente exclusivas de países amazônicos como Colômbia, Venezuela, Peru, Equador e Bolívia.

O Paraguai, alma *mater* dessa hidrovia, escoa por aí um quarto dos seus grãos exportados, com predominância da soja, parte dela oriunda e contrabandeada do Brasil. Mais uma vez fica comprovada a tese da ligação do contrabando e evasão de riquezas com o comércio ilegal de drogas.

O transporte da soja contrabandeada, camuflando tanto a cocaína quanto produtos químicos controlados, serve para ilustrar a co-responsabilidade de multinacionais no narcotráfico. A título de informação, tanto a moagem quanto a exportação do farelo da soja estão sob o controle de reduzido número de firmas, muitas delas multinacionais, como a Anderson Clayton, Unilever, Ralston Purina e Continental Grain.

Parte do Paraguai é servida por bacias fluviais navegáveis. Nas margens do lago da hidroelétrica de Itaipu, a contravenção tem bases logísticas de apoio ao contrabando e, por extensão, ao crime organizado. Outras rotas empregadas são as que se originam nos portos brasileiros, por onde saem as grandes exportações de minérios e grãos procedentes do Centro-Oeste, Sudeste e Sul do país.

No entanto, a ocasional vigilância sobre os portos leva os narcotraficantes, por prudência, a novas estratégias: parte da droga não é embarcada nos portos marítimos. Relembrando o que se disse anteriormente, pequenas embarcações entregam a droga em alto-mar para grandes navios. As capitais dos estados do Nordeste do país, com exceção de Teresina, estão localizadas na costa. Dos seus portos, os entorpecentes saem em barcos e são levados, distante da costa, aos grandes navios que, em geral, transportam químicos indispensáveis ao refino da pasta-base de coca. Alguns desses sequer atracam no Brasil. Fazem linha direta da África, da Ásia e do Oriente Médio para as Antilhas, América do Norte e vice-versa. Cocaína, heroína e sintéticos são desembarcados por esse método em quaisquer praias, sejam aqui ou no Mediterrâneo. Iates de luxo ou barcos pequenos podem receber a droga em alto-mar, desovando a mercadoria praticamente em todo lugar. Na Europa, na América do Norte e no norte da África, sobretudo nos meses de junho, julho e agosto, com a movimentação de turistas em férias, é efervescente a procura por tóxicos. Grandes portos, como Hamburgo e Roterdã, por causa da fiscalização, sofrem a concorrência de pequenos, médios e grandes portos no Mediterrâneo, onde o suborno e a fiscalização facilitam o desembarque e a entrega de narcóticos da mesma forma que embarcam produtos químicos indispensáveis ao refino das mesmas na América Latina e na Ásia. No mundo das drogas, tudo é possível.

Algumas rotas aéreas igualmente se apresentam como importantes ao narcotráfico: a Aeroflot faz escalas na Ilha do Sal, Chipre. É uma linha privilegiada que alcança Bulgária, Polônia e a região balcânica da Iugoslávia. Nela, a máfia russa faz o que quer.

Como aves de rapina, as máfias agem e aproveitam-se da carnificina das guerras. Isso foi observado em julho de 1998, no entorno de Podgorica, há poucas dezenas de quilômetros da Albânia e da província de Kosovo. Sentimos aí o inescrúpulo do vale tudo na luta pelo poder; vimos de perto a fomentação, a manipulação do ódio das origens étnicas e das tradições religiosas e a incompreensão internacional por uma região que foi o estopim da 1ª Guerra Mundial.

A Iugoslávia possuía, antes do seu picotamento, condições notadamente superiores às de Portugal para ingressar na União Européia. O precoce reconhecimento da Croácia, aliada do nacional-socialismo, na 2ª Guerra Mundial, deixou em definitivo os sérvios fora da festa do céu. A cegueira política dos países da União Européia, puxados pela locomotiva alemã, fez dos bósnios, croatas, eslovênios, macedônios, sérvios, kosovos e montenegrinos as maiores vítimas da exclusão da globalização. Para estes povos o comércio de armas e drogas está entre as alternativas que restaram.

Dadas facilidades proporcionadas pelas mesmas raízes lingüísticas, mesma religião ortodoxa e passado histórico de alianças fecundas como a luta contra o fascismo na 2ª Guerra Mundial, russos e sérvios estão sobremaneira identificados. A máfia russa sabe e até disso tira proveito. Se não consegue vender mais armas, é porque a guerra e o boicote internacional praticamente quebraram a economia iugoslava. O caos da guerra e seus reflexos na sociedade têm levado vizinhos oportunistas ao delírio da formação da grande Albânia, por meio da incorporação de áreas territoriais ocupadas por minorias ou maiorias étnicas albanesas na Macedônia, na Grécia e na província iugoslava de Kosovo.

O narcotráfico nutre-se das loucuras de políticos, das instabilidades regionais e debilidades do Estado em guerra. A atuação das máfias italianas na Albânia e em Kosovo é descarada. Traficam armas, drogas, repondo munição. Em julho de 1998, houve uma apreensão de 57 quilos de heroína, na Baviera, provenientes de Kosovo, efetuada pelo serviço de inteligência alemão. Isso comprova que o apoio das máfias a ambos os lados dessa guerra, vulgarmente rotulada de guerra étnica, tem seu preço em narcóticos.

No segundo semestre de 1995, a Polícia Federal apreendeu, em Mato Grosso, 576 quilos de cocaína escondidos em sacas de café destinadas à Turquia. Esse fato auxilia a comprovar duas teses, mencionadas anteriormente: uma é a de pequena parte da massa turística de alemães, franceses, italianos e ingleses, em busca do turismo barato naquele país islâmico, com certeza viaja a serviço do narcotráfico. Outra é a do contrabando, evasão de riquezas junto com entorpecentes. Reforça também a denúncia da infiltração da máfia entre libaneses residentes no Brasil. Doutores em tirar lucros de conflitos e guerras, mafiosos libaneses naturalizados brasileiros, trabalhando em casas de câmbio ou no comércio de ouro e de jóias, criam aqui infra-estrutura quase que perfeita para lavagem de dinheiro. Os 576 quilos de droga apreendidos seriam despejados na Turquia pela máfia libanesa e dali provavelmente para a Europa.

O narcotráfico não discrimina. Usa tanto árabes como judeus, brancos, negros, amarelos e mestiços. Em suas fileiras estão suecos, angolanos, japoneses, chineses, coreanos, russos, argentinos, brasileiros, etc. Passaportes diferentes e nacionalidades variadas convergem para o exército da ilegalidade no mundo inteiro. Nenhuma nacionalidade, nenhuma classe social escapa do serviço quase apostolar de convencimento das máfias.

Manejando com destreza a complexidade internacional, a nova dualidade entre os que globalizam e os que são globalizados, trabalhando na criação de conhecimentos sobre as fragilidades nacionais, trazendo a cultura de outras sociedades sobre o assunto, as máfias contratam o que existe de melhor em termos de recursos humanos a serviço do banditismo, para o definitivo sucesso dos ilícitos no Brasil e nos países latino-americanos.

Existem suspeitas do envolvimento de policiais, burocratas e políticos no tráfico de armas, com certeza conectado com o contrabando de precursores químicos e com o narcotráfico. Difícil dizer quem é quem nesse processo e continuar vivo. Todos conhecem como funciona aqui a proteção às testemunhas. Por isso, ninguém quer testemunhar. A denúncia com nomes envolvidos em práticas deletérias é um perigo. Nenhuma instituição jurídica ou política, bem informada sobre o assunto, tornou público nomes de grandes traficantes no Brasil ocupando postos de comando na vida nacional.

A política de achacar traficantes de drogas anda tão rotineira no Brasil que até existem grupos de policiais especializados nisso. A extorsão envolve policiais militares, civis e federais. Quanto menor for o grupo, maior será o ganho. Alguns preferem agir sós. No Rio de Janeiro chegou-se a falar de "companhia independente", isto é, policiais e agentes que atuam desacompanhados em operações irregulares.[14]

Certas máfias concordam em ser achacadas e jogam "iscas". Por esse método, toneladas de químicos entram e saem do Brasil. Dependendo do volume de droga que se quer passar, ou do tipo de "isca" em resgate, policiais recebem até 100 mil dólares em certas operações. Talvez seja por isso que raríssimas vezes se apreendeu heroína em pequenas ou grandes quantias no Brasil. Nas regiões de fronteira, mesmo sendo volumosas as cargas, as somas da extorsão giram entre 10 e 50 mil dólares. Santos tem a fama de ser o lugar onde se pagam os maiores valores por meio de achaques a bandidos.

Pedras preciosas, ouro e entorpecentes

O Brasil é, seguramente, o país que mais tem pedras preciosas, à exceção do diamante e das esmeraldas. Sendo a maior província gemológica conhecida da terra, nem por isso as pedras preciosas trazem emprego ou rendem divisas e prestígio internacional em dimensões proporcionais à sua extração.

Segundo o Plano Plurianual para o Desenvolvimento do Setor Mineral do Departamento Nacional de Produção Mine-

---

14. *O Globo*, 21.9.98.

ral – DNPM – de 1994, o Brasil possui 2 mil empresas de lapidação e 5 mil fabricantes de jóias e bijuterias empregando cerca de 50 mil pessoas. De acordo com o diagnóstico do DNPM, 95% da produção de gemas brasileiras é exportada. A alta tributação dos produtos da indústria de jóias e a concorrência de um gigantesco setor informal, tanto na lapidação como na comercialização, têm feito crescer as exportações de gemas brutas.[15] Torna-se obsoleta, pelo desuso, a tecnologia da indústria brasileira nessa área.

O contrabando de gemas é um dos braços mais fortes do narcotráfico no Brasil. Com a decadência das minas auríferas e dos garimpos de ouro, a evasão ilegal das pedras preciosas tomou o lugar ocupado pelo ouro no mundo dos negócios ilícitos. Não que o ouro tenha acabado: existem ainda centenas de garimpos. Apenas o Brasil não detém a posição de ponta do passado. Na América do Sul, o país é agora o segundo produtor, depois do Peru. O Brasil, de 1978 a 1988, ocupou o primeiro lugar mundial na produção de ouro para o contrabando. Transformou o Uruguai, que não tem nenhuma mina em seu território, no maior exportador da América Latina. Hoje, o Brasil perde para a África do Sul, para os Estados Unidos da América, para a Austrália, para a China, para a Rússia, para o Uzbequistão e para o Peru. Nossas reservas são estimadas em 2.800 toneladas; 54% delas estão em Minas Gerais; 27% no Pará; 6% no Mato Grosso; 5% em Goiás; 4% na Bahia e 2% no Maranhão. As estatísticas oficiais aqui mencionadas sequer referem-se aos Estados do Tocantins, Amazonas, Roraima e Rondônia, onde o ouro farto caminha com as drogas.

A produção oficial de ouro em 1996 no Brasil chegou a 60 toneladas. Mesmo assim o país gastou 819 mil dólares importando produtos que continham ouro, inclusive artigos com esse metal, como jóias e compostos químicos industriais, oriundos, por ordem de importância, do Japão, da Alemanha e dos Estados Unidos.

---

15. Plano Plurianual para o Desenvolvimento do Setor Mineral. Ministério de Minas e Energia – Departamento Nacional de Produção Mineral, Brasília, 1994, p. 73.

Na questão das pedras preciosas, apesar de o Brasil ter uma enorme burocracia no DNPM, só para lidar com isso, há que se trabalhar com estimativas e pouquíssimas informações oficiais. O contrabando e o mercado informal são, além disso, de tal dimensão nesse setor, que inviabilizam números exatos.

Gemas de cor – como a ágata/calcedônia, o ônix, o carniol, o crisoprásio, a água-marinha, a alexandrita, a ametista, a andaluzita, o berilo verde, o citrino, o crisoberilo, a granada, o heliodoro, a kumzita, a morganita, o olho de gato, a opala preciosa branca com jogo de cores, o topázio amarelo, o topázio imperial, o topázio azul, a turmalina azul, a turmalina verde, a rubelita, a turmalina bicolor –, mais as esmeraldas e os diamantes, são contrabandeados em profusão. Há alguns anos, a Rede Globo de Televisão chegou a filmar tonéis contendo gemas para contrabando e, no fundo, cocaína, destinados aos Estados Unidos da América. O curioso é que a indignação manifestou-se pelo contrabando da cocaína e não pelas gemas. A saída de pedras preciosas é tão comum que pouco ou nada se faz contra ela.

O diamante, por exemplo, sai contrabandeado e pequena parte volta. Segundo dados do MICT-SECEX relatados no Sumário Mineral de 1997, as importações brasileiras de diamante em 1966 foram da ordem de 12,9 milhões de dólares. A produção brasileira de diamante registrou decréscimo da ordem de 70,4% no ano de 1996 em relação a 1995. Minas Gerais, Mato Grosso e Paraná são os estados produtores oficiais.[16] A farta produção de diamantes, principalmente a encontrada em Roraima e em outros estados amazônicos, sequer é considerada.

O narcotráfico possui particular predileção para misturar-se ao contrabando de ouro e pedras por várias razões. A primeira é o perfil sério e discreto dos envolvidos nos negócios das pedras preciosas, do passado ao presente composto por proeminências regionais. A segunda é porque o contrabando do ouro atrela-se ao contrabando do mercúrio e de produtos químicos essenciais, empregados na fabricação da cocaína e da heroína, como o éter e a acetona. O terceiro motivo deve-se

---

16. Sumário Mineral. Departamento Nacional de Produção Mineral. Brasília, 1997, p. 43.

ao fato de que as normas tributárias com alíquotas altas de IPI e ICMS, para operações internas e interestaduais, parecem elaboradas para ninguém cumprir. A legislação mineral, tão complicada, tão regulamentada, tão regularizada, acaba levando a nada. Antes da Constituição de 1988, havia o Imposto Único Sobre Minerais. Agora, até o mais competente fiscal da Receita Federal ou o melhor agente federal perde-se no emaranhado de leis. Para "evitar problemas", deixam a coisa passar...

Na segurança das minas de ouro em Araés, Nova Xavantina, e nos garimpos de diamante em Aragarças é que constatou-se, no início de 1980, a infernal conexão do contrabando do ouro e diamantes com o narcotráfico.[17]

Entre os pontos, enfática e propositadamente repetidos aqui, está a simbiose do narcotráfico com a evasão de riquezas nacionais, como o ouro e as pedras preciosas. Graças a isso, o narcotráfico prosperou tanto no Brasil.

Dezenas e dezenas de nacionalidades estão involucradas no contrabando da cocaína e da heroína com ouro e pedras preciosas, por exemplo, indianos do comércio de roupas que vivem em Manaus, libaneses que trabalham com jóias em Curitiba, Brasília e São Paulo, alemães no turismo e indústria no Ceará, na Bahia e em Minas Gerais, coreanos e chineses do ramo de restaurantes e comércio de bugigangas, japoneses e norte-americanos com atividades no comércio de produtos eletrônicos e, finalmente, turcos no Estado do Rio de Janeiro e em São Paulo, compradores ilegais de ouro. Parte ainda que pequena de pessoas dessas nacionalidades, nesses empregos, é membro ou ponte entre máfias.

Não há como separar raças e credos nos negócios da droga, nem culpar grupos de fora, porque no narcotráfico brasileiros e estrangeiros bandidos são "farinha do mesmo saco".

A onipresença das máfias é tão magnânima quanto incomprovável. Na maior parte da Terra, milhares sentem seu cheiro

---

17. PROCÓPIO, Argemiro. "A miséria do colono e o ouro no Araguaia e Amazônia". In: *Em busca do ouro – garimpos e garimpeiros no Brasil*. Obra coletiva da Coordenação Nacional dos Geólogos, organizada por Gerônimo Albuquerque Rocha. Editora Marco Zero, Rio de Janeiro, 1984, p. 121-144.

e "ninguém" sabe onde estão. Berlim encontra-se literalmente invadida por máfias russas; San Francisco, pelas máfias chinesas; Nova York, há decênios, pelas máfias italianas; a Amazônia brasileira, pelas máfias américo-colombianas, e assim sucessivamente. Todo mundo sabe e vê, mas é impossível apresentar provas fatuais, "impressões digitais" de tais grupos, como queria a diplomacia brasileira em anos passados.

No caso do contrabando das gemas brasileiras, por causa do conhecimento quase que exato da localidade dos garimpos e das minerações, as possibilidades de êxito para uma eficiente ação fiscal e policial são enormes. Se isso não acontece, é por negligência explícita das autoridades competentes; porque muitos lucram com o roubo dessa riqueza nacional que não dará outra safra.

O sistema eletrônico de transferência de dinheiro, as firmas que vendem e compram ouro envolvidas nos negócios do narcotráfico, os entorpecentes misturados ao contrabando de cassiterita e pedras preciosas, entre outros, a disseminação de microcartéis em quase toda a América Latina e a eficiência no processo produtivo contribuem para a queda do preço da cocaína e, relativamente, até mesmo do preço por atacado da heroína. Mais baratas, as drogas consumidas em grande escala tornam-se competitivas, de modo a não perderem espaço para as drogas sintéticas.

Outra probabilidade é a de que as máfias da cocaína e heroína estejam diversificando sua produção e entrando, graças ao desvio de carga, na produção de estimulantes do tipo anfetamina e metanfetamina, que visivelmente vem conquistando a preferência do público jovem que adora carnaval, discotecas, etc. Conhecidos os perigos do canibalismo da concorrência, além do barateamento da heroína e a da intensificação da popularização da cocaína, não é realidade virtual o novo papel de "cooperação" dessas máfias na fabricação de anfetaminas no Brasil. A qualidade dos estimulantes *made in Brazil* acompanha a da heroína colombiana e mexicana, que tem melhorado substantivamente de 1997 para cá, fato comprovado por meio das apreensões nos EUA.

Os entorpecentes entre eleitos e excluídos

A imprensa noticia sobretudo a violência nas grandes cidades. Esquece que ela alastra-se pelo interior do país a um ritmo superior ao das grandes metrópoles. É cômodo afirmar que a causa da violência em calmas e tranqüilas localidades do sul de Minas, como Pouso Alegre, Três Corações, Alfenas, Lavras, Caxambu e Varginha, está apenas no desemprego. De alguns anos para cá o porto seco e a Estação Aduaneira localizados nesta última cidade conhecida como Princesa do Sul são usados, de uma forma ou outra, na transformação deste município em um expressivo ponto da muamba cafeeira nacional. Seguindo os rastros desse contrabando, as drogas penetram e se alojam no tecido social da sociedade local.

O número de viciados não está necessariamente entre os desempregados. O "consumidor social" também existe! Contudo, se for verdadeira a relação entre droga e desemprego tampouco é mentirosa a relação entre drogas e altos salários.

O aumento da delinqüência, particularmente do furto praticado por jovens de estratos sociais privilegiados, vale a pena repetir, joga por terra o mito de que ladrão no Brasil é negro e pobre.

Estudo sobre a população carcerária da maior cidade brasileira, São Paulo mostrou que 32% dessa população está entre 18 e 25 anos de idade; 26%, entre 26 e 30 anos; 35%, entre 31 e 45 anos; 4%, entre 46 e 50; e apenas 3% com mais de 50 anos. A escolaridade dos jovens detentos com menos de 21 anos de idade é a seguinte: 53% têm de um a quatro anos de escola; 15% são analfabetos e 27% cursaram da 5ª à 8ª séries do 1º grau.[18] Comprovadamente, a maioria desses paga por crimes relacionados ao uso ou ao comércio de drogas.

As prisões brasileiras estão cheias de traficantes e usuários, mas sem exceção todos são "sardinhas". A experiência prova que, do microtraficante, nunca chega-se ao macro. A estrutura da quadrilha resta intacta quando da prisão dos peixes pequenos. Seu número é tão grande, que há vários anos os policiais não

---

18. Escolaridade: Pesquisa Nacional por Amostra de Domicílios (PNAD). Instituto Brasileiro de Geografia e Estatística, setembro de 1995.

investigam, por absoluta falta de tempo e de meios. Seu trabalho consiste em cuidar dos presos nas delegacias.

Em 1986, havia 8 mil detidos por drogas nas delegacias da cidade de São Paulo. Em todo o Estado, o número de policiais investigadores não chega a cem. O traficante preso, não importa qual, nunca fala nada de importante sobre seu trabalho, nem mesmo diante do juiz. O narcotraficante, quando inicia essa profissão, tem orientação até de advogados. Quando pegos, diante de policiais, dizem que se manifestam só em juízo. Em juízo tampouco falam.

No Brasil, quando algum traficante de importância média é preso, sabe-se que seu advogado chega junto ou até antes do preso na delegacia! Há quem afirme existir até plantão de advogados para acompanhar traficantes. Os direitos individuais manifestos na Constituição de 1988, da forma como são manipulados, demonstram que a legislação brasileira de certa forma está preparada para combater o crime individual, porém não o crime organizado.

O tráfico no Brasil é combatido de forma primária, sem sinergia dos recursos, sem cooperação entre as organizações policiais. Às vezes, não se sabe o que é da competência da polícia civil, da polícia federal ou da polícia militar. É surpreendente a distância, a desconfiança mútua e a competição que há entre as instituições policiais dentro do próprio país.

Visita realizada em 1996, junto à Divisão de Inteligência e Apoio Policial da Polícia Civil de São Paulo – Diap/Denarc, permitiu verificar a desatualização das estratégias do poder público diante do crime organizado.

A questão da desigualdade social e dos altos salários

A Divisão de Inteligência da Polícia Civil paulista, considerada uma das melhores do país, vive momentos críticos. Enquanto os salários e outros privilégios colocam promotores e juízes brasileiros entre os mais bem pagos do mundo – não obstante a conhecida ineficiência do Poder Judiciário brasileiro –, um policial na luta contra o narcotráfico recebe de 800 a 1.000 reais por mês. O salário líquido de um delegado de polícia na capital paulista gira em torno de 5.000 reais, superior ao de muitos colegas delegados europeus e norte-americanos.

Enquanto o salário mínimo mensal, de 130 reais, faz sobreviver mal o grosso da população deste país, o dos juízes em início de carreira, em outubro de 1998, era de 5.248 reais mensais.

O vencimento dos juízes no Supremo Tribunal Federal gira em torno de 12.000 reais. Pelo fato de o Congresso Nacional não haver votado, até outubro de 1998, lei regulamentando o teto dos servidores públicos, há casos de funcionários inativos e na ativa recebendo quantias milionárias. A revista *Veja* chegou denunciar cifras de até 50 mil reais mensais.[19]

A legislação tampouco impede os aposentados, se assim o desejarem, por meio de concurso ou requisição, de voltarem ao serviço público. Com a acumulação de cargos, proventos, gratificações e salários, recebem somas de envergonhar este país de pobres diante do mundo. Na face da terra, desconhecem-se níveis tão absurdos de concentração de renda, nas barras da saia do próprio Estado, como os existentes no Brasil. Tudo isso bem direitinho, dentro dos conformes e de acordo com o figurino das leis brasileiras. Por tal motivo, para os filhos e netos dessa gente, a droga é coisa barata: dá no mesmo consumir maconha ou heroína, tanto faz o preço.

No Nordeste, o Governador do Ceará revelou a existência de salários no Serviço Público de quarenta mil reais mensais.[20]

Na França, o salário dos magistrados não chega ao equivalente a 6.500 reais. O Presidente da Suprema Corte dos Estados Unidos da América não tem o 13º salário e nenhuma mordomia. Seu salário mensal é de 14.583 dólares, fixados pelo Congresso e não pelo próprio Poder Judiciário, como se faz aqui.[21] Essa quantia é substancialmente inferior à destinada como salário ao Embaixador do Brasil em Washington.

---

19. "Guerra do Teto". In: Revista *Veja*, 21.10.98.
20. "STF suspende reajuste dos ministros e juízes federais". In: *Correio Braziliense*, 22.10.98.
21. *Estado de S. Paulo*, 19.10.98.

Afora o polpudo contracheque, também entre os mais generosos do mundo para os chefes de missão diplomática, esses moram de graça em verdadeiros palácios. Não pagam conta de luz, água e telefone, mordomos, motoristas, gasolina, nem jardineiros e cozinheiros. Recebem, sem tirar do próprio bolso, passagens aéreas de primeira classe e o excelente plano de saúde norte-americano Prudential, com o qual o cidadão comum sequer consegue sonhar. Afora isso, como se não bastassem tantas mordomias e benefícios, ainda ganham verbas extras para cobrir custos de representação.

A música das desigualdades embala os dançarinos dos ilícitos. A valsa do abuso no País que tem falta de verbas para acabar com a miséria no Vale do Jequitinhonha, nas favelas e no sertão nordestino não termina aí. No Brasil, contam-se em muitos mil os casos de funcionários que se aposentam para receber dois ou mais salários.

Na diplomacia, inventaram regras casuísticas como o tal do "quadro especial", que cristaliza privilégios e rouba oportunidades dos mais novos na carreira. Nas universidades federais, professores aposentados por tempo de serviço prestam concursos e são admitidos para ministrar de novo disciplinas que ensinaram durante toda a vida. Se entram pela "porta da frente" ou "porta dos fundos", não se sabe. O certo é que, para o exercício das mesmas funções, recebem o dobro.

Sem poder concluir a odiosa lista de privilégios no serviço público brasileiro, precisam ser lembrados os casos de funcionários, até mesmo de docentes universitários, aposentados por invalidez permanente. Enfermidades diversas, sem esquecer a "safenagem", são motivos de aposentadorias integrais, por pessoas, que pouco depois procuram outras tetas a fim de continuar mamando no Estado. É repugnante, todavia conseguem isso acumulando aposentadoria integral com novos salários por meio de contratos provisórios, quadros paralelos e outros truques.

A discrepância salarial entre os que militam contra o narcotráfico é outro fator que gera insatisfações e inibe a eficiência do trabalho. Ponto negativo é o fato de as instituições policiais serem encaradas como agentes da repressão e não agentes da prestação de serviços para a população. Essa visão obstrui a ação concertada entre órgãos policiais e a sociedade que os cerca, transformando-se em mais um paradigma para o delito.

Outra seara importante a ser lavrada no Brasil é levar a opinião pública a entender que os que estão na árdua batalha contra o narcotráfico enfrentam o crime organizado em nome dos direitos humanos e não contra eles. Direitos humanos não são sinônimo de complacência nem de fraqueza em face do crime. Ao contrário, direitos humanos valem como direito de poder viver em paz.

O que dizer diante das precárias condições da Delegacia do Parque Bristol em São Paulo, que, em setembro de 1998, concentrava 83 mulheres presas, onde caberiam apenas 30? As penitenciárias não têm espaço para receber ninguém. Das mais de 80 mulheres que se amontoam na cela, 54 foram condenadas por tráfico de drogas. Este, portanto, parece ser o crime mais cometido pelas brasileiras que optaram por um meio mais arriscado de sobrevivência.

A vontade de ser modelo, dando o próprio corpo para ascender profissionalmente, é moda no Brasil. Significa passo de entrada para outro negócio ligado às drogas, que é o tráfico de mulheres e prostituição masculina usando "garotões de belo porte". Estima-se que quinze mil escravas sexuais procedentes da Polônia, Ucrânia, Romênia, Tailândia, Filipinas e Brasil estejam nas mãos dos cartéis intercontinentais. Organizações feministas, escandinavas e alemãs principalmente, têm denunciado esse comércio de mulheres.

Pouco comentado no Brasil, é visível o incremento da prostituição masculina de classes sociais médias, que vão para o exterior "tentar a vida". Contingente desses garanhões, homens femeeiros, não volta: morre por lá. Entre os que retornam, muitos contraíram o vírus do HIV por meio do sexo e das drogas. Para a família, a explicação rotineira é que se vai ao exterior "para continuar os estudos".

A cena de estudantes universitárias, rompidas com a família, que se prostituem para comprar tóxicos já não é mistério para ninguém nas universidades públicas e gratuitas, paradoxalmente freqüentadas pelas elites e classes sociais privilegiadas do país e não pelo povão.

As domésticas e as drogas

Em outro extremo da pirâmide social estão as mulheres excluídas, propositadamente pouco lembradas em função da hipocrisia dos costumes celeremente absorvido pelo narcotráfico, como as ex-empregadas domésticas.

Segundo levantamento do IPEA, os lares brasileiros têm 5 milhões de trabalhadoras. Cerca de 800 mil delas são meninas entre 10 e 17 anos de idade, geralmente vindas do interior e que começam a profissão como mensalistas, dormindo no emprego.[22]

No Sul, no Sudeste e no Distrito Federal, quando possuem experiência de trabalho, recebem de 2 a 3 salários mínimos. Pelo fato de dormirem e alimentarem-se no serviço, o emprego doméstico é a principal atração para o êxodo feminino das roças para as cidades e dos pequenos e médios centros urbanos para as capitais.

Expressivo número de empregadas que trabalham nas casas de família alfabetizam-se à noite. Quando não abusadas sexualmente pelos filhos da patroa, por colegiais e estudantes na vizinhança, são nas praças públicas que encontram os "namorados" em geral os que conduzem tais moças para os caminhos da criminalidade. Parte não desprezível de roubos em apartamentos e casas tem a colaboração de domésticas. Não são poucas as delinqüentes presas viciadas pelas mãos de familiares de patrões ou pela atração por relações impróprias no novo meio social.

Vítimas desprotegidas de abusos sexuais, transformadas em bandidas dependentes de psicotrópicos, ex-empregadas domésticas são escorchadas da sociedade. Na criminalidade femi-

---

22. Pesquisa Nacional por Amostra de Domicílios (PNAD). Instituto Brasileiro de Geografia e Estatística 1995.

nina no Brasil, nenhuma profissão tem tantos antecedentes relacionados ao tráfico de drogas quanto o emprego doméstico. São raras as mulheres pagando pena de prisão que algum dia não começaram como domésticas ou que não sofreram ataques à sua integridade dentro da própria casa em que nasceram.

Anualmente cerca de 1 milhão de rapazes se alistam para o serviço militar obrigatório, dispensando-se 900 mil sem nenhum tipo de mensagem cívica, nenhum conselho sobre os perigos da atração pelos entorpecentes ou simples recados educativos referentes a obrigações e direitos no exercício da cidadania.[23]

Para as classes sociais excluídas, o serviço militar, em expressivos números, surge como a primeira possibilidade na vida de se dormir em cama limpa, comer com garfo e faca, abrir a boca para um dentista. É oportunidade única de receber certa dose de instrução para uma relativa ascensão social. Indaga-se, então, quais as justificativas da exclusão da mulher do serviço militar ou civil obrigatório ou optativo. A velhaca e histórica preocupação da preservação das matrizes para procriação, repondo perdas de vida em guerra, não tem sentido com as ameaças nucleares.

Sendo a emancipação feminina uma necessidade, a luta pela igualdade de direitos, obrigações e responsabilidades entre sexos um sublime ideal, não se entende o afastamento da mulher do serviço militar obrigatório monopolizado pelo homem, estranhando-se o silêncio dos movimentos feministas sobre esse polêmico tema.

O serviço militar para mulheres não é solução definitiva em função da ausência de reformas estruturais. Pode parecer até militarização da luta contra as substâncias controladas. Todavia, ciente de que as drogas se escondem tanto em escolas quanto em ruas, de um fato se tem certeza: ainda que isso equivalha a um paliativo, o serviço militar para mulheres arrancará "vassouras, panelas e papelotes", por bons meses,

---

23. Ver: PROCÓPIO, Argemiro. "O soldado sem farda". In: *Jornal de Brasília*, 20.11.85.

das mãos de expressivo número de empregadas domésticas. Permitirá às filhas de ricos enfileirarem-se, por certo período de vida, ao lado de camaradas de farda pobres, melhorando a relação delas com a realidade em que vivem. Com essa utopia transformada em política concreta por parte das Forças Armadas, quiçá surjam melhores oportunidades para as mulheres. Na falta de opções para as excluídas, entendendo-se que o serviço voluntário civil mais para universitárias está fora do alcance desse grupo, a vida castrense iniciada com a prestação do serviço militar pode ser um começo, como o é para milhares de homens. As oportunidades presenteadas diariamente às domésticas, na solidão acompanhada da versão modernizada da Casa Grande & Senzala, que não seus empregos, não apontam sorte nem fortuna. Debaixo do mesmo teto, os ilícitos são consumidos pelos eleitos, que desde o nascimento foram treinados para não viver sem o apoio de domésticas, e pelos excluídos.

II

EXPANSÃO DAS DROGAS

A característica da flexibilidade

O estudo do narcotráfico, em suas dimensões políticas e sociológicas, contempla o fenômeno e suas etapas em uma análise em cenário externo e interno. Isso obriga à procura de características e perspectivas nas diferentes regiões geográficas e sociedades por onde o narcotráfico se move. As estruturas do narcotráfico e sua operação respondem tanto a estímulos de mercado em sua dimensão transnacional e global como a fatores e circunstâncias de ordem doméstica e mesmo individual. Compreendido isso, deve-se observar o modo de inserção das nações no contexto do narcotráfico internacional e as condições específicas de seu funcionamento, como por exemplo grau de corrupção da sociedade, a perda de valores sociais, o consumismo e o egoísmo.

A contingência de responder e reagir simultaneamente a fatores que operam em distintos níveis impinge ao narcotráfico característica de flexibilidade. Além disso, ele é ágil em promover articulações e rearticulações necessárias. Os estímulos de mercado ditam a expansão e manutenção da sua operacionalidade em etapas, como na da produção, processamento, trânsito, comercialização e lavagem de dinheiro. Tudo isso sem temer os esforços de repressão e controle empreendidos pelos governos. Vem daí a interiorização das estruturas do narcotráfico. Não são homogêneas, tampouco se desenvolvem de modo uniforme entre os países, o que indubitavelmente acarreta grande dificuldade para a concepção e implementação de estratégias de repressão em nível global e transnacional.

O grande número de excluídos na sociedade, a pobreza e o alto nível de desemprego e subemprego cercam as ilhas sociais com altíssimo poder de consumo. Isso mais a vizinhança com os principais centros produtores de cocaína e a existência de infra-estrutura de transportes e de comunicações colocaram inicialmente o Brasil em posição privilegiada nos negócios dos entorpecentes. Hoje, o que principalmente ajuda o país no negócio das drogas é a corrupção generalizada, o sistema judiciário que funciona muitíssimo mal e o sistema financeiro que absorve dinheiro sem mecanismos de controle eficazes.

As características estruturais do narcotráfico no Brasil desenvolveram-se nos anos 1970 a partir de sua condição primordial de país de trânsito, que o diferencia historicamente dos que são produtores ou eminentemente consumidores. Essa característica, voltada para uma atividade-meio, o trânsito, fez com que grupos atuantes nesse segmento do narcotráfico, no caso brasileiro, estivessem operacionalmente vinculados às estruturas e organizações nas duas pontas do processo. Ou seja, vínculos com produtores e consumidores. Por conseqüência, boas relações e ligações com os grandes cartéis internacionais e cooptação pela corrupção no plano interno lubrificam as demais estruturas de contravenção associadas ao narcotráfico.

De todas as experiências internacionais, os contraventores brasileiros recolhem as que lhes parecem melhores e adaptam-nas, em processo de contínuo aprendizado. Isso lhes permite definir e delinear formas eficazes de atuação. Gera capacidade de adaptação às mudanças que ora o mercado ora as pressões internacionais introduzem.

Esse nível de integração operativa com outras estruturas do narcotráfico internacional, decorrente de seu papel inicial de intermediário, contribuiu no aplacamento de sentimentos de competição ou de rivalidade com os grandes cartéis internacionais, impondo aos contraventores brasileiros a necessidade de desenvolver vínculos cooperativos tanto com os cartéis como com as organizações criminosas associadas ao narcotráfico. Transformou o Brasil em uma "terra de paz" na macroestrutura das drogas e, paradoxalmente, de ferozes rivalidades no varejo.

As disputas com a violência armada no varejo são tantas e tão freqüentes que parecem até mesmo guerrilhas urbanas. Para piorar a coisa, serviços de repressão infiltrados em grupos sopravam as brasas das desavenças para que os bandos se auto-eliminassem. Nos tiroteios entre gangues rivais, balas perdidas ceifaram centenas de vidas nestas últimas duas décadas. A desova e ocultação de cadáveres, os cemitérios clandestinos e a queima de corpos impedem estatísticas exatas sobre o número das vítimas do crime organizado.

Assim, por exemplo, os narcotraficantes brasileiros aprenderam, com as máfias italianas e japonesas e com seus vizinhos colombianos, suas táticas, o que permitiu que o traficante daqui ampliasse seu campo de ação. Esse campo, nos anos 1970, estava limitado a São Paulo, até hoje o epicentro das drogas, sem esquecer, é claro, o protagônico papel da cidade do Rio de Janeiro. Agora, na década de 1990, toda a costa atlântica e toda a Região Amazônica estão nas mãos de narcotraficantes, inclusive brasileiros. O mesmo ocorre em extensas faixas da fronteira com a Argentina, o Paraguai, a Bolívia, o Peru, a Colômbia e a Venezuela.

A ação de outras máfias, como a chinesa, a libanesa, a japonesa e a russa, é tolerada porque, até o presente, apenas marginalmente entraram no mercado interno de distribuição. Sendo assim, não oferecem concorrência aos traficantes locais de cocaína e anfetaminas. O mercado dos insumos para fabricação de drogas sintéticas é obtido sobretudo por intermédio das janelas do desvio e roubo de cargas.

Existem evidências de que a cocaína com 96% de pureza vem sendo multiplicada recentemente, "beneficiada" com piropan e xilocaína industrial, seguindo pronta, com nível suportável de adulteração, diretamente para o consumidor das grandes cidades e capitais. Se isso for verdade, esta estratégia, além de evitar prejuízo com apreensão de droga pura, mostra novos cuidados na multiplicação. Em outras palavras, é o controle de qualidade chegando aos ilícitos. Evita o risco da desmoralização da qualidade da cocaína a varejo, preocupação nova no Brasil.

O traficante bem informado sabe que as anfetaminas falsificadas e venenosas, distribuídas à vontade entre *hippies* e a juventude da contracultura, significaram a "pena de morte" das próprias anfetaminas no final dos anos 1960. Surgiu em seu lugar a cocaína, que reina e impera há três décadas no Brasil. Agora, graças à voracidade do lucro fácil, as impurezas acrescentadas na cocaína invertem a gangorra dos ilícitos. Neste livro, em várias passagens, chama-se a atenção pela "reabilitação" das anfetaminas.

Medicamentos e drogas sintéticas no *buffet* do narcotráfico

No Brasil faltam escolas e sobram drogarias. Segundo estudos do Conselho Federal de Farmácias, para cada 3 mil habitantes existe um estabelecimento, diferente da recomendação da Organização Mundial de Saúde, que sugere uma farmácia para 10 mil pessoas[24].

De acordo com o estudo mencionado, 49.945 farmácias espalham-se pelo País e a comunidade não precisa mais do que 15 mil delas. Esse número não inclui as farmácias clandestinas, sem inscrição nos Conselhos Regionais, distribuídas pelas grandes e pequenas cidades. Todos esses fatos impossibilitam boa fiscalização. Afora isso, constituem-se em veio de ouro para laboratórios de empresas nacionais, o Aché, entre outros, e de poderosas transnacionais como Procter & Gamble, Lepetit, Ely Lilly, Hoechst, Sarsa e Merck, sendo esta última a primeira em tamanho do mundo.

A indústria farmacêutica em 1995 registrou taxas de crescimento entre as maiores de sua história no país, com aumento de 14,3 % de vendas físicas e de 28,1% no faturamento[25].

Do preço da indústria ao consumidor, os fabricantes abocanham 43,45%, conforme estatísticas da Associação Brasilei-

---

24. *Folha de S. Paulo*, 11.6.98.
25. RAPOSO, Maia. "Laboratórios voltam ao Brasil". *Gazeta Mercantil*, 21.1.96, p. C-1.

ra das Indústrias Farmacêuticas, Abifarma. Igualmente em 1995 a indústria de remédios faturou aproximadamente 10 bilhões de reais, elevando o Brasil à quarta posição mundial em termos de consumo de medicamentos.

Isso ajuda a explicar a série de enfermidades sofridas pelos brasileiros relacionadas à intoxicação por consumo de remédio sem receita e parte também pelos legalmente comprados, com indicação médica. A causa disso é que a maioria dos médicos tende ser generosa em receitar. Número expressivo das receitas é passada sem exames clínicos, essenciais ao diagnóstico dos sintomas. O pior é que a cultura das pílulas leva pacientes pensar que o "doutor" é bom quando receita muito remédio.

Na qualidade de quarta colocada, esta Nação só perde para os Estados Unidos da América, a Alemanha e a França. Nestas duas últimas, os seguros de saúde arcam praticamente com a totalidade do custo do receituário médico e quase nada é efetivamente entregue sem a receita.

No Brasil, a maioria absoluta dos medicamentos é adquirida sem aconselhamento médico. Os "mais prudentes" lêem atentamente a bula. Infelizmente, esquecem que os redatores de bula são pagos pelos fabricantes e, por isso, verdadeiros marqueteiros que dissimulam a propaganda em um linguajar complicado, dando a entender que a coisa é científica. Outros, inocentemente, pedem conselhos aos balconistas, outros compram por sugestão de amigos e da própria mãe, ou vão pela propaganda de jornais e revistas, disfarçada em noticiário sobre efeitos milagrosos de remédios. Outros porque já viram alguém ser medicado com "sucesso" graças a tal remédio, ou porque, no passado, já os tomaram com recomendação médica, e assim sucessivamente. O esquema da "empurroterapia" seria até divertido por causa do tom folclórico que traz consigo, não fossem as funestas conseqüências de seus resultados. Essa brincadeira mata mais brasileiros do que se pode pensar.

Quando o Ministério da Saúde afirma que, de cada três remédios vendidos no Brasil, um é receitado por médico, a dúvida vem logo em seguida. Se algum incrédulo resolver conferir essa estimativa oficial e plantar-se junto a balcão de não importa qual farmácia, constatará que a porcentagem é no mínimo de dez remédios para cada receita.

Daniel Singulen, da Escola Paulista de Medicina, declarou, em entrevista à revista *Veja*,[26] que a natureza resolve sozinha 90% dos problemas de saúde do ser humano, e, em geral, pede-se aos médicos apenas que não atrapalhem.

A máfia dos medicamentos é um dos braços poderosos do narcotráfico no Brasil, por vários motivos. Que se comece pela teimosia de muitos em não reconhecer que anfetaminas são vendidas hoje como remédios em farmácia, da mesma forma como foram a cocaína e a morfina no passado.

As "bolinhas", "rebites" para tirar o sono de vigias noturnos, de motoristas, de estudantes na época de provas e para combater a obesidade, dos e das gordinhas, são os principais causadores de dependência físico-psicológica entre a juventude. Tranqüilizantes como o Lexotan, o oitavo remédio mais consumido no Brasil, é ministrado pelos pais aos próprios filhos que julgam nervosos ou excitados.

A cultura da pílula e da automedicação banaliza o perigo das drogas. Desde pequena a criança se familiariza com a minifarmácia doméstica nos armarinhos de banheiro ou dentro de gavetas. Tal hábito diminui a desconfiança natural por tudo de desconhecido que entra pela boca, principalmente o camuflado em comprimidos e xaropes.

Outro ponto a favor das drogas é a farmácia-bazar, porque precisamente nelas remédios misturam-se a sabonetes, enlatados, perfumes etc. Nas regiões de população com alto poder aquisitivo, a moda é mesclar nas prateleiras remédios com produtos naturais, como o mel e pão integral, entre outros, levando propositadamente à percepção equivocada de que consumir remédios faz parte da vida natural e saudável.

Nas periferias, a farmácia-bazar ajuda a esconder medicamentos de origem suspeita. No decorrer desta pesquisa, em andanças por farmácias para "ver por ver", uma das dúvidas

---

26. FRANÇA, Valéria. "O Brasil se entope de remédios". *Veja*, Editora Abril, São Paulo, 11.6.97, p. 81.

apresentadas foi atrevidamente assim respondida: "quem vende remédio roubado, não precisa de remédio falsificado".

Amostras grátis são misturadas a medicamentos inócuos e falsificadas antes do seu repasse ao consumidor.

A imprensa, justiça seja feita, tem notificado fartamente esses crimes, mas, temerosa por falta de provas quase impossíveis de serem obtidas, omite uma verdade óbvia: os laboratórios clandestinos de medicamentos fabricam drogas sintéticas para o mercado interno e até para exportação com a infra-estrutura técnica que dispõem.

Segundo pesquisas da OMS, 16 bilhões de dólares, ou seja, um décimo do comércio global regular de medicamentos é movimentado por indústrias de remédios falsos[27].

O jornal francês *Le Monde* mencionou que laboratórios em países como Espanha, Grécia e Itália adulteravam remédios teoricamente mais elaborados, destinados a países subdesenvolvidos como Brasil e Nigéria. Segundo estimativas da OMS, 30% dos remédios à venda aqui são falsos[28]. Isso foi divulgado um ano antes do surgimento do escândalo dos remédios. Desconhece-se por completo a atitude tomada na época pelo Ministério da Saúde diante de denúncias de tal gravidade. Infelizmente, enquanto a TV Globo não noticia, parece que não há interesse na comprovação de denúncias apresentadas por outros segmentos da sociedade.

O narcotráfico usa de matérias-primas variadas e de vasta gama de remédios roubados na fabricação de drogas químicas sintéticas. O caso da morfina, dos benzodiazepínicos e anfetamínicos é pequeno exemplo. Ninguém sabe ao certo o que é fabricado ou desviado dos 600 laboratórios legais existentes no Brasil, alguns dos quais gigantescos.

No universo dos 60 mil remédios[29] com nomes diferentes, vendidos no Brasil, quase tudo acontece. Na China, paraíso dos medicamentos vendidos em forma de plantas e raízes sem

---

27. *O Globo*, 10.02.97.
28. *O Globo*, 26.10.96.
29. Remédios Perigosos. *Folha de S. Paulo*, 26.01.95.

tratamento industrial, seu número não alcançava, até poucos anos passados, a 3 mil nomes. Na Suécia, Noruega, Finlândia e Dinamarca são aproximadamente 20 mil, ou seja, um terço dos conhecidos no Brasil. O Instituto Adolfo Lutz, em 1995, ou seja, três anos antes das descobertas das falsificações, analisou amostras de 1.068 medicamentos, constatando que 10% deles apresentavam irregularidades[30].

Que não se pense que remédios são falsificados só com substâncias inofensivas como farinha de trigo, amido, fubá e água. Parte dos modificados usa substâncias com datas vencidas e químicos adulterados, com conseqüências fatais para a saúde humana.

A burocracia da Secretaria Nacional de Vigilância Sanitária é responsável também pelo registro de medicamentos. Além de sonolenta e preguiçosa, seu preço é um dos mais baixos. Sua docilidade em face das pressões das transnacionais é comprovada através do abusivo número de remédios autorizados por ela a circular no país.

Enquanto no Brasil se cobram cerca de 800 reais na concessão de licença para que laboratórios comercializem novas drogas, o preço pela mesma licença é de 208 mil dólares nos Estados Unidos da América. Na Europa, o custo médio é de 160 mil dólares.[31] O poder dos lobistas para concessão de licença é escancarado. Para adoçar a boca de funcionários, na época do Natal "os presentinhos" não são, como antigamente, entregues nas repartições públicas, mas sim nas residências. As propinas estão gordas. Já se foi o tempo dos docinhos, bebidas e canetas. Agora é dinheiro grosso.

As Secretarias de Vigilância Sanitária ligadas ao Ministério da Saúde e ao Ministério da Agricultura, se deixam de funcionar bem, não é por falta de funcionários, que existem fartamente.

Desde o início de 1980, este autor tem alertado sobre os efeitos de substâncias químicas altamente prejudiciais ao homem e à natureza. O caso dos agrotóxicos produzidos no Bra-

---

30. Remédios Perigosos. *Folha de S. Paulo*, 26.01.95.
31. *Folha de S. Paulo*, 11.11.95.

sil por multinacionais como a Elanco, Ciba-Geigy, Monsanto, BASF, Rohm Haas, ICI e Hoechst, denunciados por serem vendidos sem receituário agronômico, sem observações adequadas, que alertassem sobre o poder letal de tais venenos, foram objeto de graves denúncias em publicações resultantes de nossas pesquisas. Tudo deu em nada.[32]

Ad perpetuam rei memorian (para perpétua lembrança das coisas), voltamos à carga em meados de 1990, alertando que o uso abusivo de remédios e venenos na agricultura colocaria os produtos agrícolas em desvantagem no comércio internacional. De novo, nada aconteceu.[33]

Essas coisas todas têm transformado o povo e nossos campos em cobaias de medicamentos e agrotóxicos. Esqueceram essas multinacionais que seus produtos, ao alcance de todos, estaria igualmente ao alcance do narcotráfico.

A mentirosa ingenuidade desses grandes grupos deixa em mãos das máfias imensa variedade de substâncias válidas na sintetização de novas substâncias químicas ilegais.

Na fabricação de anfetaminas e metanfetaminas nos laboratórios clandestinos não existe escassez de químicos. Sua fartura se dá graças aos desvios e roubos. É inusitada sua abundância nas zonas urbanas brasileiras do Sul e do Sudeste. Por causa da ação da DEA, a mesma sorte não sopra ultimamente nas etapas do refino da heroína e cocaína na afastada Região Amazônica. A escassez de produtos químicos, comprovada em seu alto preço, desregulariza os estoques estratégicos, conturbando o processo produtivo.

Segundo o Sindicarga, Sindicato do Transporte de Cargas do Rio de Janeiro, as cargas de medicamentos correspondem a 36% do valor roubado nos maiores assaltos nos anos de 1996 a 1998.

A falta de rigor das leis e a ausência de vigor no combate à receptação transformaram o Brasil, de pouco tempo para

---

32. PROCÓPIO, Argemiro. "As multinacionais e a indução ao uso de agrotóxicos". In: *Revista Brasileira de Tecnologia*, Brasília, vol. 16, nº 4, julho agosto de 1985, p. 8-9.
33. PROCÓPIO, Argemiro (coord.). *Ecoprotecionismo: comércio internacional, agricultura e meio ambiente*. Brasília. IPEA/BIRD, 1994, p. 141.

cá, também em um expressivo fabricante de drogas sintéticas. Envenena-se não só sua própria juventude, mas também a dos parceiros do Mercosul e dos vizinhos amazônicos, com anfetaminas *"made in Brazil"*.

Quem pensa que somos só país de trânsito, importador e consumidor de drogas ilícitas, está enganado.

Em 1997 saíram daqui 120 milhões de remédios acabados para os Estados Unidos da América, Argentina, Paraguai e Uruguai. A aprovação da Lei de Patentes, nos conformes exigidos pelas transnacionais de medicamentos, certamente contribuiu para que suas firmas passassem a exportar.

No que tange ao lado ilegal dos negócios, existem rumores no domínio da fabricação de drogas sintéticas, de que as máfias deram significativos passos. Afirma-se ser impossível distinguir o "ecstasy nacional" dos fabricados na Europa. Que até as marcas nos comprimidos são iguais.

É descarada a corrupção alfandegária, a delinqüência nas estruturas de controle sanitário nos planos federal, estadual e municipal. Isso, somado à falta de combate à receptação do roubo e do desvio de remédios e substâncias químicas controladas, aporta o que falta para a união do narcotráfico de cocaína e heroína com o comércio ilegal de drogas sintéticas. Esse casamento pode vir a ser o corolário de uma estratégia sem igual, no definitivo sucesso do abastecimento do mercado de anfetaminas.

Isso tornando-se verdade do dia para a noite, ficam ultrapassadas as interpretações de que o crescente consumo de drogas sintéticas desestabilizaria o tradicional mercado da cocaína. A coisa é pior do que se pensava: na mesa do *buffet* do narcotráfico, esses fatos demonstram que não é um prato que sai, mas sim outro que entra, deixando mais variado e sortido o cardápio do banquete das drogas.

Maconha e anfetaminas

Na Câmara dos Deputados nenhum dos projetos para substituir a velha política nacional de drogas teve apoio equivalente ao apresentado por José Elias Murad, farmacologista e ex-Deputado Federal por Minas Gerais.

Os sessenta artigos da proposta abrangem a repressão, o tráfico, a prevenção, o tratamento e a recuperação. Seu Projeto não entra no mérito da descriminação, ou descriminalização, do usuário. A pena continua existindo, só que com modificações. Segundo a Lei nº 6368/76 vigente, o usuário de drogas recebe penalidade variando entre seis meses e dois anos de prisão. Pela nova proposta, o usuário flagrado com droga pagará multa ou será obrigado a prestar serviços à comunidade, sem o perigo de acabar na cadeia.

Nesse sentido, o projeto é mais realista. Se a justiça brasileira quisesse cumprir as leis de hoje, prendendo quem consome drogas, todas as casas e edifícios da cidade de São Paulo poderiam se transformar em presídios e mesmo assim faltariam vagas! A classificação e distinção entre usuários não está nesse projeto de lei, que deixa ao perito a responsabilidade de determinar se o acusado é usuário ou traficante, de acordo com a quantidade de droga que o indivíduo traz consigo.

Ao ser considerado usuário e sendo réu primário, o indivíduo prestará depoimento e será liberado imediatamente. A falta de precisão dessa nova lei ocasionará dificuldades no seu cumprimento. Deixará nas mãos de juízes e de policiais responsabilidades subjetivas, difíceis de serem arbitradas ou verificadas. Levar a sociedade a fiscalizar e cumprir tais leis é outra questão complicada.

É verdadeira mania a afirmação generalizada da tendência de substituição da maconha por drogas sintéticas. Às vezes, todos caímos nessa armadilha, esquecendo que a maconha, apesar de continuar campeã invicta no *ranking* do consumo de drogas ilícitas no Brasil, não é tanto o primeiro degrau na escadaria das drogas. Milhares de jovens hoje usam a estratégia da queima de etapas e entram direto no consumo das anfetaminas e da cocaína. Há outros que preferem ficar com a *cannabis*, mas atrelando seu uso a entorpecentes mais fortes, são os chamados poliusuários. Com relação ao perfil do consumidor, segundo a pesquisa da Associação Brasileira Comunitária de Prevenção ao Uso de Drogas – Abraço, 29,9% são de classe pobre, 30,1% pertencem à classe média e 40%, à classe alta.

Quanto à idade dos usuários, 25,54% são menores entre 11 e 18 anos. Quase 65% são jovens com menos de 30 anos; 17,23% começaram usar drogas quando crianças (menos de 11 anos de idade) e 85,54% começaram com menos de 18 anos.[34]

Bebidas alcoólicas, puras ou misturadas em formas de coquetéis, solventes voláteis, a loló e o lança-perfume, por exemplo, foram utilizados antes da maconha.

Há consenso entre os pesquisadores de que é "pela boca que o peixe é fisgado". Ou seja, o álcool, a maconha – cuja fumaça tragada acaba no pulmão –, os xaropes, os tabletes barbitúricos, os moderadores de apetite e os tranqüilizantes entram por via oral. Depois vêm os inalantes e, por último, as drogas por via endovenosa.[35] Daí a necessidade de atenção por parte de especialistas que consideram a maconha como uma etapa das drogas, ou porta de entrada para o uso de alucinógenos mais perigosos. Não é bem assim. Seu uso pode ser contínuo. Não se termina com a maconha para passar a consumir outras drogas e nem sempre a *cannabis* é o começo de tudo!

Na entrevista do grupo de pesquisa do projeto "Dimensões e Características Sociológicas do Narcotráfico no Brasil", feita com o então Deputado Elias Murad em abril de 1998, este observou que, no universo das aproximadamente 1.500 pessoas atendidas pela Abraço, 33% são monousuários, ou seja, permanecem com preferência exclusiva pela maconha. A busca de outro tipo de droga deve-se, na expressão de Murad, ao "fenômeno da tolerância", ou seja, uma substância deixa de satisfazer: os efeitos são menos sentidos porque, com o tempo, o organismo se acostuma, mesmo aumentando as doses. Tal efeito, segundo o farmacologista, leva o indivíduo ao consumo de outras drogas, no fim do melhor sonho e início do pior pesadelo.[36]

34. MURAD, José Elias. *O perfil epidemiológico do usuário de drogas de Minas Gerais*. Câmara dos Deputados. Centro de Documentação e Informação. Brasília, 1997, p. 11.

35. MURAD, José Elias. *Pesquisa sobre o abuso de drogas no Brasil*. Epidemological Inquiry about Drug Abuse in Brazil. Câmara dos Deputados. Centro de Documentação e Informação. Brasília, 1997, p. 9-11.

36. MURAD, José Elias. Abraço – Associação Brasileira Comunitária para Prevenção do Abuso de Drogas. Belo Horizonte, 1997.

Os pilotos japoneses na Segunda Guerra Mundial tornaram-se famosos por sua bravura e patriotismo regados a anfetaminas. No Brasil, a coragem de muitos narcotraficantes tem a mesma fonte. Em finais dos anos 1980, as anfetaminas conhecidas eram as ditas "clássicas", com propriedades para combater a narcolepsia ou a sonolência. Apresentavam, em um primeiro estágio, ação estimulante com duração aproximada de seis horas. Depois chega a segunda fase, a da depressão. As anfetaminas "clássicas" bem conhecidas do público são texetrina, benzetrina e pervetina. Devido à sua fraca virtude terapêutica e enorme potencial de intoxicação e dependência, as mencionadas anfetaminas, após muito consumo e vítimas, deixaram de ser produzidas no Brasil. Nem por isso foram banidas do mercado farmacêutico brasileiro. Isto porque, ou continuam produzidas ilegalmente aqui, ou porque chegam contrabandeadas de outros países.

Em substituição a essas anfetaminas, entraram os anorexígenos ou moderadores do apetite. Estes são anfetaminóides, ou seja, substâncias semelhantes às anfetaminas. O efeito é quase igual ao dos estimulantes, dependendo, é claro, da posologia e da quantidade ingerida. Nesse grupo, encontram-se a anfepramona, a anfetamona, a fenfloramina e a dexifenfloramina. Os medicamentos mais comuns que contêm tais substâncias são: Inibex, Moderex, Minifage e Lipless. Além de inibir o apetite, estes anfetaminóides encontram-se fartamente no *dopping* esportivo, principalmente no futebol. Os escândalos com *dopping* são comuns nos eventos olímpicos. No ano de 1998, o "Tour de France" conquistou o título de "Tour da Farsa".

No Brasil, o controle da produção e venda de medicamentos, como se sabe, é da Secretaria Nacional de Vigilância Sanitária do Ministério da Saúde. Saiu dali a classificação com tarja vermelha para a fenfloramina e a dexifenfloramina. Esse fato significa que são vendidos sem qualquer controle. A obrigatoriedade de receita médica na aquisição de remédios com a tal tarja é "para inglês ver".

A produção da matéria-prima para medicamentos formalmente não é feita no Brasil. Dos grandes laboratórios aos pequenos de fundo de quintal, as substâncias básicas são transformadas. Todavia, se não são sintetizadas substâncias básicas neste país, não fosse o contrabando às soltas desses mencionados produtos oriundos da Rússia, do Japão, dos Estados Unidos da América e de países da União Européia, da noite para o dia, por vias legais, por meio do controle de importações, haveria como fechar a torneira de onde jorram tantas substâncias. Acredita-se que as máfias russas estejam particularmente presentes no contrabando desse setor. Atuam, inclusive, a partir de bases alemãs na Renânia, Baviera e Brandeburgo. Seu sistema de distribuição tem pontes diretas entre Nova York, Frankfurt e cidades no Mercosul. É pelo Paraguai que chegou ao Brasil a maior novidade do final do ano de 1998 no campo das drogas. Trata-se do "Liquid Ecstasy", o néctar do diabo, disputadíssimo no ambiente da música techno. Na Alemanha, esse novo produto chegou dos Estados Unidos da América pelas janelas sueca, inglesa e italiana.[37]

A multipolarização das estruturas

Não existem estudos nem história da política de cooperação entre o narcotráfico de países europeus com o narcotráfico na América Latina. No entanto, a "política de cooperação" do mundo da contravenção tanto é real que rende frutos. Os esquemas ajudaram a tornar madura, rápida e operante a contravenção no Brasil.

É necessário ver que os narcotraficantes brasileiros passaram de aprendizes a mestres no domínio da cocaína. No campo das drogas sintéticas, há bastante caminho ainda a ser percorrido para uma total auto-suficiência, com drogas menos impuras e menos falsificadas. Autoridades de países europeus envolvidas no combate às drogas contra-atacam inundando seus países com drogas falsificadas e menos perigosas para a saúde. Isso sem dúvida ajudaria a desmoralizar o mercado a varejo que, diga-se de passagem, não tem boa reputação, salvo algumas exceções. Ainda que isso signifique atividade clandestina, tem a seu lado a desculpa da explicação de que os fins justificam os meios.

---

37. *Der Tagesspiegel*, Nr. 16372/Sonntag, Berlin, 21.06.98.

Tem havido mobilidade no universo da distribuição do narcotráfico. Nesse mundo, pessoas de diferentes classes se encontram e misturam-se. Os códigos de conduta do banditismo passam por cima da questão da origem social e do berço. Eles contemplam, aos que aplicam com maior rigor e eficiência a violência, o monopólio do prestígio na etapa da distribuição para o consumo. Isso, entretanto, não elimina a diferença entre classes sociais, entre o topo e a base dos envolvidos nos negócios ilícitos.

Em termos comparativos, conforme mencionado, o narcotraficante brasileiro é cooperativo porque, como se verá em seguida, aqui nunca se formaram cartéis ou máfias no estilo dos colombianos, sicilianos, peruanos, franceses, japoneses, coreanos, russos, chineses e libaneses. As autoridades policiais e a imprensa brasileira usam freqüentemente expressões tais quais "cartel de Rondônia" e "cartel do Rio", mas efetivamente a contravenção no Brasil nunca formou cartéis dignos desse nome.

A venda, o consumo, a produção e as estruturas que sustentam as substâncias entorpecentes no Brasil parecem ter nascido multipolarizadas. Se considerarmos as dimensões territoriais do País e sua geopolítica, as inteligências que controlam o narcotráfico nacional, até mesmo dentro de estratos da classe política e empresarial, de forma intencional ou não, estiveram corretas ao apostar no sucesso do caráter múltiplo e fragmentado de suas bases e na disseminação das estratégias usadas na expansão do processo.

O narcotráfico prosperou e avança no Brasil não apenas devido à falta de estratégias adequadas para fazer face à agilidade e à destreza dos contraventores. O número de consumidores transforma o Brasil em uma praça das mais atrativas do mercado mundial. Sua elite é rica, inescrupulosa, significativamente numerosa, recebe altos salários e não tem medo de gastar. Quem não tem dinheiro rouba, mata e assalta, confiante na impunidade, na lerdeza das leis e dos juízes. A letargia, o fato de a sociedade ter aprendido a conviver com a violência e a corrupção, achando que democracia é sinônimo de impunidade, em nada ajuda na luta contra as drogas.

De resto, os muitos discursos, boas intenções com pouca ação, costumam igualmente levar a nada.

A contravenção é infiltrante, crescente e de difícil controle. Move-se de um lugar para outro, vai e volta; quando se pensa havê-la eliminado em um centro, regressa continuada. Suas ramificações "invisíveis" alcançam segmentos em praticamente todos os níveis sociais, até mesmo dentro das forças criadas para seu controle e erradicação. O narcotraficante brasileiro tem respostas. Suas decisões imediatas são apoiadas por complexa capacidade operativa.

Conforme se disse, a estrutura do narcotráfico no Brasil, comparativamente, possui elementos e particularidades sociológicas que, de alguma forma, diferenciavam-na dos outros na América Latina. Em quase todos os países diretamente afetados pelo tráfico de drogas, as vinculações entre o narcotráfico e atividades ilegais, como a corrupção, a lavagem de dinheiro, o tráfico de armas, o roubo de carro, o desvio de cargas e o contrabando de mercadorias, são realidade, porém sem o brilho que reluz o banditismo no Brasil. Por isso é obrigatório olhar para o prolegômeno das estruturas cooperativas de organização dos eminentemente produtores de alcalóides e narcóticos, brotados de plantas, como Peru, Bolívia e Colômbia, das de nações que possuem ou possuíam outro perfil de envolvimento com o narcotráfico, como é o caso do Brasil.

No caso colombiano, a título de exemplo, tal estrutura ampara-se principalmente em cartéis controladores da produção e da comercialização em rede que alcança agentes internos e externos e estende-se aos mercados de consumo finais. Os cartéis possuem sustentação em capacidades operativas próprias. As vinculações com outras estruturas delitivas representam modo de maximizar suas próprias capacidades e de garantir condições de proteção e operacionalidade ao longo de todo o processo de produção, transformação e comercialização das drogas. Trata-se de padrão organizacional amparado em bases, em macrounidades de comando hierárquico, o que torna possível conhecer melhor quem são as estrelas do narcotráfico e identificar suas respectivas organizações.

Particularidades

Nos anos 1980, a presença de menores de idade podia ser notada principalmente entre os "vaporezinhos", "aviões" ou entregadores, e entre os "fogueteiros", que anunciam com o barulho dos fogos de artifício a presença da polícia. Atualmente, a escalada dos menores na "pirâmide social" do narcotráfico no Brasil é impressionante. Os chefes da distribuição a varejo são quase todos jovens com menos de 20 anos de idade. No bando, reina ordem e disciplina. Não existem castigos. Quem infringe as regras rígidas existentes nesse submundo da contravenção paga com a própria vida.

Armas não faltam em mãos de menores que as manejam adestradamente. Não é preciso fazer economia de munição como no exército ou nas polícias. Fuzis AR-15, M-16, Fal e metralhadoras existem em profusão. O M-16 foi utilizado pelo exército dos Estados Unidos da América na Guerra do Golfo. O AR-15 é leve, pesa 3,2 quilos. Sua versão civil não dispara rajadas. Tem carregadores para 20 e 30 tiros que alcançam 2.000 metros. Em nenhum outro país a experiência com menores no narcotráfico foi tão bem-sucedida quanto aqui, onde a criança, por engano, é considerada intocável e não responde pelos próprios atos.

No Brasil, a particularidade das estruturas do narcotráfico o diferencia de outros países onde está presente também a ação dos cartéis américo-colombianos que não envolvem tantas crianças e adolescentes quanto aqui.

A crise econômica russa ecoou fortemente no Brasil, apesar da distância geográfica e dos fracos laços comerciais e culturais que nos unem àquele país. No cenário do narcotráfico, parece inacreditável, mas aqui a tendência é acompanhar o modelo das máfias russas, apesar das diferenças. Lá, por exemplo, o mercado de distribuição doméstico é feito por idosos em vez de por crianças.

Estudos da Interpol chegaram à conclusão que na ex-União das Repúblicas Socialistas Soviéticas existem cerca de

8.000 máfias.[38] Ao contrário das máfias italianas – que possuem numerosos membros, apóiam-se em estruturas familiares e têm um certo código de ética influenciado até mesmo por princípios religiosos – as máfias russas não temem nem a Deus. O número de seus membros é pequeno, algumas com cinco ou seis pessoas; matam com a facilidade que se toma um copo d'água. Neste particular, o desenho da estrutura do crime organizado no Brasil aproxima-se do modelo russo. Em termos de violência, os dois países já se nivelaram. Daí as semelhanças entre as particularidades das estruturas de um e outro, desconsiderando aspectos como idade dos distribuidores e número de membros por gangues.

Como se disse, mesmo encontrando com freqüência referências a alguns cartéis, é necessário tomar em conta que o emprego da expressão "cartéis" para designar as estruturas de operação do narcotráfico no Brasil pode conduzir a interpretações equivocadas. É difícil comparar a estrutura aqui existente com a dos países eminentemente produtores, vez que, no Brasil, a estratégia do narcotráfico é quase de guerrilha urbana, vale dizer, fragmentada e pulverizada. Seus agentes são ágeis, violentíssimos, leais ao crime, eficientemente operativos, competentes e com notável força de penetração no aparato policial, jurídico e político. Ademais, vale lembrar que o mercado consumidor de drogas brasileiro é o mais numeroso da América Latina, em um infeliz compasso com o tamanho da população do país. Se é que já não somos, se as coisas continuarem como estão, breve será nossa sociedade o segundo mercado consumidor mundial de entorpecentes, suplantado apenas pelos Estados Unidos da América.

A estrutura do narcotráfico no Brasil nasceu vinculada ao contrabando, à evasão de riquezas nacionais e à corrupção governamental. Amamentou-se na contravenção, no crime orga-

---

38. Este dado e outros temas aqui tratados foram discutidos com autoridades nacionais e estrangeiras presentes no II Encontro de Trabalho dos Representantes Regionais da Organização Internacional de Polícia Criminal, Interpol/Brasil. Nessa ocasião, este autor proferiu conferência sobre "A questão dos ilícitos nas Relações Internacionais". Porto Seguro-BA, 22 de outubro de 1998.

nizado, sobretudo junto à velha corrupção existente no Judiciário e em expressivos segmentos da classe política. Até hoje, cresce vitalizada pelo contrabando de ouro, pedras preciosas e madeiras nobres e pelo mercado de carros roubados, de bens de consumo e de armas. É, portanto, estrutura de comando e operação extremamente sólida; tem bases difusas, complexas, apesar de menos hierarquizadas que a dos cartéis tradicionais.

No que diz respeito à distribuição das drogas no riquíssimo mercado interno e para exportação, essa estrutura é dependente dos vínculos com os grandes cartéis produtores, sobretudo no caso da heroína, cujo consumo, embora substancialmente menor que o da maconha, das drogas sintéticas e da cocaína, tende a aumentar. A capacidade distributiva do tráfico, por ser regionalizada, corrompe com destreza elites políticas locais. O que é dificultado em termos narcogeográficos, por causa da extensão, ganha-se com o eficiente gerenciamento do processo de distribuição. Em termos de definições estratégicas, parece que há concordância com as provenientes da inteligência dos grandes cartéis, ultimamente localizados sobremaneira no sul dos Estados Unidos, na Espanha e na Itália, aos quais se vinculam os grupos de traficantes mais expressivos do Brasil.

É possível apontar expressivo segmento do narcotráfico no Brasil, que dedica-se ao tráfico internacional, movimentando grandes quantidades de droga e de dinheiro, mas com número de pessoas relativamente reduzido. De acordo com estimativas do Departamento de Polícia Federal, na segunda metade dos anos 1990, menos de quatrocentas pessoas atuam nesse segmento do narcotráfico. Sem poder comprovar que essa estimativa está subdimensionada, é nesse particular que destoam as semelhanças do crime organizado no Brasil com a numerosa máfia russa.

Quem integra o mundo da contravenção nascida na ex-União Soviética é bem informado. Discretos, aparecem pouco na América Latina. Possuem alto nível de escolaridade, constituem empresas, sobretudo em atividades de exportação nos grandes centros urbanos. Internamente, a inteligência das máfias russas ocupadas com tráfico de armas e drogas no

Brasil está ramificada, mas age com destaque nos Estados de São Paulo, Rio de Janeiro e Amazonas, onde localizam-se importantes portos e aeroportos internacionais. A tecnologia na área química para fabricação de drogas sintéticas em países do Mercosul pode ter sido repassada por máfias russas com apoio de técnicos desempregados da antiga República Democrática da Alemanha. Estima-se que, pelas mãos desse discreto segmento, passem toneladas de cocaína quase pura por ano. Com ele atuam as máfias da Europa, do Oriente Médio e da Ásia, cujos representantes, no passado, concentraram-se particularmente na cidade de São Paulo. Aí estabelecem-se os fundamentais elos com os grandes grupos de contrabando localizados na província argentina de Missões e nas cidades fronteiriças com o Paraguai, como Foz do Iguaçu. Igualmente em Ponta Porã e em Corumbá, na fronteira com a Bolívia.[39]

Não são poucos os grupos de narcotraficantes no Brasil possuidores de conexões internacionais. Conhecidos são basicamente quatro. O primeiro é comandado por Antônio Mota Graças, apelidado por "Curica". Este atua a partir da Colômbia, estabelecendo vínculos com grupos, sobretudo nos Estados da Amazônia Legal. O segundo é comandado por Fahad Amil Jorge, de origem árabe, que age no Mato Grosso do Sul e no Paraná. Talvez, graças a seu grupo, a droga chegue ao Líbano, a outros países do Oriente Médio e daí, para a Europa. O terceiro grupo é liderado por Augusto Morbachi Neto que transita pelo Centro-Oeste e em áreas da região amazônica.

O quarto e último que vem conquistando nome, principalmente nos países do Mercosul, é chefiado por Virgulino, sugestivamente apelidado com o nome de batismo de Lampião. O forte de sua gangue não é furtar lanchonetes, galinheiros, ônibus nem pessoas nas ruas. Sua fama é de roubar grandes somas. Especializada em assaltar transportadoras de valor, carros-forte, aviões e, sobretudo, agências do Banco do Brasil pelo país afora, esse poderoso grupo se fortaleceu, treinando

---

39. Ver: GEFFRAY, Christian. "Efeitos Sociais, Econômicos e políticos da Penetração do Narcotráfico na Amazônia Brasileira". Relatório de Atividades nº 2. Fevereiro de 1996, ORSTOM/CNPq.

nas cercanias da rodovia estadual Cuiabá-Barra do Bugre, nas adjacências onde o rio Bugre deságua no Rio Paraguai.

Segundo autoridades policiais, nos últimos quatro anos, agências do Banco do Brasil são assaltadas em uma média de duas vezes por dia. Parte expressiva dessas ocorrências, bom número sem derramamento de sangue, debita-se à conta da gangue de Virgulino. Segundo línguas maldosas, atuando com tal e tamanha soltura "impedirão esta estatal de continuar a cobrir o rombo dos empréstimos de usineiros e latifundiários apadrinhados por políticos." Mito ou verdade, é daí que vem a relação de Lampião com o apelido do chefe do grupo. A polícia até hoje não conseguiu colocar a mão no bando do Senhor Ricarte Viana. De acordo com testemunhas oculares de assaltos nas agências, esse grupo compõe-se de bandidos bem vestidos e de "boa aparência". Se quisessem, poderiam até passar por "brasilienses do Lago Sul".

Os demais estabelecem vinculações pontuais para a aquisição de cocaína, sobretudo na Bolívia e no Peru.

Com relação à atuação das máfias internacionais do narcotráfico no Brasil, de acordo com informações da Interpol e da Polícia Federal, estima-se que cerca de cinqüenta integrantes estrangeiros de distintas facções da máfia italiana estiveram no país em 1997. Hoje, dezenas deles moram em São Paulo e os demais no Rio de Janeiro, na Bahia, no Ceará e em Pernambuco, onde, casados geralmente com brasileiras, trabalham nos esquemas do tráfico de cocaína, lavagem de dinheiro e/ou troca de cocaína pelo ecstasy. Existem também mulheres como cabeça de grupos mafiosos, utilizando como fachada restaurantes, hotéis, fazendas e até instituições de caridade.

Pelo menos quatro facções fazem-se presentes no Brasil: a Camorra napolitana, N'draghetta calabresa, a Cosa Nostra e a Sacra Corona Unita, estas duas últimas sicilianas. Entre os nomes atualmente identificados como grandes traficantes ligados à máfia estão Rocco Morabitto, ligado à la N'draghetta, a quem se supõe ter montado rede financeira para operar o narcotráfico a partir do capital paulista, e Antonio Bardelino, da máfia siciliana, que se acredita estar na Bahia. Este foi sócio de empresa de exportação peruana que traficava entorpecentes do Peru e Brasil para a Itália.

Os irmãos Giuseppe Cuntrera e Paolo Cuntrera com seus primos, Gaspare e Pasquale Cuntrera, representam a Cosa Nostra no Brasil e na Venezuela. São proprietários de empresas em vários estados, incluindo navegação, agropecuária, hotéis e restaurantes. Essa infra-estrutura, supõe-se, serve para lavar dinheiro do tráfico. A dupla fraterna Bruno e Renato Torsi, ligados à Camorra, pode estar em Pernambuco ou no Ceará; Pasquale Raffaele Graziani, um dos grandes chefes da Nuova Famiglia, segmento dissidente da Camorra, e Giuseppe Castoro, que acredita-se viverem em Mato Grosso, organizam, de lá, o tráfico de cocaína da Colômbia para os Países Baixos e para a Itália.

No segmento do narcotráfico voltado para a exportação associam-se os dedicados ao contrabando, principalmente de pedras preciosas, e, em um passado recente, do ouro. A abertura comercial facilitou a entrada de importações, estimulou grupos e indivíduos que exerciam o contrabando de bens e de *commodities* a mudar de produtos ou agregar a eles o comércio de substâncias ilícitas. Ficam tanto em Minas Gerais e Goiás como em áreas próximas das cidades-fronteira com Paraguai e Bolívia.

Há evidências de recentes conflitos e disputas entre grupos. A Polícia Federal conhece os nomes de contrabandistas-traficantes, mas tem dificuldades de atuar, principalmente se pretender agir conforme mandam as leis, até mesmo devido à facilidade com que bandidos cruzam a fronteira nessas regiões. Em Ponta Porã e Pedro Juan Caballero, a exemplo de outras cidades fronteiriças, o marco divisório está no centro das duas cidades. A polícia, tanto de um como de outro país, está rigorosamente proibida de agir fora de seu território.

Em futuro próximo provavelmente será acirrada a disputa entre os que se dedicam a distribuição e venda de narcóticos no mercado doméstico, particularmente nos grandes centros urbanos. O mercado doméstico rende em valor mais que o voltado para o exterior. Daí a cobiça por essa fatia expressiva do bolo do narcotráfico.

Relação de simbiose

O tráfico interno mobiliza número significativamente maior de pessoas. Com certeza, dá mais emprego que todas as empresas transnacionais em operação no Brasil. Essa cadeia, até passado recente, compunha-se de indivíduos com distintas funções. Os contatos com os atacadistas da droga, gente de confiança dos grandes cartéis produtores, estabelecem-se por meio do intermediário, "matuto", receptador da droga, até seus transportadores para o exterior, as "mulas". Estas entregam a cocaína a outros traficantes, que, por sua vez, distribuem-na em pequenas quantidades para venda, nas mãos dos "vapores". Da mesma forma, existe a figura do "avião", integrada quase que exclusivamente por meninas e meninos que levam os consumidores aos "potes dágua" ou distribuem a substância entorpecente sem aumentar o preço da mesma. O trabalho de avisar ao comando a chegada de estranhos à zona de tráfico feito por "olheiros", que utilizam sinais codificados. No livro "Comando Vermelho",[40] Carlos Amorim conta a história de uma criança que trabalha para o tráfico de drogas empinando uma pipa: de acordo com a movimentação do papagaio, ele passa mensagens diferentes. Em outros casos, há aviso até mesmo por meio de fumaça.

Os psicotrópicos há tempos são entregues em domicílio. Os prestadores desse serviço são chamados de "esticas". Popularizaram-se por todo o país os "fogueteiros", que, com recursos pirotécnicos, alertam os traficantes para a presença da polícia. Não se pode afirmar exatamente quantos são, contudo, é enorme o número de pessoas que atuam na cadeia do narcotráfico interno, desempenhando distintas funções. A extensão do fenômeno faz crer que esse contingente, na realidade, é significativo.

Não se pode esquecer que o transvanguardismo e a modernidade andam dando cores novas ao narcotráfico. "Mulas",

---

40. AMORIM, Carlos. *Comando Vermelho. A História Secreta do Crime Organizado.* Ed. Record. Rio de Janeiro, 1993, 3ª edição.

"matutos", "vapores", "aviões", "esticas" e "fogueteiros" que se cuidem! Na Internet, as máfias cibernéticas, desde meados dos anos 1990, estão nos negócios das drogas: isso significa desemprego para a população de baixa renda, para o povão que vive do pequeno comércio de substâncias entorpecentes.

Com a tecnologia a serviço da criminalidade, os negócios ilícitos ampliam-se, deixando o aparato policial brasileiro e dos demais países latino-americanos em péssima situação. Na Internet há farta descrição sobre a produção de anfetaminas e metanfetaminas, até mesmo informações técnicas sobre sintetização de processos químicos.

A voracidade do viciado, o dinheiro fácil e a relativa simplicidade na construção de um "laboratório de quintal", vizinho do consumidor, são fatores que invadirão o mercado com drogas sintéticas tão pesadas que farão a cocaína e a heroína parecerem "coisa suave". Triste é constatar que, em vez de futurologia, essa afirmação é começo de uma realidade. No Japão de hoje, 90% das condenações por drogas envolvem a metanfetamina.

O narcotráfico associa-se, e não raramente confunde-se, com outras atividades ilícitas, como o contrabando de mercadorias, o tráfico de armas, mulheres, de órgãos humanos para transplantes e, mais importante, com infinidade de atividades relacionadas à economia informal. Apenas no Estado do Rio de Janeiro, segundo dados do Departamento de Narcóticos do Estado fluminense, cerca de cem mil pessoas estão direta ou indiretamente envolvidas nas atividades de distribuição e venda de psicotrópicos a pequenos consumidores. Alastram-se trabalhando em diferentes grupos de atuação vinculados a organizações criminosas, como o Comando Vermelho, o Comando Neutro e o Terceiro Comando, que, embora disputem o comando do narcotráfico, por vezes cooperam entre si, no sentido de enfrentar a repressão policial ou de garantir o abastecimento de substâncias controladas em suas áreas.

Os números mencionados neste texto ilustram a confusão na selva das estatísticas referentes às drogas. Certa fonte diz

150 mil traficantes em todo o Brasil, outra 100 mil só no Estado do Rio de Janeiro. Estimativas por estimativas, considerando São Paulo, Mato Grosso, Rondônia, Amazonas, Acre, Tocantins e Distrito Federal, com certeza o número mais realista e seguro é que no Brasil cerca de um milhão de pessoas tiram sustento diretamente do narcotráfico.

Como resultado de estratégia aparentemente bem articulada, a inexistência aqui de cartéis ao modelo dos colombianos permite que as lideranças sejam substituídas "da noite para o dia", sem interrupção e sem maiores problemas para a macroestrutura do narcotráfico nacional. Isso tornou-se possível pelo fato de o comércio de produtos ilícitos no Brasil não ser concêntrico, mas sim fragmentado, flexivelmente hierarquizado e ultimamente organizado mais em pequenos do que em grandes e famosos grupos.

As estruturas do narcotráfico estabelecem relação de simbiose com as de outras atividades ilegais, servindo assim como estímulo ou elemento de indução ao surgimento de variadíssimas organizações, bandos e grupos criminosos que procuram exercer controle sobre os negócios da droga mesclados à economia informal. Isso fica patente no caso do antigo Estado da Guanabara, onde o narcotráfico está acoplado a um complexo de organizações criminosas e de contravenção.

O que pouco se sabe no mundo das drogas no Brasil é como a estrutura de contravenção se adaptaria e atualizar-se-ia no processo de expansão dos ATS – estimulantes tipo anfetaminas – no mercado, diante da hipótese pouco provável da retração do consumidor por drogas feitas a partir de plantas.

O perfil das pessoas envolvidas com a produção de drogas sintéticas, isto é, sua escolaridade, renda e origem familiar, está em uma hierarquia social bem superior ao dos policiais. Esse é um fato novo no Brasil, porque até agora apreensão de droga está associada a tiroteio em favelas. A opinião pública confunde polícia com bandidos.

No caso da produção de sintéticos na Rússia, sabe-se que envolve doutores, técnicos de alto nível com PhD, etc. Viktor

Timtschenko[41], escrevendo sobre a transformação da Rússia em superpotência do crime, dimensiona a importância de suas máfias. Ainda que longe da competência técnica dos criminosos russos, os brasileiros envolvidos na produção e venda dos ATS não são amadores. A prova maior de sua eficiência e profissionalismo é ter trabalhado "no silêncio" por quase dez anos, angariando milhares de viciados e fazendo as autoridades encarregadas da política contra as drogas comportarem-se como se o problema não existisse no Brasil.

Em se falando sobre os russos, vale aqui relembrar as pesquisas do sociólogo Jean Ziegler, da Universidade de Genebra. Este professor conseguiu, em 1998, por intermédio dos serviços de imigração e fronteiras, levantar dados constatando que havia 14 mil russos trabalhando, agindo em torno do aparato financeiro-bancário dentro do cassino capitalista suíço. Não se sabe quantos desses existem no Brasil. Tampouco se conhece o número de estrangeiros que aqui dentro transformaram o crime em profissão.

Na Alemanha, da mesma forma que na Suíça, na Áustria, no Reino Unido e na França, o narcotráfico encontra-se em mãos de uma oligarquia do crime extremamente competente e bem preparada. Seu profissionalismo dá rasteiras nos serviços de inteligência daqueles países.

A presença ostensiva de negros, norte-africanos, latino-americanos e "exilados" vendendo gramas de drogas em clubes noturnos ou em avenidas de movimento das grandes cidades européias não é gratuita. São pagos, pelas máfias, possivelmente para manter uma imagem folclórica e distorcida da delinqüência. Concentrado nesses estrangeiros o ódio da opinião pública, podem as máfias trabalhar com menos incômodos.

41. TIMTSHCENKO, Viktor. *Russland nach Jelzin. Die Entwicklung einer kriminellen Supermacht*. Rasch & Röhring, Hamburg, 1998.

III

A DIALÉTICA DAS DROGAS

Modalidades na formulação de políticas

Pesquisa do Ibope feita no início de 1998 revela que as drogas ocupam o quarto lugar na preocupação dos brasileiros, perdendo só para os problemas do desemprego, da saúde e dos salários. A não aceitação da entrada das Forças Armadas na luta contra as drogas, sempre condenada no cotidiano da vida castrense, conhecedora dos antecedentes e trágicos resultados desse envolvimento na América Latina, associa-se ao temor da população de ver os quartéis transformados em antro de bandidos. Se a tendência de militarização da política antidrogas não for revertida, tem-se como certo que o fim dos militares brasileiros não será diferente do destino reservado aos outros exércitos latino-americanos, destruídos por dentro pela antropofagia do caráter dessa guerra.

Após anos de resistência das Forças Armadas perante as crescentes e insistentes pressões por parte dos EUA, teme-se que a militarização do combate ao narcotráfico esteja começando a ser realidade, depois da criação por medida provisória nº 1669 com vigência a partir de 22 de junho de 1998 pelo decreto nº 2632, da Secretaria Nacional Antidrogas, ligada à Casa Militar da Presidência da República. O Confen, substituído pelo Conselho Nacional Antidrogas, torna-se o órgão normativo do sistema. Com essa nova Secretaria, aumenta o risco do envolvimento formal das Forças Armadas, sem as protelações do passado. A criação da Secretaria Nacional Antidrogas – Senad – faz escorregar pelas mãos da Polícia Federal o seu quase monopólio das grandes decisões concernentes à logística do combate às drogas.

Até julho de 1998, a formulação da política de drogas era coordenada pelo Ministério da Justiça, por intermédio do Conselho Federal de Entorpecentes – Confen, atualmente Conselho Nacional Antidrogas – Conad. Esse órgão, criado pelo Decreto nº 85.110, de 2 de setembro de 1980, e reformulado em 10 de maio de 1990, tentou, sem grande sucesso, desenvolver política mais consistente no combate às drogas ilícitas. A primeira deliberação do Confen com força de lei ocorreu em 1986, criando o Fundo de Prevenção, Recuperação e Combate às Drogas – Funcab. Além do Confen atuando em nível federal, criaram-se os Conselhos Estaduais de Entorpecentes – Conens e os Conselhos Municipais de Entorpecentes – Comens. Por terem ficado, em sua maioria, só no papel, não desempenharam a função de mobilização comunitária prevista na prevenção contra o uso de substâncias ilícitas. Deve ser ressaltado que bases institucionais e órgãos para funções administrativas não faltam no país. A questão do combate às drogas relaciona-se mais à vontade política da sociedade para combater o problema.

Também sob autoridade do Ministério da Justiça está o Departamento de Polícia Federal (DPF), incumbido diretamente do combate e da repressão ao tráfico de drogas, executada por meio da Divisão de Repressão de Entorpecentes – DRE, com o apoio da unidade de inteligência da própria Polícia Federal. O DPF teoricamente coordena a cooperação com as polícias civis e militares estaduais e, eventualmente, com as Forças Armadas. O envolvimento da Marinha, do Exército e da Aeronáutica na repressão ao narcotráfico esteve, até 1995, restrito ao fornecimento de apoio logístico, material e informações, particularmente em áreas distantes e de fronteiras. Não se sabe por quanto tempo resistirão às pressões dos Estados Unidos da América, que querem seu envolvimento direto, sem camuflagem, na guerra contra as drogas.

Cabe notar que, desde sua criação, as ações de repressão da política antitóxicos dependiam dos magros recursos financeiros e materiais oferecidos pelos Estados Unidos. Os parcos fundos disponíveis por meio do Programa das Nações Unidas para o Controle de Drogas – UNDCP – tampouco corresponderam às expectativas que se faziam em torno deles, conforme observar-se-á com detalhes no texto específico dedicado ao tema. Somente a partir de 1994 o Governo Federal passou a alocar recursos orçamentários para esse fim.

Por essa e por outras razões, não causa estranheza saber que as agências governamentais norte-americanas atuantes no combate aos entorpecentes dispõem de conhecimentos sobre o narcotráfico em território brasileiro muitíssimo maiores que o Congresso Nacional e a própria Agência Brasileira de Inteligência. O volume e a qualidade dos dados da DEA, *Drug Enforcement Administration*, existentes desde 1973, referentes às drogas ilícitas no Brasil, não têm paralelo. Isso quer dizer que, no que se refere às drogas, tudo é exatamente igual ao que acontece com outras coisas. Até mesmo as medidas de combate à crise econômica passam primeiro pelo FMI, Fundo Monetário Internacional, para posteriormente serem levadas ao conhecimento do Parlamento.

Além dos órgãos judiciários e da Polícia Federal, existe atuação específica do serviço de inteligência a cargo da Agência Brasileira de Inteligência. Ela trabalha, sobretudo, na produção de conhecimentos sobre o tráfico, por meio do intercâmbio de informações com serviços de inteligência estrangeiros e forças policiais. Os órgãos de inteligência militares, por sua vez, não possuem atuação regular nessa questão.

No que tange às Forças Armadas, há intenso debate sobre sua entrada no combate direto ao narcotráfico. Em termos concretos, esse envolvimento ocorreu com as Operações Rio I e II, em novembro de 1994 e em janeiro/fevereiro de 1995, respectivamente. Essas operações nasceram com objetivo de marcar a presença e atuação dos instrumentos do Estado em algumas áreas sob controle do narcotráfico, como, por exemplo, as favelas cariocas, onde se estima haver 11 mil indivíduos envolvidos com o tráfico de drogas, sendo 4.400 deles portadores de armas pesadas. Segundo os mesmos dados do serviço secreto da Polícia Militar do Rio de Janeiro, havia 200 bandos de narcotraficantes responsáveis pela distribuição de cocaína naquela cidade.

Os resultados dessas intervenções, aliados aos temores de que tal envolvimento não constituiria solução adequada para o problema da intensificação do tráfico em novas modalidades, ocasionaram desgastes para as Forças Armadas. Isso se deveu ao fato de que a ação militar desencadeada restringiu-se a combater certos efeitos do narcotráfico, ou seja, a violência urbana e não suas causas.

As Operações Rio I e II deixaram lições. As formulações de políticas de combate ao crime organizado com o intuito de diminuir a violência urbana deveriam atacar as causas do narcotráfico por meio de políticas públicas, isto é, pela presença do Estado, na forma de prestação de serviços, em áreas da educação, saúde, habitação, saneamento básico e segurança coletiva.

A política de combate às drogas precisa ser de âmbito nacional, lutando aqui contra a rede internacional que tem o Brasil como ponto de passagem e venda. Paralelamente a isso, deve haver o combate às redes locais, baseadas no comércio de varejo da droga. Ao contrário do que tradicionalmente é feito, o Estado tem de preocupar-se mais com a repressão à droga que entra do que com a que vai embora. Até mesmo porque, coibindo sua entrada, não resta droga para sair nem para consumir dentro do país.

Observa-se que o governo de Fernando Henrique Cardoso, nos quatro anos do seu primeiro mandato, prometeu atuar com rigor na repressão às drogas. Conseguiu destinação de fundos para o começo do reaparelhamento da Polícia Federal e o revigoramento do antigo Conselho Federal de Entorpecentes, agora Conselho Nacional Antidrogas. Sua diplomacia presidencial sinaliza reconhecer a necessidade da intensificação da cooperação internacional em âmbito bilateral, regional e multilateral.

Polêmico é o maior engajamento das Forças Armadas, não apenas no que concerne ao apoio logístico em matéria de inteligência, mas igualmente em operações de repressão direta, nas circunstâncias que o seu emprego venha a ser requerido. É temerário dizer se existe ou não estratégia de protelação para o envolvimento dos militares brasileiros na guerra das drogas. O certo é que, na América Latina, os Estados Unidos pouco a pouco vão empurrando os exércitos latino-americanos nessa luta sabidamente fadada à derrota, até mesmo porque está provado historicamente que não são com balas que se combatem os estupefacientes. Apesar disso, as rédeas dessa política estão nas mãos da Secretaria Nacional Antidrogas, subordinada à Casa Militar da Presidência da República, tornando difícil desmentir a perigosa tendência da militarização da política de combate ao narcotráfico no Brasil.

A diplomacia e as drogas

Não é tão recente quanto se pensa a entrada do Ministério das Relações Exteriores – MRE na arena da política de cooperação internacional de combate ao narcotráfico. O MRE é responsável, em conjunto com o Ministério da Justiça, pela negociação de tratados multilaterais e bilaterais em matéria de cooperação frente ao narcotráfico. Falta a ambos iniciativas e criatividade para propor convênios de cooperação policial do Brasil com os paraísos fiscais. O velho mecanismo jurídico chamado de rogatória, isto é, cartas entre juízes dos países envolvidos solicitando diligências, arrasta-se com a mesma lentidão das lesmas.

A possessão britânica das Ilhas Cayman serve como comprovação da podridão, da conivência e da parceria do sistema financeiro internacional com o narcotráfico. Pensando na criminalidade sem limites e sem fronteiras dos magnatas, pensando na conivência da Coroa Britânica, que fecha seus olhos para o crime organizado dentro do seu protetorado de Cayman, arrisca-se a formulação de uma pergunta fantasiosa: o que seria do nosso Brasil no mundo, se transformasse sua Ilha de Marajó em um paraíso fiscal na embocadura do grandioso rio Amazonas?

Número considerável dos tratados não sai do papel, permanecendo como letra morta no sarcófago da burocracia diplomática. A inoperância dos tratados multilaterais e bilaterais leva a crer que, em muitos casos, foram assinados mais para dar respostas às pressões internacionais do que como resultado concreto de efetiva vontade política nacional para o combate ao narcotráfico.

Os resultados e efeitos da atual política de combate ao narcotráfico no Brasil, quando comparados ao incremento da violência que trazem consigo os entorpecentes, podem ser avaliados, senão como nulos, ao menos como extremamente modestos. Nos últimos anos, efetivamente, lograram-se níveis crescentes de apreensão de drogas, sobretudo aquelas com destino ao exterior, que chegaram a quase 13 toneladas em 1994 e 15 toneladas em 1995. Isso significa, como mencionado anteriormente, que, em grande medida, os esforços da repressão ainda estão canalizados para impedir a saída da droga, descuidando-se quanto a sua entrada, consumo e circulação dentro do Brasil.

O tráfico de drogas aumenta rapidamente, pois, como se sabe, o volume da droga confiscada corresponde oficialmente a menos de 10% – na prática, apenas 1% – do volume traficado.

Continua enorme a disseminação do uso de drogas naturais e sintéticas. Não pára de crescer o consumo da maconha, da cocaína, do ecstasy, do crack, da merla e, principalmente, da cola de sapateiro. Entre as camadas sociais pobres, esta última é ostensivamente usada por crianças e pelos meninos de rua. Isso comprova a ausência de políticas efetivas de prevenção, controle e repressão ao uso e ao abuso de substâncias entorpecentes.[42] Estima-se em cerca de oito milhões o número de usuários de drogas pesadas no Brasil. A atuação dos órgãos de repressão ao tráfico não tem conseguido coibir internamente a expansão das drogas nem reverter a crescente importância da economia do narcotráfico na vida nacional.

A subserviência do Itamaraty à ditadura deixou cicatrizes históricas. Isso porque a postura da diplomacia incorporava a

---

42. Ver: *Terceiro levantamento sobre o Uso de Drogas entre Adolescentes de 1º e 2º Graus da rede estadual em dez capitais brasileiras* (Belém, Belo Horizonte, Brasília, Curitiba, Porto Alegre, Recife, Rio de Janeiro, Salvador e São Paulo, realizado pelo Cebrid (Centro Brasileiro de Informação sobre Drogas e Psicotrópicos), 1996.

visão antidemocrática inerente ao autoritarismo no poder implantado com o golpe de 1964.

Não poucos diplomatas, por submissão e carreirismo, mais realistas que o próprio rei, no afã de mostrar serviços, tornavam deles, e oficialmente do Itamaraty, a visão militar repressiva relacionada aos direitos humanos, à questão ambiental e às drogas.

Por aproximadamente três décadas, as embaixadas brasileiras foram alvo de pesadas denúncias no exterior pela pratica da tortura e brutal violação dos direitos humanos no país. No que toca a questões mais relacionadas à política ambiental brasileira, como por exemplo as queimadas e devastações do patrimônio da natureza, as respostas de então do MRE refletiam as fraquezas de uma diplomacia caracterizadamente reativa. Idem para com a questão das drogas. O Ministério das Relações Exteriores reagia defensivamente diante das denúncias do trânsito, em território nacional, de substâncias estupefacientes.

A falta de iniciativas da diplomacia espelhava-se no tratamento esquivo e moroso dispensado às denúncias, no exterior, de desrespeito aos direitos humanos, de degradação ambiental e àquelas relativas ao narcotráfico. Um detalhe considerável: as críticas e ameaças não provinham dos inimigos ideológicos. Eram oriundas dos principais aliados e parceiros econômicos do Brasil.

Tal circunstância deixa os formuladores da política externa em posição desconfortável, quase tão desconcertante quanto a dos militares da ditadura argentina, que transformaram sonho histórico em pesadelo, ao tentar recuperar a soberania das Ilhas Malvinas acreditando no Tratado Interamericano de Assistência Recíproca – TIAR. Esperavam, senão o apoio, pelo menos a imparcialidade que não veio, dos amigos norte-americanos, a quem sua diplomacia, depois de Perón, submissamente passou a servir.

Nos Estados Unidos da América, na Alemanha, no Reino Unido, no Canadá e na França entre outros, as universidades, órgãos governamentais e não-governamentais, igrejas e meios de comunicação tornaram do domínio público as violações contra a integridade do ser humano e o meio ambiente e o grau de violência a que o cidadão é submetido por causa do trafico de entorpecentes. Transformadas em pontos focais da opinião pública internacional, tais questões não foram abordadas pelo autoritarismo como fenômeno que necessita primeiramente de tratamento no domínio das políticas públicas. A ditadura, alimentada igualmente pelos equívocos da diplomacia, percebeu e reagiu a tais problemas de forma simplista, encarando essa realidade como atentado à soberania e trama internacional de difamação da imagem brasileira. Ou seja, uma visão extremamente arcaica e pobre do que se considera como problema de segurança nacional.

Em 1989, obedecendo ao critério rotativo, o Brasil presidiu o Conselho de Segurança. Naquela ocasião, apoiado por vários países europeus e até pelos Estados Unidos da América, o Reino Unido sugeriu que esse Conselho viesse a trabalhar com o problema das drogas, alegando que a gravidade do assunto permitia sua inclusão entre as ameaças à paz e à segurança internacional. Temeroso que isso abrisse as portas para o tratamento no Conselho da questão ambiental e dos direitos humanos, diplomatas brasileiros apresentaram um projeto de resolução substitutivo. Apoiados por colegas embaixadores de países periféricos, com receios parecidos aos seus no tratamento dessas questões, conseguiram levar adiante o projeto de resolução substitutivo, convocando Sessão Especial da XXII Assembléia Geral, em fevereiro de 1990, para cuidar do tema entorpecentes. Perdeu-se com este equívoco da diplomacia brasileira a oportunidade de tratamento mais forte para estas questões no âmbito do Conselho de Segurança das Nações Unidas.

Outro engano da diplomacia foi o fato de sequer se pleitear vaga para o Brasil na Comissão de Entorpecentes das Nações Unidas, composta de 50 países periodicamente eleitos. Apesar da relevância desse tema, desde o fim de 1991 o Brasil não é membro da Comissão, esquecendo que neste país, depois dos EUA, encontra-se provavelmente o segundo maior contingente mundial de consumidores de substâncias alucinógenas.

Na chamada Nova República não ocorreu o esperado corte ou novo tratamento em termos de política externa, como acontece quando ditaduras são substituídas por governos civis. O Brasil caminhava para mudanças, mas sua diplomacia não, porque permanecia demasiadamente fechada em si mesma, custando a reconhecer a influência de situações e realidades novas.

Como relações exteriores não rendem votos, o MRE, pouco cobiçado por políticos, acabou abandonado aos destinos da sorte, nas mãos da sua submissa burocracia. Vem daí a custosa ilusão de autonomia desse Ministério, ferida escandalosamente na época das designações de embaixadores e funcionários para postos ditos de prestígio ou quando das promoções dentro da carreira, oportunidade em que os apadrinhamentos, nepotismo e injustas ingerências ostensivamente se manifestam.

A agenda diplomática a ser resolvida é complexa e espinhosa. No dia-a-dia, confronta-se com informações provenientes das representações diplomáticas no exterior bem elaboradas, mas quase sempre despidas de novidades, calejadas que são de repetições de noticiários veiculados pela grande imprensa internacional.

É injusto não ressaltar que, entre o jornalismo contundente dessas mensagens, chegam igualmente esforços de valor, ricos em dados para elaboração de políticas comparadas, necessárias às demandas da vida nacional. Contudo, a compartimentalização da burocracia, impedindo o livre fluxo das informações na era da informática, empurra esses esforços a um destino único: supérfluos e preciosidades misturam-se no esquecimento e na poeira das prateleiras dos arquivos da Casa de Rio Branco.

Violação dos direitos humanos, degradação ambiental e narcotráfico são extraordinários desafios ao exercício diplomático. Minam princípios consagrados do Direito Internacional Contemporâneo, como é o caso da soberania. Reintroduzem princípios anteriores à criação do Estado Nacional, que são aqueles inspirados pela força da unidade moral presente na teoria do direito natural medieval.

Nessa atmosfera, no final dos anos 1980, entra em voga o conceito de soberania, limitada, é claro, apenas em referência à problemática nos países periféricos. Na União Européia, cria-se o consenso em torno do "direito de ingerência", transformando-se a França, com o Presidente François Mitterand, em carro-chefe da propagação desse princípio.

Na Conferência de Direito e de Moral Humanitária, ocorrida em 1987 na capital francesa, em quase todas as reuniões regionais da Anistia Internacional, em simpósios promovidos por universidades – como as de Berlim, Louvain, Cambridge, Colúmbia e Gailnsville, na Flórida –, onde se fundaram centros de estudos sobre o Brasil e a América Latina, tradições clássicas do Direito Internacional passaram a ser abertamente questionadas em nome de razões e princípios morais.

Autores esquecidos são lembrados, tais como Kurt Tucholsky[43] e Rui Mauro Marini[44], abrindo terreno ao aparecimento de novas análises. As de Elmar Altvater[45], exemplificadas na sua contribuição sobre os limites da globalização, constituem sólida referência.

Outro lado da moeda pode ser visto em Rufin que, temendo o aumento do narcotráfico por causa do processo migratório da periferia para os países do centro, a partir da crença equivocada de que as drogas são produto dos países subdesenvolvidos, propõe criação de zona tampão, protegendo os povos das nações ricas por intermédio do isolamento dos pobres e das drogas da parte pobre do mundo. Promove-se, ao inverso, a aplicação do modelo dissociativo[46].

Rufin, no seu livro *L'Empire et les Nouveaux Barbares*[47], traduz a filosofia de que o mundo não tem como ficar órfão de inimigos. Antes mesmo da queda do muro de Berlim, sentia-se o esfarrapamento do espantalho comunista em

---

43. TUCHOLSKY, Kurt. *Ein deutschesTempo.* Alemanha, Reinbek, 1985.

44. MARINI, Ruy Mauro. *Dialectica de la dependencia.* Série Popular, 7ª ed. Ediciones Era S/A México, Capital Federal, 1985.

45. ALTVATER, Elmar. *Grenzen der Globalizierung: ökonomie, ökologie und Politik in der Weltgesellschaft.* Münster: Thien und Wienold, 1996.

46. Ver: PROCÓPIO, Argemiro. "Modelo Dissociativo: uma saída para crise Brasileira". In: *Jornal de Brasília*, 5 de dezembro de 1982.

47. Ver: RUFIN, Jean-Christophe. *L'Empire et les Nouveaux Barbares.* Paris, Editions JC Lattès, 1991.

face das debilidades causadas pelo desvirtuamento do marxismo em nações ditas socialistas.

Nesse contexto, os países produtores e de trânsito das substâncias entorpecentes são eleitos os novos bodes expiatórios das desgraças mundiais. Tarde demais, percebeu a diplomacia brasileira que a política do porrete do seu maior aliado ardia mais do que se supunha. Constatou-se, pela força dos fatos, que ser anfitrião da II Conferência das Nações Unidas sobre o Meio Ambiente e o Desenvolvimento não bastava para colocar o Brasil ao abrigo das estocadas, como não bastou o espetacular bombardeamento, na Amazônia, de dezenas de pistas clandestinas usadas por garimpeiros e traficantes. Seu impacto na opinião pública foi menor que o pretendido, insuficiente para aplacar a ira internacional motivada pelas devastações florestais.

Nenhum Presidente da República requisitou tantos diplomatas para trabalhar no Palácio do Planalto como Collor de Melo. Visto pela oposição como consumidor social de drogas, acusado formalmente por corrupção pelo Congresso Nacional, é o primeiro Presidente da história brasileira a ser cassado por meio de *impeachment*.

Toda *entourage* de Collor na Presidência estava amarrada em indicações estabelecidas por laços de amizade ou de parentesco. Soma-se a isso a nomeação, para o Ministério do Meio Ambiente, do polêmico José Lutzenberger. Proclamador de coisas ao sabor, exatamente sob medida do gosto dos movimentos ambientalistas e dos governos europeus, sua designação deu no que tinha de dar; isto é, não pararam as agressões contra a natureza. Reflete outro fiasco do governo Collor de Melo que, respingando corrupção pelo Brasil afora, até mesmo na diplomacia reativa, levou mais uma vez o país ao cenário da submissão globalizada na época colorida como modernidade.

Os diplomatas "unha e carne" com Collor, durante seu período na Presidência da República, aqueles que puxavam os vagões da diplomacia, com o *impeachment* de seu Chefe, sofreram um ostracismo relâmpago. Como tudo no Brasil, a recuperação foi rápida: amansada a indignação do povo, ficaram relegadas ao esquecimento as mazelas desse importante momento histórico. Em face do exposto, perguntará o leitor de boa memória: será mesmo a diplomacia de hoje tão diferente assim da de ontem?

A tremenda vontade de ver tudo caminhando bem às vezes leva à criação de realidades ilusórias. Se algum dia for aberto de todo o testamento da ditadura militar, aquilatar-se-á a generosidade da herança do autoritarismo nas instituições públicas, inclusive no Ministério das Relações Exteriores. Sendo assim, há que se considerar com paciência os esforços paulatinos da democracia brasileira, que pouco a pouco envolvem a diplomacia. Diplomacia cujo desempenho está ainda aquém das necessidades do país, e felizmente com persistentes sintomas das fraquezas do passado, quando se constituía em um mundo paralelo aos problemas sociais do Brasil.

A casa da sogra

Na Bolívia, no Peru e na Colômbia, aviões militares dos Estados Unidos da América invadiram o espaço territorial desses países para despejar nas plantações de coca o "spike", um químico semelhante ao agente laranja empregado na Guerra contra o Vietnã.

Caladas, autoridades diplomáticas brasileiras estão cientes das múltiplas violações por ar, terra e mar do território brasileiro, principalmente por aviões espias dos EUA a serviço da DEA, no espaço amazônico.

Esses incidentes não registrados oficialmente com o grande vizinho do norte tornaram-se corriqueiros na Amazônia. Servem de mau exemplo até para certos países com os quais dividimos fronteira e que começam achar que "a casa aqui é da sogra". Também pudera: por lá sequer o país possui sistemas de radares para vigilância aérea. A Força Aérea Brasileira, FAB, conta com aviões ultrapassados e em número insuficiente para efetivo patrulhamento das amplas fronteiras do país. Há carência de infra-estrutura logística e até de combustível. O que não falta são as verbas para bons salários e quase eternas pensões!

No ano de 1997, o Governo gastou 2 bilhões de reais com os militares na ativa e 3,1 bilhões de reais com os da reserva. Está incluído nessa última cifra dinheiro destinado às filhas, irmãs, esposas ou mães viúvas, dependentes de militares falecidos. Poucos imaginam o efeito do rombo que isso causa aos cofres públicos. Não é segredo que quem recebe "pensão de herança", resquício da odiosa Guerra contra o Paraguai, evita casar no civil e esconde outras fontes de renda, a fim de não perder esse "direito hereditário". Viúvas e solteiras de mentirinha gozam, para o resto de suas vidas, a pensão militar do pai, do irmão, do esposo ou do filho do qual eram dependentes, coisa impensável em quaisquer das nações que perderam seus oficiais e soldados tombados em campo de batalha.

Benefício similar, com tantos absurdos, só mesmo no Poder Judiciário. Ali, também as filhas casam-se só no religioso para continuar desfrutando a generosa pensão deixada pelos pais. Precisamente por causa desses e de outros "privilégios históricos" é que faltam verbas para saúde, educação e defesa nacional. A vultosa diferença de 700 milhões de reais, destinada a favor dos inativos das Forças Armadas, dimensiona o tamanho do buraco dos paradoxos do regime de privilégios do setor público. Enquanto tais mordomias históricas vão sendo desfrutadas dentro das "mui justas" leis do país, o território nacional é invadido até por colombianos.

A penetração das Forças Armadas da Colômbia, no começo de novembro de 1998, não constitui caso único no Brasil e nem foi uma invasão casual. Sua Força Aérea utilizou a pista de pouso de Querari, não no desembarque de feridos, como estava autorizada por razões humanitárias, porém como base de operação bélica contra a guerrilha na cidade de Mitu, onde vivem aproximadamente 15 mil almas. Militares colombianos, atacados, perseguiram os guerrilheiros. A vingança custou, dessa vez, a vida de aproximadamente 150 pessoas, com baixas para ambos os lados.[48] Como se não bastassem os tiroteios e as balas perdidas da guerrilha urbana entre narcotraficantes e a polícia carioca, agora é a Amazônia brasileira o palco

---

48. "FH protesta contra a invasão de tropas colombianas". *O Globo*, 4.11.98.

de conflito entre soldados e a narcoguerrilha do país vizinho. Infelizmente, acontecimentos desse tipo não são os primeiros e nem serão os últimos.

Vez por outra, o lado brasileiro, próximo ao rio Traíra, é invadido, transformando-se em palco de violências perpetradas por máfias. Soberania e fronteira são coisas desconhecidas na lei da selva, nos dois sentidos da palavra, vale dizer, no conceito hobbesiano[49] e na vida do mato. Nas proximidades do garimpo do Castanho, bem junto da Serra do Traíra, no final dos anos 1980 e início dos 1990, vários brasileiros foram assassinados. Até um acampamento militar do Exército acabou assaltado, e três soldados foram barbaramente abatidos às margens do rio Traíra. Nessa ocasião, as Forças Armadas brasileiras revidaram. O saldo: sete guerrilheiros mortos. Eles pertenciam ao Comando Simon Bolívar, grupo remanescente da FARC, Forças Armadas Revolucionárias Colombianas.[50]

Na época, considerava-se a FARC como pró-soviética. Suas bases de então localizavam-se em Caquetá, Putumayo, Huila, Cauca, Tolima, Médio Magdalena, Santander e em áreas-limítrofes de Antióquia com Córdoba.

Nas últimas três décadas de lutas entre guerrilheiros e militares, ceifaram-se cerca de 35 mil vidas colombianas. Nessa nação irmã, a presença de guerrilhas é marcante. Vale relembrar alguns de seus históricos nomes: o maoísta EPL, Exército Popular de Libertação; o guevarista ELN, Exército de Liberação Nacional; o M-19; o Quintin Lame, que luta pelos direitos indígenas; o Partido Revolucionário dos Trabalhadores; a Autodefesa Operária e o MIR, Movimento de Esquerda Revolucionária.[51]

A narcoguerrilha e os cartéis cresceram tanto dentro da realidade social colombiana que esquecê-los é grave erro de

---

49. Ver: HOBBES, Thomas. *O Leviatã ou Matéria, Forma e Poder de um Estado Eclesiástico e Civil.* Ed. Nova Cultural, São Paulo, 1998.

50. PROCÓPIO, Argemiro. *Amazônia – Ecologia e Degradação Social.* Editora Alfa-Ômega, São Paulo, 1992, p. 185.

51. TORRES DEL RIO, César Miguel. *Segurança Coletiva e Segurança Nacional: A Colômbia entre 1950 e 1982.* Tese de Doutorado, Dep. de História, UnB, p. 266 (mimeografado).

avaliação política. As empresas multinacionais, até mesmo as brasileiras com obras naquele país, conseguem melhores resultados dialogando ou pagando tributos diretamente à narcoguerrilha. Evitam assim sabotagens e seqüestros. Como nenhum dos países amazônicos consegue dar segurança ao cidadão, é contagiante esse contato direto com a guerrilha colombiana, que economiza tempo e dinheiro. Sabe-se que a DEA e a Embaixada dos Estados Unidos da América em Bogotá nunca deixam órfãos de informações os executivos das transnacionais com matriz nos EUA.

Não ignorar o perigo e não subdimensionar a força e a importância da narcoguerrilha e dos cartéis colombianos, crescentes nos espaços transfronteiriços amazônicos, é esforço para compreensão dessa tragédia que tanto afeta o Brasil. Daí a urgente necessidade da presença física do brasileiro e de suas instituições, nessa região do alto rio Negro, onde a população é pequena, enormemente esquecida e desprotegida. Essa estratégia dará melhores frutos que a do Itamaraty em negar os deletérios efeitos da ação dos cartéis em território nacional. Chamar o Embaixador colombiano e apresentar "veemente protesto" ou convocar o Embaixador do Brasil em Bogotá para consultas em Brasília – na linguagem diplomática tal atitude significa transparecer o aborrecimento do país com a atitude do Governo colombiano –, que posteriormente se encarregará de apresentar sentido pedido de desculpas, são simbologias de ritual que geralmente "acaba em pizza". Se as coisas morrerem por aí, se o Estado Nacional não der mostras efetivas de sua presença na Amazônia brasileira, mais dia menos dia possivelmente testemunharemos cenas ainda piores nessa parte do Brasil.

Em 1986 e 1987, este autor presenciou, *in loco*, a desenvoltura das máfias colombianas nas regiões de fronteira, não só com o Brasil mas igualmente com a Venezuela. Tanto em Pari-Cachoeira, Iauretê, Irati, Querari, São Gabriel da Cachoeira e Maturacá quanto em garimpos espalhados por várias partes da Cabeça do Cachorro, uma região quase virgem, percebia-se a mão dos cartéis no contrabando do ouro e dos diamantes brasileiros, conjugada à ação da narcoguerrilha colombiana.

A diplomacia presidencial

Poucas ações deixaram tão atônitos os governos do subcontinente quanto o seqüestro do Presidente do Panamá, General Manuel Antônio Noriega.

Esse gesto inusitado valeu como renovação do recado de que a Doutrina Monroe não tem limites; que os Estados Unidos da América não brincam em serviço de polícia do mundo unipolar. Se os diplomatas brasileiros entenderam o recado não se sabe, porque, como formuladores da política externa, em vez de corrigir a rota, caminharam mais ainda para o lado da diplomacia reativa. Entendeu-se, pelas lições aplicadas aos nossos vizinhos de fronteira na guerra às drogas, que a soberania nacional corria riscos concretamente maiores que os expressos nas ameaças referentes às questões ambientais e aos direitos humanos. Disso decorreu, com certeza, a postura da Delegação do Brasil no encontro das Nações Unidas em 1991, na capital austríaca, que será comentada logo adiante.

O aumento da violência relacionada às drogas em quase todo o país impede que o lado das drogas na política externa seja encarado como mais uma entre as múltiplas rotinas da diplomacia.

O dever de ingerência passou da teoria à prática, deixando de ser mero exercício acadêmico nas universidades. O Presidente Fernando Henrique Cardoso percebeu isso mais rapidamente que seus embaixadores, mesmo porque, além de estudioso, participou de vários debates a respeito dessa temática, na qualidade de sociólogo e professor.

De início, como Chanceler, mas principalmente depois que assumiu o comando nacional respaldado pela força das urnas e adotou o estilo da diplomacia presidencial que, de certa forma, começou a coibir excessos reativos da burocracia da diplomacia ora inclinada para arriscada submissão aos interesses dos Estados Unidos da América, ora pendente para perigosa dissociação com a realidade nacional.[52]

---

52. Ver: Política Externa em Tempos de Mudança – A Gestão do Ministro Fernando Henrique Cardoso no Itamaraty. MRE – Fundação Alexandre de Gusmão, Brasília, 1994.

Menos independente dos problemas nacionais e mais atenta aos reclamos da democracia, a diplomacia presidencial tem longo caminho a percorrer para fazer ver ao Itamaraty que ele também é Brasil.[53] Essa diplomacia conta, a favor de si, o início da tomada de consciência dos nossos problemas. Sabe que existe longo caminho ainda a percorrer, para que o Brasil ocupe na comunidade das nações um espaço condizente com as potencialidades de sua população e com as riquezas do seu território. Todavia, a política externa precisa ainda dimensionar o risco dos efeitos de nossas fragilidades, até mesmo da crise econômica. Se ruírem as comportas do lago das crises nacionais, seu efeito devastador será sentido dentro e fora das fronteiras.

O MRE tem algo de sadio e algo de podre, como tudo na sociedade nacional, até mesmo porque é parte dela. Ali, corrupção e virtudes, preguiça e diligência, competência e picaretagem fazem-se presentes, como em qualquer outro Ministério. Os novos ventos da democracia empurram o MRE para que lide com profissionalismo o trato internacional pertinente ao meio ambiente, aos direitos humanos e às drogas, evitando os desnecessários equívocos cometidos em passado recente. Entre eles, o aviltante tratamento dispensado a exilados e seus familiares, vítimas da ditadura, por profissionais da carreira lotados nas repartições consulares, quase nunca levado ao conhecimento da opinião pública, porque a falta de liberdade de imprensa e a censura de então não o permitiam.

O sepultamento da soberania

A Operação Condor, provocativamente atualizada em sua denominação pela imprensa falada argentina como o "Mercosul do Terror", nos longos anos das ditaduras militares consistiu em uma entre as várias estratégias de cooperação da diplomacia das ditaduras do Cone Sul na luta contra o inimigo

---

53. Ver: PROCÓPIO, Argemiro. "O Itamaraty também é Brasil". In: *Jornal de Brasília*, 13.07.85.

maior de então, o comunismo. Em nome da segurança nacional, a diplomacia brasileira, com seus parceiros argentinos, chilenos, paraguaios e uruguaios, soube arrumar esquema conjunto de caça aos militantes de esquerda, rotulados de terroristas, em uma estratégia diplomático-policial que resultou em um saldo de centenas e mais centenas de desaparecidos no continente.

Os prolegômenos da Operação Condor, que alcançou seu auge em 1976 e 1977, estão na prisão e agrupamento de exilados políticos no Estádio Nacional de Santiago do Chile, quando do Golpe Militar que derrubou Salvador Allende em 1973. Naquela oportunidade, os "punhos de renda" da diplomacia misturaram-se às baionetas, em uma brutal perseguição aos banidos que então viviam no Chile como exilados.

O golpe montado pela CIA colocou no poder o general Augusto Pinochet que começou a governar com uma junta militar. O sangrento *putsch* chocou o mundo. Jogou por terra uma experiência única, ou seja, a experiência do socialismo por meio do voto livre, da democracia das urnas.

Decorrido um quarto de século do golpe militar, 1973-1998, o juiz espanhol Baltasar Garsón, repleto de razão, lembrando que julgamentos de crime como genocídio e tortura não conhecem nem datas e nem fronteiras, em outubro de 1998 solicitou formalmente ao governo britânico autorização para interrogar o General de Reserva do exército chileno na preparação de um pedido de extradição.

A aceitação pela opinião pública mundial, da competência da Justiça de um país como a Espanha para investigar e julgar crimes perpetrados no Chile, longe de seu território nacional, é prova inequívoca do fortalecimento do "Direito sem Fronteiras". Esse pedido de prisão e extradição dá passo significativo na criação de competência internacional no julgamento de crimes contra os Direitos Humanos. Mostra nova etapa do Direito Internacional na condenação de crimes contra a humanidade, desconsiderando soberania, passaportes diplomáticos ou anistias dadas pelo Estado Nacional onde tais crimes contra a humanidade foram ou são perpetrados.

Esse gesto, que partiu de dentro da sociedade de um membro da União Européia, jogou no brejo a soberania do país que é referência em termos de prosperidade na América Latina. Põe de molho a barba de ex-torturadores confessos, como generais ex-presidentes argentinos, que, por prudência, jamais cruzam as fronteiras de seu país. É alerta para bom número também de brasileiros, até mesmo para os que souberam "virar a casaca" da noite para o dia, pousando hoje de democratas, mas que, no passado, estiveram comprometidos com a delação e com a tortura. Nesse particular, ninguém pode prever que, no futuro, juízes estrangeiros deixarão de julgar crimes perdoados pela anistia geral e irrestrita e também aqueles que o Poder Judiciário daqui deixou passar em branco.

Julgar crimes cometidos dentro de um Estado soberano por tribunais estrangeiros é aplicação da extraterritorialidade, fato que esporadicamente vem à tona na União Européia e é bem conhecido nos Estados Unidos da América. Além dos exemplos anteriormente mencionados, cabe lembrar o pedido da França de extradição de oficial assassino da Marinha Argentina, os embargos à Líbia, ao Iraque, a Cuba etc. Dessa perspectiva, a abominável lei norte-americana Helms-Burton contra Cuba ajudou a sepultar a defunta soberania.

Ações espetaculares não têm faltado ao juiz Baltasar Garsón. Graças à sua audácia, membros da Unidade Central Antidrogas da Guarda Civil espanhola acabaram presos por cumplicidade com o narcotráfico.

O gesto nascido na Espanha, em relação ao senador vitalício chileno, cujas mãos ainda cheiram a sangue das vítimas da ditadura, só não brilha tanto por ter sido desacompanhado de pedido de prisão igualmente para os chefes da CIA, mentores do golpe militar contra Salvador Allende. Mesmo octogenário, esse homem da ditadura não se emendou. Além da cirurgia a que foi submetido, viajou a Londres para comprar armas da empresa *Royal Ordenance*. Essa firma, ao lado da ex-Primeira-Ministra britânica Margareth Thatcher, liderou o movimento da liberação do ditador. Infelizmente o pedido de prisão para o general chileno partiu de um país que não acertou ainda a conta com seus próprios torturadores, engordados durante longas décadas da feroz ditadura franquista. Seu próprio Rei, Juan Carlos, parece ter crescido debaixo das sombras das asas do Generalíssimo Franco. Isso sem contar que, até hoje, não se aplicam os Direitos Humanos no tratamento dispensado aos militantes bascos do ETA, provavelmente heróis de amanhã. Numerosos deles apodrecem e morrem torturados nas prisões espanholas. A guerra suja da monarquia espanhola contra o ETA, durante o governo de Felipe Gonzales, é só a ponta de um *iceberg*.

Por desgraça do destino, o pedido de extradição do ditador e senador vitalício chileno foi apreciado no Reino Unido. Igualmente, contra a ex-Primeira-Ministra daquele país, existe na Justiça de Buenos Aires ação para que ela seja julgada na Argentina, respondendo ao crime pela matança de 600 marinheiros, afogados em águas gélidas do Atlântico Sul, durante a Guerra das Malvinas. Essa carnificina no mar ocorreu quando o velho navio general Belgrano, navegando fora da zona de guerra, afundou logo após ter sido atacado com armas disparadas pelo submarino nuclear britânico que obedecia a ordens da Sra. Tatcher. A conclusão é de que, se a moda do "Direito sem Fronteiras" pegar, se a justiça for feita tanto para países centrais quanto para os periféricos, o mundo se verá mais limpo. Respeitável número de tiranos e bandidos pagarão por seus crimes em prisões.

Concluindo, crimes contra os Direitos Humanos, contra o meio ambiente e os perpetrados pelos narcotraficantes, por sua magnitude, já criaram o Direito sem Fronteiras. Agora, a nova tarefa é convencer os Estados Nacionais da periferia mundial das "vantagens" dessa nova atitude, escalavrados que estão pela lei do mais forte e pelo estado de natureza nas relações internacionais.

No Brasil, vigoram mais de duas dezenas de atos internacionais relacionados ao controle de substâncias entorpecentes. Apenas com os Estados Unidos da América, entre os anos de 1991 e 1998, foram assinados cinco acordos, cinco memorandos e um convênio.

O governo brasileiro mantém acordos de cooperação no âmbito da luta contra o narcotráfico com os países do Mercosul e a maioria dos países membros do TCA, Tratado de Cooperação Amazônica. Nada disso impediu que extensas áreas dessa região, que representa 44% do espaço territorial do subcontinente, caíssem em mãos de máfias. Apesar disso e dos tantos debates que os problemas amazônicos despertam e despertaram na comunidade internacional, não foi a Amazônia, e sim as regiões meridionais que, a partir da criação do Mercosul, efetivamente lograram receber maior atenção da diplomacia. Esse desequilíbrio necessita ser revertido; talvez o seja na virada do milênio, com a substituição do inoperante Tratado de Cooperação Amazônica pela Organização do Tratado de Cooperação Amazônica. A Otac prevê uma secretaria permanente com funcionamento em Brasília. Terá a força simbólica de ser o primeiro organismo internacional com sede na capital brasileira.

Apesar da gritante falta de sintonia entre as políticas dos Estados Nacionais no combate às drogas, todos os acordos ratificados pelo Brasil na luta contra as substâncias entorpecentes, de maneira direta ou indireta, tocam na questão da harmonização de políticas internas de combate à produção e ao tráfico ilícito. Em suas linhas gerais, costuma-se encontrar também a prevenção pelo uso indevido de drogas e reabilitação de farmacodependentes. As questões da desarmonização das legislações e da jurisprudência vêm sendo estudadas no âmbito do Mercosul. Tenta-se padronizar rotinas e comportamentos jurídicos, porém tudo anda devagar demais. Por exemplo, por longo tempo, a venda do lança-perfume, que até o governo de Jânio Quadros era livre no Brasil, continuou legal na Argentina e proibida aqui.

Os memorandos de entendimento relativos ao controle de entorpecentes, além de significarem passo em busca do alinhamento das legislações, criam teoricamente instrumentos legais para melhorar o intercâmbio de informações policiais e judiciárias referentes a troca de nomes e instituições envolvidas na produção ou tráfico ilícitos. Entretanto, o dia-a-dia nas cidades de fronteira é outro. A qualidade do serviço consular brasileiro e dos nossos vizinhos é deprimente. Existem casos de gente detida em áreas de fronteira que permaneceu longo tempo em um vácuo jurídico, esperando a rara e demorada assistência ao cidadão no exterior por parte do serviço consular.

Dentro de uma cidade como São Paulo não existe troca de informações entre os serviços especializados das Forças Armadas com a Polícia Federal, a Polícia Civil e a Polícia Militar. Cada uma age descoordenada e dispersamente e a seu modo. Se a coisa é assim no cenário interno, não custa imaginar como são os fatos do relacionamento desse setor entre Brasil, Paraguai, Bolívia e outros. Sem exagero, o cenário da guerra contra as drogas nas Américas é o da Torre de Babel, onde um não entende o outro. Quanto às máfias, estas sim se conhecem muitíssimo bem entre si, seja nos momentos de paz contrabandeando armas, seja nas horas de tiroteios na disputa de mercado.

Os acordos de cooperação mútua para a redução de demanda, prevenção do uso indevido e combate à produção e ao tráfico ilícito de drogas, se não dão certo, não é tanto por falta de dinheiro. Como tudo no Brasil, o maior problema é o uso que se faz das verbas e não necessariamente a quantidade delas. Por exemplo, os escritórios do Ibama estão apinhados de funcionários fazendo coisas que só a burocracia sabe, ao mesmo tempo que extensas reservas estão abandonadas ao Deus-dará. Idem para as áreas de fronteira. Brasília está abarrotada de generais, delegados federais e coronéis, ao mesmo tempo em que vastas áreas de nossas fronteiras encontram-se em mãos de agentes recém-contratados, ou de tenentes recém-formados.

Em certos acordos são previstos recursos financeiros para programas conjuntos. Como exemplo, serão mencionados os acordos com os Estados Unidos da América. Dois deles, o Acordo de Cooperação Mútua para a Redução da Demanda, Prevenção do Uso Indevido e Combate à Produção e ao Tráfico Ilícito de Drogas, firmado em 1991, e outro de mesmo nome, firmado em 1997, previam programas conjuntos cujos financiamentos seriam divulgados por memorandos. Dois memorandos, publicados em 1997, dão conta que o governo norte-americano destinaria US$ 1.310.179,00 a programas desenvolvidos pelo Conselho Federal de Entorpecentes (Confen), pelos Conselhos Estaduais de Drogas e pelo Departamento da Polícia Federal. Previa-se parte dessa quantia para compra de equipamentos, barcos e lanchas para a vigilância da Região Amazônica.

Há outros acordos firmados com a República da Itália, Alemanha, Reino Unido, Portugal, México e um, já expirado, com a Organização das Nações Unidas, que menciona a possibilidade de levantamento de recursos financeiros para a manutenção de programas. O Acordo para Controle do Abuso de Drogas, firmado em 1987 com o extinto Fundo das Nações Unidas para Controle do Abuso de Drogas, previa e detalhava a utilização de 12 milhões de dólares pelo governo brasileiro em um prazo de cinco anos para atividades que incluíam desde a compra de materiais até treinamento de pessoal e adestramento de cães farejadores.

A tradição brasileira diplomática em tratados contra as substâncias entorpecentes é secular. Apesar disso a sociedade parece não sentir o resultado do benefício deles. Exemplo foi o tratado promulgado pelo decreto n° 8651, de 24 de agosto de 1882, entre o Império do Brasil e o Império da China. O mencionado tratado, entre outras medidas, previa a proibição do comércio de ópio. Diz textualmente seu artigo 14: "Convêm, outrossim, às duas altas partes contratantes em proibir a seus respectivos subditos o comércio do ópio, nos portos habilitados da outra".

Passado mais de meio século, a diplomacia brasileira voltou à cena dos tratados contra o narcotráfico, sendo o Brasil signatário da Convenção de Genebra de 1936, ratificada no dia 2 de julho de 1938. Essa Convenção realizou-se porque se pretendia organizar melhor a aplicação de resoluções de convenções anteriores contra o tráfico de substâncias ilícitas. Já se abordava, à época, a questão da cooperação penal internacional, ou seja, extradição de traficantes e organização de serviços de polícia especializada nos países signatários. Coisas que parecem de hoje, ontem já eram rotinas nas relações internacionais antidrogas.

No Protocolo "Lake Success", assinado em novembro de 1946 e promulgado no Brasil pelo Decreto n° 27.648, de 28 de dezembro de 1949, transferiam-se as competências relacionadas ao problema das substâncias estupefacientes para a recém-criada Organização das Nações Unidas.

É, entretanto, por intermédio da Convenção Única de entorpecentes de 1961, ratificada em 1964 pelo Brasil, que surgem normas específicas sobre o controle de entorpecentes. Adotada por 77 delegações, posteriormente ratificada por 115 Estados, a Convenção Única refere-se a mais de uma centena de plantas ditas como alucinógenas. Foi aí que definitivamente diabolizaram-se as culturas da coca e da *cannabis*. O controle e as iras recaíam antes particularmente em cima do ópio.

Nada melhor que a proibição e a diabolização para disparar o consumo, e, com ele, a produção das lavouras de plantas alucinógenas para exportação. Depois da Convenção Única de 1961, as plantações de coca na América Latina começam a se ampliar a níveis antes inimagináveis e com incrível velocidade. Em 1971, no auge do comunismo e da contracultura, a Organização das Nações Unidas promove a Conferência sobre Substâncias Psicotrópicas de Viena. Nessa convenção, ratificada por 76 países, entre eles o Brasil, 65 substâncias são classificadas na lista de alucinógenos, entre outros, as anfetaminas, os barbitúricos e os tranqüilizantes. Deve ser registrado que, nessa ocasião, os produtos psicotrópicos das multinacionais farmacêuticas não foram tão penalizados quanto os extraídos de plantas produzidas na periferia mundial. Inadvertidamente, a própria ONU, com essa postura, soprada pelos Estados Unidos da América e endossada pela diplomacia brasileira e por outras, terminou por destrancar involuntariamente o cadeado das drogas sintéticas produzidas por multinacionais.

Em 20 de dezembro de 1988 foi concluída, também na capital austríaca, a Convenção das Nações Unidas contra o Tráfico Ilícito de Entorpecentes e Substâncias Psicotrópicas, a que o Brasil aderiu juntamente com outros 101 Estados.

Essa convenção ampliou a lista das substâncias controladas, incluindo químicos utilizados no refino da cocaína e da heroína.

A Convenção de Viena delegou uma série de tarefas aos que a ratificaram. Por exemplo: confisco de bens obtidos com dinheiro do narcotráfico, extradição dos acusados de tráfico, quebra do sigilo bancário, cooperação para capacitação de pessoal na luta contra os tóxicos, monitoração de produtos químicos precursores, erradicação do cultivo ilícito de plantas e vigilância aérea e marítima. O "dever de casa" da Convenção de Viena, de tão minucioso e pesado, restou, na prática, esquecido pelos países signatários. Salvo poucas exceções, os países acabaram deixando quase tudo como estava antes. Tanto é assim que, transcorrida uma década (1988-1998) após a realização da Convenção, a realidade internacional relacionada às drogas agrava-se, ao invés de melhorar.

Fundamentada na preocupação pelo aumento e pela enorme expansão do abuso de drogas pelo mundo afora, a contribuição da Convenção de Viena é de que, graças a ela, iniciou-se o debate em torno dos conceitos de multilateralismo, responsabilidade compartilhada e desenvolvimento alternativo. Sentiu-se, finalmente, a importância da necessidade da diminuição da demanda por parte dos países consumidores que, unilateralmente, jogavam a culpa sobre os que julgavam erroneamente ser os únicos produtores de drogas. Discutem-se a reabilitação de viciados e a urgência das campanhas educativas. O tom repressivo das conferências anteriores atenuou-se. Começou a ser percebido, no cenário internacional, o grande equívoco de ver a questão do pecado das drogas só pelo lado dos países cultivadores da *papaver somniferum* (papoula) e da *erythroxylon coca*. Esses conceitos continuaram sendo objeto de especial atenção e foram discutidos, entre outros assuntos, no Encontro da Anpocs.[54]

Na Colômbia, em fevereiro de 1990, na Cúpula Americana Antidrogas de Cartagena de Índias, enfatizou-se textualmente a necessidade da redução de demanda, do consumo e da oferta de drogas ilícitas. A presença do Presidente dos Estados Unidos, sentado a uma mesa de negociações com os Presidentes da Bolívia, do Peru e da Colômbia, apontou seu significado.

---

54. Esses e outros temas foram debatidos no XX Encontro Anual da Associação Nacional de Pós-graduação em Ciências Sociais – ANPOCS, em Caxambu, de 22 a 26 de setembro de 1996. Participaram da Mesa-Redonda, coordenada por este autor, o Deputado Fernando Gabeira, Maria Dulce Silva, Paulo Cordeiro e Alba Zaluar.

Dois anos depois, em fevereiro de 1992, teve lugar em San Antonio, Texas, outra Cúpula americana antidrogas.[55] Pouco inovadora, os presidentes fingiam estar satisfeitos com os avanços alcançados na redução da demanda e da produção de cocaína. O presidente anfitrião George Bush engoliu monótonos discursos, com mentiras cabeludas sobre o sucesso da luta contra as drogas.

O troco americano veio logo em seguida: no dia 15 de junho de 1992, a Suprema Corte dos Estados Unidos da América proclamou que qualquer estrangeiro indiciado por crime nas leis norte-americanas estaria sujeito à jurisdição dos tribunais daquele país. Em outras palavras, estava sacramentada pelos EUA a vigência extraterritorial de sua lei. Assustadíssimos, os presidentes latino-americanos indignaram-se, mas de nada adiantou.

Na turística cidade argentina de Las Leñas, menos de duas semanas depois a diplomacia brasileira endossa o coro dos lamentos. Foi nessa ocasião que os presidentes dos países do Cone Sul emitiram nota declarando profunda preocupação com o ditame da Suprema Corte dos Estados Unidos da América. Não conformados, prometeram levar o problema à apreciação da Comissão Jurídica Interamericana.

A história é longa: o copo de água transbordou com o seqüestro, em território mexicano, por agentes americanos, do médico Humberto Alvarez. Este era acusado de ter presenciado a tortura e a morte do agente da DEA Enrique Caurarema. O México ficou inconformado com essa nova violação da sua soberania e sua imprensa divulgou precedentes de violação da soberania em nome do combate às drogas na Bolívia, no Peru, na Colômbia e no Panamá. Soltaram todos os velhos fantasmas e pesadelos históricos por terem perdido quase a metade de seu território para os EUA.

A política externa mexicana que, tradicionalmente, comporta-se ao inverso da sua política interna – por exemplo, re-

---

55. BAGLEY, Bruce M. *After San Antonio*. In: Journal of Interamerican Studies and World Affairs. Miami, 1994.

cebia exilados ao mesmo tempo em que matava, nas suas prisões e nas ruas, compatriotas comunistas – dessa vez conseguiu unir os mexicanos contra o que juravam ser uma nova invasão dos norte-americanos. A gritaria pela porretada durou até o momento do afago. Quando se acenou ao México a possibilidade de sua entrada no Nafta, as coisas mudaram. Baixou enormemente a febre do antiamericanismo.

As posições das diplomacias mexicana e brasileira com referência às drogas são diferentes, o que merece alguns rápidos comentários. A primeira é protótipo da diplomacia birrenta das trocas; a do Brasil lembra a reação da postura do tatu.

Em termos de corrupção, poucas sociedades a assumem tão descaradamente como a mexicana, internacionalmente famosa pelas "mordidas". No Brasil, em termos absolutos, o roubo pode ser até maior, porém enrustidamente camuflado nas idiossincrasias nacionais.

O México leva paulada dos EUA e grita; pára de choramingar quando recebe consolos, como o bilhete de ingresso para o Nafta mencionado anteriormente, ou fartos empréstimos de ajuda. O Brasil engole o choro a seco. Ao contrário do México, aqui até há mais temor em gastar dinheiro vindo do contribuinte norte-americano do que aquele que sai do próprio bolso para o combate às drogas. O MRE, na cantilena de sempre, adota comportamentos, recomenda propostas, confessa sensibilidade ao tema dos ilícitos, reconhece a urgência do problema e assim por diante. O Itamaraty sabe como andam as coisas internamente no que diz respeito ao narcotráfico, porém comporta-se de maneira desentendida. Agiu como se fossem cenas de ficção, na Amazônia brasileira, os desvios de carga, a produção paralela de químicos controlados, os laboratórios clandestinos, a lavagem de dinheiro e os assaltos a bancos, parte disso tudo debitada à presença das máfias, que há aproximadamente duas décadas transferiram um tanto de suas bases operativas na Colômbia para dezenas de praças espalhadas pela Amazônia brasileira.

O Itamaraty, nos fóruns internacionais, negou esses fatos, agindo efetivamente como o tatu. Prova cabal ocorreu em Viena, no ano de 1991, quando a delegação do Brasil contestou informações do Órgão Internacional de Controle de Entorpecentes, OICE, que com razão alertava para o perigo das máfias dos cartéis de Cali e Medellín infiltrados na Amazônia brasileira. O argumento da diplomacia, na não aceitação dos fatos apresentados no relatório, era a ausência de provas fatuais, esperando, talvez, que os cartéis deixassem suas impressões digitais. Para a tristeza de qualquer cidadão, a narcoguerrilha colombiana deixou bem mais do que isso. Não se deve olvidar que mafiosos abateram covardemente a tiros, em solo brasileiro, às margens do Rio Traíra, três compatriotas militares.

O pior é que essa atitude não se limitou a Viena. Quando alguma ONG ou algum parlamentar, não importa se do Canadá, dos EUA ou da Europa, tocava no assunto, as respostas de bom número dos bem pagos embaixadores brasileiros faziam-se unissonamente as mesmas: calúnia, difamação, falta de provas fatuais e natureza meramente especulativa das denúncias. Daí, a apropriada e popular imagem, retratando a diplomacia reativa por meio do tatu, que se esconde no buraco em caso de perigo, às vezes esquecendo o rabo do lado de fora da toca.

Recusar ver a presença de tais cartéis dentro da sociedade amazônica é o mesmo que tapar o sol com a peneira. Recordar os efeitos deletérios do crime organizado é, sobretudo, obrigação.

A Comissão Jurídica Interamericana considerou o ato dos Estados Unidos no México grave violação das normas consagradas do Direito Internacional Público, e tudo ficou na mesma! Mais uma vez se comprovou na prática, a aplicação do direito de ingerência. Conforme mencionado anteriormente, a luta contra as drogas tradicionalmente fere mais a soberania que a questão dos Direitos Humanos e as questões ambientais. Para as duas últimas, são dados sinais de advertências. Com referência aos narcóticos, os fatos comprovam que ameaças transformaram-se em realidade.

Na Cúpula Hemisférica de Miami, em dezembro de 1994, para melhorar o mal-estar reinante com seus irmãos continentais, na agenda principal os EUA ressaltaram o papel da democracia e da integração econômica regional. Todavia, nem por isso o tema do narcotráfico ficou de fora. Nasceu aí a idéia de convocar uma Conferência Mundial Contra o Tráfico de Estupefacientes. No mais, as considerações são praticamente as mesmas das outras cúpulas, exceto a maior atenção à lavagem de dinheiro, a partir de então considerada como delito grave.

Na IV Reunião do "Grupo do Rio" e União Européia, em abril de 1996, na histórica cidade boliviana de Cochabamba, Ministros das Relações Exteriores de 29 países europeus e americanos expressaram que "as políticas discriminatórias dos Estados Unidos da América em relação aos países da região não são precisamente as melhores formas de se enfrentar as drogas e suas conexões." A leitura desse discurso por parte da imprensa latino-americana deixou transparecer que os Estados Unidos da América e a União Européia possuem olhares distintos sobre a luta contra o narcotráfico, o que está longe de ser verídico. Entre as poucas diferenças, reside o fato de os países europeus, no plano da política externa, nunca darem ao problema das substâncias entorpecentes a prioridade que historicamente os EUA conferem a essa causa. Prova disso é o suor do contribuinte norte-americano, que arca com as verbas que alimentam as malfadadas guerras às drogas na América Latina. Além disso, se diferenças existem, são epidérmicas e superficiais.

Vale relembrar que as bandeiras desfraldadas de princípios como "Razão de Estado", "Direito da Ingerência", "Soberania Limitada", além de realidades da dialética da história, são fincadas no coração dos países periféricos. Nesse caso, em face dos numerosos e crescentes exemplos de intransigência e intervenção no cenário da luta contra as drogas, pouco valem a invocação da inviolabilidade das fronteiras nacionais e o aceno ao simbolismo da soberania, resguardado e idolatrado nas consagradas normas do Direito Internacional Público.

O que se sente hoje é a banalização da soberania pelas constantes invocações do seu nome. O desrespeito de suas normas – até mesmo pelas máfias sem pátria, que subsidiam candidatos a postos políticos para depois cobrar os favores, ou pelas empresas transnacionais que interferem, mandando e desmandando nos assuntos internos – jogou o princípio da soberania no mundo dos países globalizados em uma posição de página virada da História Internacional do Direito.

Mais do que nunca, nas Relações Internacionais, o que se assiste é a lei do mais forte. Mandam os globalizadores e obedecem os globalizados. Apesar disso, no cenário do combate às drogas, o gigante norte-americano tem pernas de pau. As substâncias entorpecentes adormeceram aquela sociedade dos seus quartéis às escolas. Sem respostas para as debilidades que poderão levar esse império a ruir, a solução encontrada foi caçar um bode expiatório fora, porém perto de suas fronteiras. A submissão tradicional da América Latina, exceção seja feita a Cuba, relegou a essa parte do mundo o sacrifício no cumprimento de tal missão.

Apesar do consumo de drogas no Brasil ser coisa grave, mais volumoso que a soma de todos os países do subcontinente, o montante dos recursos provenientes dos Estados Unidos para o Brasil por vezes não chegava sequer a um quarto do que recebia a Bolívia. Sempre reduzida, a soma de tais doações não era suficiente nem para pagar a conta de telefone dos órgãos públicos empenhados no combate às máfias na Amazônia brasileira. Tornam-se de tal forma ridículos os montantes das doações até o ponto de as autoridades entenderem o gesto dos Estados Unidos da América, sinalizando que era hora do Brasil enfrentar o narcotráfico às próprias custas. O mesmo que fizeram na Europa com suas tropas lá estacionadas para uma eventual guerra contra o comunismo. No início pagavam tudo, depois os países europeus, principalmente a Alemanha, acabou arcando até com o rancho dos soldados norte-americanos estacionados em seu território. Foi assim, sem esperar conselhos do Itamaraty, que o Ministério da Justiça, no primeiro mandato do Presidente Fernando Henrique Cardoso, optou pela recusa, leia-se devolução, da raquítica doação. Isso ocorreu tarde demais.

A aceitação, graças à concordância explícita do MRE, durante anos a fio, das simbólicas somas ofertadas pelos Estados Unidos da América, acrescida do fato de o Brasil, durante longo período, não ter utilizado bem o dinheiro do próprio bolso previsto para a execução de sua política antidroga, vulne-rabilizaram posições e vontades nacionais expressas no cenário internacional relacionadas ao problema das substâncias entor-pecentes. Isso sinaliza que a diplomacia brasileira, ao promover acordos internacionais com esses inexpressivos montantes, transformou o Brasil em um acólito pobremente paramenta-do na liturgia norte-americana de combate às drogas.

As Nações Unidas e o controle das drogas

O Programa das Nações Unidas para o Controle Interna-cional de Drogas, em inglês, *United Nations Drug Control Programme* – UNDCP –, promove ações internacionais para o combate à produção, ao tráfico e ao consumo de drogas ilíci-tas. Criado em 1990 pela Assembléia Geral da ONU, que re-solveu fundir nele funções de três unidades atuantes no controle das substâncias alucinógenas, existe também para proporcionar assistência técnica aos governos. Age como cen-tro mundial de informações e implementa projetos sobre o tema. Mantém escritórios trabalhando com governos, organi-zações não-governamentais e outras agências da ONU em cerca de 63 países.

Na América do Sul, atua especialmente no Peru, na Co-lômbia, na Bolívia e no Brasil, países vistos como eixo do nar-cotráfico. Sua presença, menor nos países consumidores ricos, e marcadamente acentuada nos países produtores de drogas extraídas de plantas, rouba uma visão multidimensio-nal do combate às drogas.

A dimensão da influência dos Estados Unidos da América aquilata-se até na formatação da filosofia de ação do UNDCP. Justa ou injustamente, esse organismo internacional por ve-zes é confundido com o DEA, *Drug Enforcement Adminis-tration*, criado em 1973 e sucessor do famoso FBN, *Federal Bureau of Narcotics*. As causas da mistura, provavelmente, são as "involuntárias coincidências" da política antidrogas en-tre um e outro, ocasionadas pelo exagerado tamanho da visão norte-americana nos destinos do UNDCP.

Aqui, esse Programa deveria ajudar o Estado a combater as técnicas usadas pelas máfias para esconder seus lucros, entrar com projetos agrícolas mais rentáveis e introduzir com isso o conceito de lavouras alternativas. Poderia, igualmente, transformar-se em centro de excelência, construindo sistema de banco de dados para a coleta, análise e acompanhamento de informações sobre a evolução do narcotráfico. Se de fato houvesse vontade política, com a grande rede nacional de entidades e de profissionais da área, seriam fomentadas parcerias inovadoras. A realidade mostra as coisas mais difíceis, no momento da execução. Nem tudo que está nas intenções e no papel funciona como se deseja.

Existem quatro programas dos quais esse organismo da ONU participa. Em todos, o Brasil entra com mais de 50% dos gastos. Os projetos possibilitam trocas de *know-how* com outros países, tendo sido até agora direcionados para campanhas de redução de demanda contra drogas no local de trabalho e prevenção ao abuso de substâncias intravenosas.

O trabalho, com ênfase especial na luta contra o HIV – o vírus da AIDS –, entre os usuários de drogas intravenosas, caminhou em cooperação com o Programa Nacional de Doenças Sexualmente Transmissíveis, do Ministério da Saúde.

Sabe-se que aproximadamente um quarto dos casos registrados de AIDS relaciona-se ao uso de drogas injetáveis por meio de seringas compartilhadas. Antigamente, a maior parte das contaminações provinha do uso de cocaína injetável. Agora cresce o peso da heroína. A proporção de mulheres atingidas aumenta mais rápido que a dos homens. Isso ocasiona o brutal aparecimento de casos de AIDS pediátrica.

O UNDCP participou no processo de avaliação dos projetos de Centros de Tratamento e Dependência Química em várias linhas de trabalho[56]. O primeiro foi o projeto-escola, desenvolvido em parceria com as Secretarias de Educação, pelo qual selecionar-se-iam alguns colégios da rede pública para discussões sobre sexualidade, saúde e atividades preven-

---

56. Ver: UNDCP Brasil. *O que é e o que faz.* Prática Gráfica, Brasília – DF, 1996.

tivas ao abuso de drogas. Professores seriam treinados, com recursos disponibilizados. O mesmo estava previsto no recrutamento de alunos que trabalhassem com seus colegas no desenvolvimento de soluções para os problemas da comunidade.

A segunda linha de apoio do UNDCP direcionou-se à criação de centros de referência vinculados a três universidades brasileiras: a Universidade Federal de São Paulo, a Universidade Federal da Bahia e a Universidade Estadual do Rio de Janeiro. Os centros trabalham com pesquisa sobre prevenção às drogas e doenças sexualmente transmissíveis. Capacitam profissionais de instituições públicas na área da Síndrome da Imunodeficiência Adquirida associada ao abuso de drogas ilícitas. A terceira linha, também relacionada a Centros de Treinamento, serve de apoio na montagem de projetos utilizados por organizações governamentais ou comunitárias. Treina profissionais da área e atende usuários de drogas. Existem dois centros de treinamento: o primeiro na Cruz Vermelha Brasileira no Estado do Rio Grande do Sul e o outro no Prodequi, Programa de Estudos e Atenção às Dependências Químicas da Universidade de Brasília, no Distrito Federal. A quarta linha refere-se aos Projetos Comunitários na prevenção ou tratamento da AIDS. A quinta está em centros de tratamento, recuperação e reinserção social. São clínicas onde os dependentes químicos buscam apoio para abandonar o uso de drogas, cuidando da desintoxicação e aprendendo como se reinserir socialmente.[57]

Em 1998, as 89 comunidades terapêuticas filiadas à Federação Brasileira de Comunidades Terapêuticas (Febract)[58] estavam nas seguintes cidades: Maceió, Fortaleza, Brasília, Santa Helena de Goiás, Aquidauana, Corumbá, Araxá, Arcos, Belo Horizonte, Ipatinga, Itajubá, João Monlevade, Ubá, Uberaba, Belém, Cascavel, Jacarezinho, Londrina, Campo dos Goitacazes, Rio de Janeiro, Teresópolis, Alvorada, Bagé, Caxias do Sul, Erechim, Estância Velha, Montenegro, Novo Hamburgo,

---

57. FEBRACT-Federação Brasileira de Comunidades Terapêuticas. *Ação Presente: Compromisso com o Futuro*. Campinas-SP, 14 páginas, 1998.

58. FEBRACT. *Comunidades Terapêuticas*. Campinas-SP, 1998. Páginas 10 a 16.

Pelotas, Porto Alegre, Rio Grande, Rio Preto, Rio Pardo, Santa Maria, São Leopoldo, Araranguá, Balneário Camboriú, Florianópolis, Garopaba, Joinville, Araçatuba, Batatais, Bauru, Campinas, Carapicuíba, Cotia, Fernandópolis, Guaratinguetá, Guarujá, Itaporanga, Itu, Jarinu, Jundiaí, Matão, Mogi das Cruzes, Osasco, Osvaldo Cruz, Peruíbe, Porto Feliz, Potirendaba, Praia Grande, Ribeirão Pires, Ribeirão Preto, Santos, São Bernardo do Campo, São Paulo, São Pedro, Sorocaba e Valinhos.

Há centros onde se desenvolve a filosofia de redução de danos, auxiliando usuários de drogas intravenosas que não conseguem abandonar o vício. Nesse caso, ensina-se a evitar o uso comum de seringas, distribuindo gratuitamente este material descartável. As intervenções são realizadas por agentes que conhecem a linguagem e a cultura do grupo, em locais e no momento em que compartilham agulhas e seringas. Esse projeto é particularmente polêmico, porque se pensa ainda em muitos países que tal distribuição entre dependentes incentiva a utilização de drogas. Em certas regiões são até proibidos.

Existem igualmente 96 comunidades terapêuticas independentes, registradas apenas nos Conems, Conselhos Estaduais de Entorpecentes que possuem um ou mais núcleos nas localidades de Brasília, Ceilândia, Ceilândia Norte, Ceilândia Sul, Guará I, Guará II, Paranoá e Sobradinho, no Distrito Federal, Rio Branco, Fortaleza, Santo Antônio do Descoberto, Raposa, Campo Grande, Araxá, Belo Horizonte, Divinópolis, Governador Valadares, Ipatinga, Ituiutaba, Janaúba, Monte Carmelo, Ouro Preto, Patos de Minas, Patrocínio, Uberaba, Uberlândia, Vespasiano, Castanhal, Almirante Tamandaré, Apucarana, Cascavel, Curitiba, Londrina, Mandirituba, Nova Londrina, Palotina, Ponta Grossa, Rolândia, Umuarama, Garanhuns, Recife, Niterói, Rio de Janeiro, Seropédica, Vassouras, Angelina, Balneário Camboriú, Blumenau, Chapecó, Criciúma, Florianópolis, Itajaí, Joinville, Palhoça, São José, Siderópolis e São Paulo.[59]

---

59. FEBRACT: *Comunidades* ... Ibid p. 16 a 24.

Herbet Kleber, ex-vice-diretor do *Office of National Drug Control Policy*, em artigo escrito conjuntamente com Michel Rosenthal, denuncia benefícios falsos no fornecimento de heroína aos usuários. Isso aconteceu em 1996, na Suíça, quando os dependentes contemplados legalmente com drogas afirmavam haver diminuído o uso de entorpecentes, sentindo melhoria geral na saúde e bem-estar mental. Afirmam os autores que resultados tidos como positivos são incorretos, por terem sido divulgados pelos próprios dependentes que não passaram por testes ou exames de urina regulares para saber se realmente diminuíram o consumo de drogas. A prova do fiasco, na visão dos autores, é que, com os dezoito meses de permanência no programa, metade dos participantes continuava usando cocaína e heroína ilegal. Reza o mesmo texto que, no Reino Unido, entre os cerca de 150 mil dependentes de heroína, apenas 17 mil recebem metadona oral e menos de 400 ganham heroína legalmente e que a maioria dos médicos britânicos não descobriu nenhum indício conclusivo de eficácia desses programas de manutenção dos dependentes de heroína (sic).[60]

No Brasil não existe risco de o UNDCP inovar, trazendo para cá experiências suíças e muito menos holandesas. Em torno desta última, se não existe consenso, pelo menos está na voz do povo que os Países Baixos é o lugar onde o Estado conseguiu alguns dividendos na luta contra o narcotráfico. Precisamente lá, onde a tônica da repressão é deixada em um segundo plano.

As atividades do Programa das Nações Unidas para o Controle Internacional de Drogas com instituições governamentais e não-governamentais no Brasil somam um total de US$ 13.352.300,00. O UNDCP entrou com US$ 3.056.000,00 e os brasileiros arcaram com a maior parte, ou seja, US$ 9.296.300,00.[61]

60. KLEBERLL, D. Herbert e ROSSENTHAL, S. Michel: "Mitos exóticos sobre drogas". In: *Foreign affairs*, Edição Brasileira – Publicação da Gazeta Mercantil, 09.10.98, p. 14 e 15.
61. "Mobilização Social Contra as Drogas". Edição Comemorativa ao Dia Internacional contra o Abuso e o Tráfico de Drogas. UNDCP, Brasília-DF, p.18.

A Federação das Indústrias do Rio Grande do Sul e a Federação Brasileira de Comunidades Terapêuticas instalaram em Campinas um centro de treinamento e capacitação de profissionais da área de drogas em cooperação com o UNDCP No Programa de Advocacia, em sua representação em Brasília, são mantidos consultores na coordenação e desenvolvimento de atividades por meio de assistência jurídica. Ao que se saiba, não existe uma parceria formal desse Programa de Advocacia com a Ordem dos Advogados do Brasil ou convênios com faculdades de direito nos seus programas de assistência jurídica gratuita, espalhados pelo país.

Outros programas deverão entrar em vigor nos próximos anos, alguns dos quais são continuações de projetos anteriores. É o caso do Programa de Prevenção às Drogas Intravenosas, que durará até 2002. Os centros de treinamento, de tratamento e outros, deverão procurar novos recursos, porque a ajuda do UNDCP é insuficiente. Projetos com término marcado para o ano de 2003 necessitam de novas verbas.

Apesar da crise econômica que aflige o Brasil, o Ministério da Saúde destina, em seu novo orçamento, meios para continuação dos mesmos. Com apoio dos governos brasileiro, britânico e norte-americano, pretende-se criar o Sistema de Informações sobre Atividades Criminais. O Ministério da Justiça já implementa o Sistema Nacional Integrado para Informações sobre Questões de Segurança Pública e Justiça (Infoseg), incluindo registros de apreensões de drogas e armas de fogo e veículos roubados. Esse projeto, além de possibilitar troca de informações entre as Unidades da Federação, pretende expandir-se para os países do Mercosul. Antes desse novo passo, é conveniente lembrar que policiais federais na Região Amazônica costumam passar dias isolados e sem comunicação entre si e o restante do país.

A Agência Nacional de Telecomunicações – Anatel – atende bem as empresas, mas a Polícia Federal às vezes fica de fora e não usufrui deste tratamento vip. No Amapá, em Roraima, no Amazonas e no Acre, o isolamento mesmo que esporádico das forças policiais é altamente benéfico para os negócios

117

do narcotráfico. A deficiência na infra-estrutura do trabalho não pára por aí. Até 1998, o número dos novos passaportes expedidos no Brasil era lançado no sistema com aproximadamente um ano de atraso.

Se o UNDCP conseguisse verbas suficientes para a modernização desses setores, estaria tendo a oportunidade de pôr em prática os conceitos de modernização apresentados nos seus manuais, distribuídos na Academia Nacional de Polícia em Brasília. Nessa mesma linha, existe outro projeto destinado a essa instituição policial de ensino. Seu objetivo é a modernização da organização, que formará cerca de 2 mil policiais federais nos próximos cinco anos. Para tal, serão fornecidas publicações para melhoria e aperfeiçoamento do mencionado programa de formação.

Não há dúvida de que o UNDCP modestamente procura contribuir para com os programas de modernização das estruturas das forças de combate às drogas, buscando parcerias no país, o que é positivo e salutar. O que não soa bem é o descompasso entre a penúria das verbas do UNDCP destinadas a seus projetos no Brasil com o que é gasto na sua burocracia de apoio. Esse Programa, como todos os outros das Nações Unidas, tem condições e infra-estrutura técnica de pessoal para colaboração mais dinâmica e frutífera.

Como se disse anteriormente, quem arca com a maior parte do custo desses projetos aqui é o Brasil. Nem todo o montante das cifras apresentadas pelo UNDCP chega ao objetivo-fim do projeto, porque seu aparato administrativo, ainda que pequeno, como de todos os organismos da ONU, é dispendioso. Deixa a desejar em termos de dinamismo e por causa da excessiva timidez na tomada de iniciativas.

Maratonas de consultorias e inúmeras viagens internacionais de especialistas irritam os países membros da parte desenvolvida do mundo, que cobram mais eficiência dos bem pagos funcionários das Nações Unidas, uma Organização que poderia dar mais do que dá, com excelentes dividendos para a paz e o desenvolvimento mundial.

Política de apreensões

A ausência de controle do espaço aéreo no Norte e no Nordeste do País, a urbanização desordenada, a desestruturação da família, o esgarçamento do tecido social, a escassa presença das forças policiais e militares nas áreas de fronteira, as características geográficas refletidas na grande extensão do território, somadas à cultura política clientelista e corrupta, comprovam a complexidade do universo das drogas. Mostram o quanto é difícil a implementação de política eficaz para seu combate.

Os dados sobre a apreensão de drogas pela Polícia Federal em todo o país, no período compreendido entre 1993 e 1997, atestam as dificuldades decorrentes da insuficiência de preparo profissional no combate ao tráfico de entorpecentes. Revelam a capacidade dos grupos responsáveis pelo tráfico de modificar suas estratégias e rotas, tendo em vista a atuação policial. Nesse sentido, destaca-se que, ao lado da intensificação do comércio de narcóticos observada a partir de 1995, registra-se diminuição nas apreensões, tanto de cocaína como de maconha, no mesmo período, após a fase de intensificação da repressão entre 1993 e início de 1994, conforme se vê na Tabela 1.

Em 1998, o volume apreendido de drogas causadoras de perturbações psíquicas subiu consideravelmente. A heroína, que raríssimas vezes cai nas mãos da polícia, aparece nas estatísticas com 950 gramas. Apanharam 102.000 comprimidos do ecstasy contra 4.300 em 1997. Os 451 quilos de crack e as 5,9 toneladas de cocaína, entre outras drogas, retiradas do comércio clandestino, perfazem o valor de aproximadamente 172 milhões de reais, segundo dados apresentados pela Política Federal na segunda quinzena de janeiro de 1999.

119

TABELA 1
Brasil: total de drogas apreendidas 1993-1997 (kg)

	1993	1994	1995	1996	1997 (1º sem.)
Cocaína	7.272	11.837	4.872	3.505	1.291
Pasta básica	230	171,5	550	532	37
Maconha			9.736	22.451	5.932
Sementes de Maconha			64	84	12
Pés de Maconha	8.599	18.836	2.532.457	3.808.006	518.265
"Crack"	0,05	33	10	8,3	
Heroína	–	12,7	0,056	–	
Merla			–	16	–
Lança Perfume			10.960 frascos	26.059 frascos	9.138 frascos

Fonte: Divisão de Repressão a Entorpecentes, Departamento da Polícia Federal.

Essa subtração, em vez de representar redução no tráfico de entorpecentes, significa que os esforços para a sua repressão estão longe do necessário para fazer frente ao problema. Mais estranho é o fato de essa diminuição de apreensões coincidir com o período em que o Governo Federal promete política dita rigorosa com relação ao tráfico e ao consumo de drogas.[62] Seu objetivo é precisamente conferir efetiva capacidade de atuação às forças policiais no combate ao narcotráfico, contando, depois de resistências do Alto Comando, com o apoio do envolvimento das Forças Armadas, segundo determinação presidencial. Por outro lado, se é maior hoje a atenção das Forças Armadas, se são expressivos os recursos destinados à Polícia Federal e se não faltam medidas legais adotadas, já deveria ter melhorado o controle sobre o tráfico de drogas e sobre a lavagem de dinheiro. Infelizmente, a realidade mostra o inverso.

Teoricamente, a política do Governo Federal começa voltar-se para outros aspectos que compõem o problema das dro-

---

62. PANAD – Programa de Ação Nacional Antidrogas, Ministério da Justiça, Brasília, 1996.

gas no país. Sua relação direta ou indireta na luta contra o narcotráfico internacional requer atenção específica, como por exemplo no que diz respeito ao controle sobre solventes, tranqüilizantes e anfetaminas, drogas usadas, sobretudo, no meio estudantil e pelos meninos de rua. Hoje em dia, essas substâncias nocivas concorrem com a maconha, depois do álcool e do tabaco, a droga mais popular do Brasil.

O aumento de viciados em anfetaminas é mais rápido até mesmo que o crescimento de dependentes da cocaína. Existem evidências de viciados também em heroína nas capitais dos Estados de São Paulo, Rio de Janeiro, Minas Gerais, Paraná, Santa Catarina, Rio Grande do Sul, Pernambuco e Ceará e no Distrito Federal, nas camadas sociais onde o poder aquisitivo da população é alto. Nos Estados do Rio de Janeiro e de São Paulo, onde se registra o maior número de assaltos, criminalidade e desvio de carga, agiganta-se o consumo de drogas obtidas com dinheiro angariado por meio de métodos violentos, envolvendo as camadas de baixa, média e alta renda.

No Estado de São Paulo, em 1997, registraram-se 753 roubos de carga. Aproximadamente 40% feitos dentro da capital paulista. Segundo o Sindicato das Empresas de Transportes de Carga de São Paulo (SETCESP), que levanta dados sobre desvios de carga desde 1994, 75% dos roubos efetivaram-se em áreas urbanas, e 25%, em leitos de rodovia. Esse fato ajuda a confirmar a hipótese de que parte dos laboratórios clandestinos está em zonas industriais ou na periferia das cidades. De janeiro a agosto de 1998, ocorreram 818 roubos, um aumento de 11% comparado ao mesmo período de 1997. O desvio de cargas é fio condutor dos impulsos que sustentam principalmente a fabricação das anfetaminas, produzidas e transformadas inclusive em "laboratórios de fundo de quintal".

No Brasil, só não sabe quem não quer: a presença do narcotráfico na falsificação de remédios relaciona-se à fabricação ilegal, nos mesmos estabelecimentos, de drogas químicas. O dono, donos ou empregados de laboratórios com coragem de perpetrar o hediondo crime da falsificação de medicamentos, com certeza fabrica estimulantes com propriedades alucinógenas para o mercado subterrâneo.

Fórmulas manipuladas com adulterações e falsificações em massa de calmantes conhecidos como ansiolíticos – o Valium e o Lexotan são apenas exemplos – invadiram impunemente as prateleiras das farmácias. Como já se escreveu em capítulos anteriores poucos países do mundo têm tantos remédios com nomes diferentes e fórmulas quase que iguais no combate de uma mesma enfermidade como o Brasil.

Toda essa parafernália de remédios foi autorizada oficialmente pelo Ministério da Saúde. Quantos de seus funcionários estão na cadeia, por terem recebido propinas para licenciar medicamentos supérfluos ou com fórmulas semelhantes às já existentes no Brasil? Seguramente nenhum!

Em julho de 1998, a Polícia Federal instalou a Delegacia Especial de Prevenção e Repressão à Adulteração e Falsificação de Medicamentos. A delegacia age em coordenação com a Vigilância Sanitária do Ministério da Saúde. Se isso não ficar só na criação de mais uma burocracia, entre as tantas existentes, constatar-se-á que existe muito mais cachorro do que se pensa no mato da falsificação de remédios.

Apesar do contínuo crescimento relativo da cocaína, seu fôlego não é o mesmo dos anos 1980. Seu reinado não é absoluto; apresenta indícios de declínio em relação à velocidade do aumento do consumo de outras drogas. A prioridade, em relação à prevenção e ao combate ao uso de drogas ilícitas, tradicionalmente costuma recair sobre a cocaína. O combate às drogas esquece bebidas alcoólicas consumidas por menores, o fumo, a cola de sapateiro, solventes e várias anfetaminas livremente compradas em farmácias e drogarias. Como mencionado, os esforços de controle concentram-se menos nas farmácias de nossas ruas do que em pontos de saída para o exterior de químicos e drogas. Isso reflete-se nas estatísticas de apreensões, sobretudo nas regiões Centro-Oeste, Sudeste e Sul.

Nesse sentido, o crescimento, entre 1993 e 1997, das apreensões de cocaína, de pasta básica e de maconha na região Centro-Oeste ilustra a transformação dessa região em importante espaço para o tráfico de entorpecentes interno e externo, conforme Tabela 2.

Funcionário com mais de uma aposentadoria, funcionários com salários superiores ao do próprio Presidente da República, benesses pagas como direito adquirido, tudo isso encontra-se no Judiciário, no Legislativo e no Executivo em nível municipal, estadual e federal. Não poucos filhos e gente dessa casta terminam nas fileiras das vítimas das drogas. Isso porque o altíssimo poder aquisitivo dessas famílias, pago com dinheiro sem o suor do rosto, traz com facilidade as substâncias entorpecentes para dentro de suas próprias casas. Rio de Janeiro e Brasília, como se escreveu logo acima, as duas cidades com maior número de funcionários públicos, são palco ideal para a constatação do amargo preço que paga a prole dessa burguesia.

TABELA 2
Apreensão de drogas: Região Centro-Oeste (kg)

	1993	1994	1995	1996	1997 (1º sem.)
Cocaína	1.625	1.910	2.311	1.378	482
Maconha	2.988	2.738	3.567	5.616	2.826
Pasta básica	116	147	376	29	12
Pés de Maconha	72	24	400	7.481	22

Fonte: Divisão de Repressão a Entorpecentes, Departamento da Polícia Federal.

Observa-se que as apreensões na Região Norte diminuíram significativamente de 1994 a 1996 (Tabela 3). Isso se deve ao elevado nível de dificuldade operacional na Região e à sagacidade dos narcotraficantes, que alternam as rotas de acesso aos principais mercados de destino. O narcotráfico tem informantes dentro dos serviços de inteligência, seja em nível estadual, seja em nível federal. Nessa afirmativa está provavelmente a causa do insucesso das apreensões do grande volume de drogas que quase livremente transita pelo país afora.

Virou rotina no noticiário a divulgação de inquéritos, expulsão e até prisão de agentes ou policiais envolvidos com o narcotráfico e outras atividades ilícitas. São tantos e variados os casos que enumerá-los transformaria este texto em crônica policial.

TABELA 3
Apreensão de drogas: Região Norte (kg)

	1993	1994	1995	1996	1997 (1º sem.)
Cocaína	1740	8.425	403	429	328
Maconha	–	–	0	0	0
Pasta básica	95	23	24	1	24
Pés de Maconha	18	8	3	4.047	0

Fonte: Divisão de Repressão a Entorpecentes, Departamento da Polícia Federal.

Não existem registros oficiais sobre a expansão das plantações de ipadu e da papoula na Amazônia brasileira nesta década. Segundo informações recolhidas junto à Polícia Federal, adotaram-se, entre 1988 e 1990, medidas para erradicação do ipadu. Para tal, empenharam esforços nas comunidades indígenas; algumas delas passaram a colaborar com as autoridades policiais no monitoramento das culturas da droga e de seu uso. Os cultivos, tanto da coca quanto da papoula, requerem mão-de-obra permanente, disciplinada e laboriosa. O estágio civilizatório das populações indígenas da Amazônia brasileira, bem como as tradições específicas da cultura cabocla, que ocupam os homens na labuta pela subsistência do dia-a-dia, são os principais obstáculos aos plantios em escala comercial, seja do ipadu, seja da papoula. Com a intensificação do processo migratório para a Amazônia, não se sabe por quanto tempo ainda o narcotráfico terá a seu desfavor o primitivismo das peculiaridades culturais da população nativa. Se na Bolívia e no Peru a cocaína é considerada "coisa de civilizado" pelas populações indígenas, também no Brasil seu consumo por índios e caboclos, ainda que crescente, não assumiu as dimensões endêmicas encontradas nos centros urbanos.

Devido aos modernos meios de transporte, a distância entre o local de produção e processamento reflete-se cada vez menos no preço da droga para o consumidor. É certo, porém, que a vastidão do território nacional, dificultando a ação repressiva, facilita o tráfico. Segundo levantamentos da Polícia Federal concluídos em 1996, o preço da cocaína, por exemplo, variava entre estados e regiões, como reflexo do grau de vigilância policial. A demanda e a oferta são eventualmente afetadas quando

124

ocorrem grandes apreensões. O quilo da cocaína em Ponta Porã, ponto tradicional de entrada da droga em Mato Grosso do Sul, no segundo semestre de 1998, oscilava entre 2.000 e 2.500 dólares. Em outras cidades do Mato Grosso do Sul e do interior de São Paulo, como Araçatuba por exemplo, tem permanecido na faixa dos 3.000 dólares. No Rio de Janeiro, Distrito Federal e no Rio Grande do Sul, girava entre 4.000 e 5.000 dólares, e, em Santa Catarina, 6.000 dólares. Não se sabe porque em certos períodos entre os catarinenses a cocaína é cara e a maconha tão barata. De 1996 até 1998, os preços tiveram queda quase contínua no mercado consumidor, diminuindo sua diferença entre as regiões, exceto nas regiões de fronteira, onde o preço continua menor e a qualidade melhor.

No decorrer da pesquisa, o leitor deparar-se-á com diferentes preços de drogas. Isso porque, no passado, o preço caía quando diminuía a repressão. Agora parece não ser tanto assim. Com estoques desovados, o mercado inunda-se da droga. A lei da oferta e da procura dita os preços. Os distintos valores apresentados neste trabalho acompanham esta lei. Com a concorrência da entrada dos estimulantes do tipo metanfetaminas e anfetaminas, parece que os cartéis responsáveis pela distribuição da cocaína inteligentemente se esforçam para mantê-la ao alcance do poder aquisitivo do maior número possível de pessoas.

O consumo de metanfetamina é maior na América do Norte, e o de anfetaminas, na Europa. Turistas brasileiros, entre os quais é transportada a cocaína para o sul dos Estados Unidos, trazem, no retorno ao Brasil, o contrabando de metanfetaminas. O fluxo turístico do Brasil para essa parte dos EUA ultrapassou o da Alemanha e o do Japão. Segundo a Embratur, em 1997 partiram 4.852.079 turistas para o exterior. A cifra de estrangeiros que entraram no Brasil em 1996 era de 2.665.508. As máfias no Estado da Flórida, por intermédio dessa massa de turistas, além do seu tradicional contrabando de armas, despeja no Brasil drogas variadas à base de anfetaminas e metanfetaminas. Não se entende a razão de a imprensa não denunciar este contrabando tão conhecido.

As estruturas químicas dos ATS são parecidas entre si e propícias para mudanças que geram novas drogas. Dezenas de novos ATS surgem clandestinamente pelo mundo, fabricados na Rússia, Polônia, Canadá, Estados Unidos da América, Alemanha, Itália, Países Baixos, Espanha, África do Sul, Coréia, Japão, Taiwan, Tailândia, Brasil e Argentina.

Na Europa, certos comprimidos de anfetaminas trazem impressões, carimbos como prova de controle de qualidade. Sua fama não é de droga pesada, seu preço é menor que o da cocaína e da heroína; seu consumidor vende a imagem de integrado na sociedade. Não é ainda pária social; seu perigo é menos conhecido e, por isso, é mais tolerada. Esses fatores transformaram os ATS na nova peste da juventude.

Fenômeno parecido aos consumidores de anfetaminas encontra-se no universo de consumidores da maconha, gente de respeito e plenamente integrada à sociedade. O preço da *cannabis* varia entre 30 a 60 reais o quilo no sertão de Pernambuco, de acordo com sua qualidade, vale dizer, com menos sementes e dando "grandes camarões", ou seja, boa ramagem, não importando se a espécie é *sativa* ou *indica*. Em Ponta Porã (MS), o quilo oscila entre 50 e 100 reais, chegando a custar 250 reais em Santa Catarina e 300 reais no Rio Grande do Sul. Em São Paulo, alcança 500 reais. No Rio de Janeiro, no passado, valeu entre 1.000 e 1.200 reais. Em 1998, podia-se adquirir um quilo quase pela metade desse preço. A cotação elevada da maconha no Rio de Janeiro, em Brasília e em São Paulo deve-se à procura maior que a oferta. Estudantes da Universidade de Brasília pagavam, em setembro de 1998, 1 real por grama de maconha. Esse preço demonstra a grande vantagem e os enormes lucros auferidos no comércio da maconha, um produto menos complexo e sem necessidades de maiores investimentos, como acontece com outras drogas.

Plantar mandioca, feijão, arroz, milho ou melancia não enriquece ninguém, ao contrário, costuma quebrar muitos agricultores. Enquanto permanecerem na ilegalidade, continuarão sendo as plantações e o comércio da maconha um dos melhores negócios no Brasil. Sabe-se hoje que forma fácil do agricultor sair da falência e pagar suas dívidas nos bancos é cultivando a *cannabis*. Um passeio pelo sertão, acompanhando o Rio São

Francisco, demonstrará o quanto é verídica essa afirmação. As Tabelas 4 e 5, a seguir, refletem as oscilações no Sudeste e no Sul, relacionadas às apreensões policiais da maconha, da cocaína e da pasta básica.

TABELA 4
Apreensão de drogas: Região Sudeste (kg)

	1993	1994	1995	1996	1997 (1º sem.)
Cocaína	1.333	1.086	1.847	1.070	246
Maconha	1.405	3.346	1.120	4.407	398
Pasta básica	95.9	–	146	499	0
Pés de Maconha	21	–	0	410	2.073

Fonte: Divisão de Repressão a Entorpecentes, Departamento da Polícia Federal.

TABELA 5
Apreensão de drogas: Região Sul (kg)

	1993	1994	1995	1996	1997 (1º sem.)
Cocaína	2.315	320	495	540	225
Maconha	1.459	5.992	2.072	6.750	1.337
Pasta básica	1.8	–	40	0,018	0,5
Pés de Maconha	48	70	4	0	19.735

Fonte: Divisão de Repressão a Entorpecentes, Departamento da Polícia Federal.

Aspecto a ser verificado, no que tange à Região Nordeste, é se o aumento do fluxo de turistas nacionais e estrangeiros nos últimos dez anos criou condições favoráveis para a intensificação do tráfico de entorpecentes na região. Cidades como Fortaleza, Salvador, Natal, Recife e Maceió atraem levas crescentes de visitantes, porém em quantidade expressivamente menor que o tradicional êxodo dessa Região para outras partes do país. Aumentou igualmente o número de vôos nacionais e internacionais com destino às capitais nordestinas. Essa tendência, no entanto, não se reflete claramente nos dados da apreensão de drogas, que são significativamente inferiores em relação às demais regiões, com exceção da maconha (Tabela 6).

127

TABELA 6
Apreensão de drogas: Região Nordeste (kg)

	1993	1994	1995	1996	1997 (1º sem.)
Cocaína	258.0	94	284	88	10
Maconha	2.745	6.759	5.005	5.678	1.372
Pasta básica	450	–	4	2	0
Pés de Maconha	1.854.000	2.215.000	2.532.054	3.796.068	496.435

Fonte: Divisão de Repressão a Entorpecentes, Departamento da Polícia Federal.

Os fenômenos da prostituição, sobretudo da infantil feminina, e o recrudescimento da criminalidade e das atividades ligadas à economia informal são percebidos em todas as grandes cidades do país. O aumento do uso das drogas na Região Nordeste, associado ao incremento do fluxo turístico, já mencionado, não quer dizer necessariamente que a Região esteja ganhando concomitante importância no que se refere ao tráfico internacional. Por não haver informações precisas disponíveis, qualquer interpretação nesse sentido será precipitada. Existem especulações de que a costa marítima nordestina, no passado, constituiu-se em lugar privilegiado para o translado de drogas pesadas em alto-mar. Afora barcos pesqueiros escondendo droga dentro de pescado, nenhuma apreensão efetivou-se nos últimos anos, e isso impede ilustrar a afirmação com casos recentes.

Evidências sobre tratamento de viciados em drogas sugerem a presença de heroína por todo o país. O comércio dessa droga apenas em 1998 começou a ser objeto de específica análise por parte da Polícia Federal. O que chama a atenção é o crescimento dos viciados. O aumento do seu número sugere tendência do incremento do seu tráfico, ainda que em pequenas quantidades, isto é, a varejo. Ao contrário do que geralmente se supõe, a heroína consumida no Brasil não chega exclusivamente da Ásia. Guatemala e Colômbia são fornecedores dessa droga para todos os países do Mercosul.

Outro indicador da evolução do narcotráfico, além da banalização da violência e das apreensões de drogas, é o número de inquéritos instaurados por tráfico. Cabe destacar que, apesar de o uso de drogas continuar sendo proibido por lei, há clara tendência de enfatizar mais a criminalização do tráfico e menos do uso. Por essa razão, tomaram-se como indicadores o percentual de inquéritos por tráfico de substâncias psicotrópicas. A quantidade de inquéritos policiais abertos em 1993 foi de 1.899 contra 1.602 em 1995. Em 1997, subiram para 2.075. Já o número de pessoas indiciadas por tráfico de drogas caiu de 2.128, em 1993, para 1.833, em 1995. Em 1997, a Polícia Federal indiciou 2.469 pessoas por tráfico. Entre 1995 e 1997, baixou de 22.100 para 15.800 o número de registros policiais envolvendo o tráfico e o consumo de narcóticos no Brasil.

Para se ter idéia da pobreza e da parcialidade das estatísticas das drogas em sua dimensão internacional, apresentam-se aqui nacionalidades de pessoas indiciadas. Tomou-se como parâmetro o período de janeiro a maio de 1996, quando o Departamento de Polícia Federal indiciou por tráfico de drogas, além de nigerianos, quatro cidadãos da África do Sul, um da Alemanha, um de Angola, dois da Argentina, um da Austrália, sete da Bolívia, um do Canadá, um do Chile, um da Colômbia, um da Espanha, três da Grécia, três da Holanda, dois da Itália, um da Jordânia, um do Quênia, um do Líbano, dois do México, dois de Moçambique, um da Namíbia, sete do Paraguai, quatro de Portugal, um da Suíça, quatro da Zâmbia e trezentos e quarenta e seis brasileiros. Quanto à participação feminina, cerca de um quinto do total das pessoas indiciadas é do sexo feminino, na faixa etária entre 25 e 29 anos.[63]

Esses dados constatam o raquitismo dos esforços para desenvolver ação consistente no combate ao tráfico de drogas. A inexpressividade dessas cifras não traduz necessariamente redução do tráfico, mas sim a limitação dos instrumentos de Estado na prevenção e repressão.

A violência urbana e o aumento da criminalidade e da prostituição comprovam o grande hiato entre as intenções governamentais no combate às drogas e sua prática do dia-a-dia.

Outro fato preocupante no Brasil é o limitado conhecimento técnico entre os profissionais encarregados da repressão. No caso das drogas sintéticas, elas estão sendo consumidas não

---

63. DRE (Departamento de Repressão a Entorpecentes) – Polícia Federal. Brasília, 1997.

é de hoje, porém como delas nada ou pouco se sabe nenhuma atenção recai especificamente contra seu uso. O estudo da Tabela 7 ajuda a comprovar a quantas anda a política de apreensão de produtos químicos controlados e psicotrópicos.

TABELA 7
Apreensão de Produtos Químicos e Psicotrópicos

	1995	1996	1997 (1º sem.)
Ácido sulfúrico	136 litros	1 litro	15 litros
Acetona	1.979 litros	483 litros	–
Amoníaco anidro	800 litros	67 litros	–
Bicarbonato de sódio	–	243 gramas	20 gramas
Psicotrópicos	37.747 comprimidos	28.015 comprimidos	2.124 comprimidos

Fonte: Divisão de Repressão a Entorpecentes, Departamento da Polícia Federal.

A Conferência de Xangai, realizada em novembro de 1996, alertou para o perigo dos estimulantes do tipo anfetamina. Segundo os participantes de 28 países reunidos no Encontro Internacional de Peritos em Estimulantes, as anfetaminas destacam-se como o maior desafio na luta contra as drogas neste final de século. No Brasil, as autoridades não se dão conta da gravidade do assunto. O que se apreende de anfetaminas destinadas ao uso clandestino e ilegal é insignificante, infinitas vezes inferior às apreensões de maconha e cocaína.

Quando o novo e o velho se confundem

Na luta contra o narcotráfico não é preciso ser sociólogo para entender que as polícias não são o elemento mais importante. Se a população, por exemplo, fosse mais conscientizada, tivesse maior preocupação com a saúde, consumiria menos drogas, até mesmo menos tabaco e álcool. As limitadas restrições ao ato de fumar em lugares públicos, a propaganda e o fato de venderem-se cigarros até em padarias, demonstra a vagarosidade das medidas em prol da saúde pública. Nas aeronaves dos países desenvolvidos é proibido fumar. Aqui custou ver que a proibição só na primeira hora de vôo ajudava quase nada.

Está cientificamente comprovado que doenças cardiovasculares matam aproximadamente 300 mil pessoas por ano no Brasil. Tanto os fumantes quanto as vítimas que inalam suas baforadas encontram-se entre esses números. A Organização Mundial da Saúde (OMS) atribui 3 milhões de mortes pelo mundo afora ao hábito de fumar. Originário das Américas, ao contrário da batata que saiu daqui para salvar o mundo da fome, o tabaco tem matado mais que a cocaína e a heroína juntas.

Ramo de duas drogas enfeitam o brasão nacional: o café da cafeína e o tabaco da nicotina. Como se vê, a desgraça não é a droga em si, mas a forma do uso que se faz dela.

O álcool é visto pelas leis do Corão como a desgraça humana.[64] Só aqui no Brasil existem 15 milhões de alcoólatras. Responsável pelo maior número de acidentes no trânsito e pela violência, nem por isso o álcool é proibido. Esse líquido tem até um deus mitológico, Dionoso para os gregos e Baco para os romanos. É mais um elemento para provar o quanto o velho e o novo se confundem no mundo das drogas.

Em passagens da Ilíada e da Odisséia, heróis como Aquiles usavam drogas como nepenthe; apenas Homero deixou de especificar se essa substância era o ópio ou a *cannabis*... Não é necessário aqui invocar clássicos como Baudelaire, Gautier, Sigmund Freud ou santos homens, como o Papa Leão XIII, que diariamente tomava doses do vinho feito de folhas de coca inventado pelo químico corso Angelo Mariani, chamado de "Vin Mariani".[65] Fôssemos enumerar artistas, esportistas, intelectuais, monarcas, políticos, até mesmo os que afirmam "fumei, mas não traguei", este livro não teria fim.

O fungo, que cresce em cereais como o centeio e o trigo do pão nosso de cada dia, chamado de *claviceps purpurea*, transformou-se em droga no laboratório suíço Sandoz em 1938. Transubstanciado no *Lysergsanredianthylamid*, LSD, o maná, o ácido colorido dos *hippies* e da geração *underground*, depois de matar ou inutilizar milhares de jovens e soldados,

64. Ver: ATTAWIL, Nabil. *Os males das bebidas alcoólicas.* Movimento da Juventude Islâmica Abu Bakr Assidik. Centrais e Impressoras Brasileiras Ltda. São Paulo.
65. Ver: JAMIESON, Allison. "Global Drug Trafficking". In: *Conflict Studies 234.* Research Institut for the Study of Conflict and Terrorism, London, 1991.

promete voltar, virar moda de novo, porque as anfetaminas, o ecstasy, o MDMA, o Adam etc., preparam-lhe caminho.[66]

Escrevendo sobre alucinógenos tão pesados, é conveniente explicar sobre drogas leves consumidas em quantidades microscópicas como a cafeína nos cafés, a teína nos chás, e, por que não, na Coca-Cola, apresentada em 1886, como tônico revigorante contra o cansaço dos idosos. Esse refrigerante, até os anos 1940, usou em sua fórmula o xarope natural extraído das folhas de coca na América Latina. A proibição oficial do xarope natural da coca na Coca-Cola fabricada nos Estados Unidos da América remonta a 1905.[67]

Visão militarizada

Existem doze radares americanos em bases próximas das fronteiras entre Brasil, Colômbia, Peru e Venezuela. A DEA tem aumentado seu pessoal nesses locais, trabalhando ativamente na formatação de uma central latino-americana de combate às drogas, com vistas a troca de informações e cooperação técnica.

Desde de 1995, está na agenda política dos EUA a estratégia de pressionar autoridades no Brasil para o definitivo envolvimento das Forças Armadas no combate ao narcotráfico. Em abril de 1998, o General Barry McCaffey, Secretário de Estado para Assuntos Antinarcóticos, esteve na Capital Federal sem esconder o objetivo de sua missão, que, se concretizada, significará empurrar o Brasil a uma guerra antecipadamente perdida. O exemplo colombiano é trágico. Lá, o envolvimento militar na luta contra as drogas se traduziu em flagrante derrota da caserna e fortalecimento da narcoguerrilha. São mais de 500 os municípios colombianos controlados por guerrilheiros.

No Brasil, o papel das Forças Armadas na luta contra o narcotráfico restringia-se às ações de logística, comunicações e espionagem. Seu envolvimento agora coordena-se com ações da Polícia Federal.

---

66. ESCOHOTADO, *A Historia de las Drogas*. Madrid, Alianza Editorial, 1990, 3 vols.
67. Ver: GARRET, R.C.; WALDEMEYER, U.G.; SERNAQUE, V. *The Cook Book: The complete reference to the uses and abuses of cocaine*. Berkeley Books, New York, 1984.

A presença de 2.500 soldados dos batalhões de Infantaria da Selva complementa o trabalho dos velhos radares removidos do Sudoeste do país para a Amazônia, por intermédio do Projeto Sivam, recentemente chamado de Sipam. Isso é resultado da combinação das chamadas estratégias de Vigilância e Proteção. Os mesmos militares atuam igualmente em operações de caráter assistencial, contando com a participação de outros órgãos governamentais na área de saúde, transportes, meio-ambiente e proteção indígena, entre outros. Por falta de verbas, até 1999, apenas pequena parte dos radares a serem instalados ao longo da fronteira Brasil-Colômbia estava pronta.

É prematuro dizer que a política antidrogas no Brasil esteja de todo militarizada, ainda que suas decisões fundamentais sejam geradas na Casa Militar, porque faz parte dos objetivos do Estado lutar contra as drogas não só com armas, mas principalmente com ações de prevenção na área da educação e saúde. Se a Senad pretende combater as substâncias ilícitas também por intermédio de políticas públicas, precisará entender que não se atinge com tiros o corpo fechado do narcotráfico.

Reverter a tendência de uma visão militarizada e policial no combate às drogas é tão complicado como lutar contra a parcialidade e os estereótipos tecidos sobre elas. Saber isso é passo fundamental de estratégia que em nenhum lugar do mundo encontrou ainda modelo perfeito para combater o crime organizado.

O receituário sociológico aconselha entender segurança dentro de uma visão sistêmica, isto é, lutar contra as drogas significa educação, conscientização pelo valor da vida, saúde e dignidade humana, entre outros. Sem isso, qualquer política contra a violência se esfarela.

Encher as ruas de policiais fardados às vésperas de eleições como ostensivamente fizeram e fazem certos governadores, até mesmo os rotulados de progressistas, rende votos, porém não resolve o problema da segurança e não engana a população por tanto tempo quanto gostariam esses políticos sem escrúpulos. Faz parte do subdesenvolvimento acreditar que violência urbana se soluciona com polícia na rua; que o consumo de drogas vai diminuir em se aumentando o contigente da polícia secreta na caça aos narcotraficantes.

Tampouco a intervenção do Exército ou das Forças Armadas, como querem alguns, é palavra mágica para resolver a questão das drogas e da violência. Disciplina nas escolas, educação e justiça nas ruas, concórdia nos lares, sim. É por aí que se começa vislumbrar a luz no final do túnel.

As forças policiais brasileiras são forçadas a proceder como baratas tontas na luta contra o narcotráfico porque o país sequer tem uma doutrina ou política pública de segurança. Cada Estado da Federação age à sua forma, em uma total ausência de troca de informações e procedimentos integradores de trabalho entre as polícias civil, militar e federal e as Forças Armadas. Impossível acompanhar as tendências e as manobras do narcotráfico, faltando à polícia civil e à polícia federal um profissionalismo investigatório, uma vez que as contingências os transformam em carcereiros ou guarda-costas de políticos.

No Brasil, as denúncias contam-se em milhões e número insignificante delas acaba em inquérito instaurado. Não se deve confundir os verbos denunciar e testemunhar. Aqui, ser testemunho de um crime é ter vocação de mártir. Uma consistente demonstração da fragilidade da luta contra o crime organizado é seu primarismo organizacional. Prova disso é que inexistem programas de proteção a testemunhas, o que impede qualquer tentativa do cidadão comum em contribuir com o seu precioso juízo. Essa é mais uma das razões pelas quais o narcotráfico possui aqui paradisíacas bases! Outro ponto a favor das drogas é a própria burocracia do serviço investigativo, que joga por terra o trabalho e informações de excelentes profissionais.

Convívio ético, profissional, técnico e equilíbrio precisam estar presentes entre as forças policiais civis, militares e a população em geral na busca de urgente reforma do sistema de segurança nacional. Isso paulatinamente contribuirá para formação de uma imagem de dignidade das forças policiais, eliminando a corrente associação entre a polícia e o bandido. Esse será o momento ideal para a força policial mostrar à sociedade da qual é parte que a arma eficaz da polícia no combate às drogas ilegais é a arma da legitimidade.

Não se desconhece a dificuldade de tirar do papel este rosário de boas intenções e reivindicações. Sabe-se que colocar no caminho certo uma sociedade fora dos trilhos como a nossa depende de um número enorme de fatores e variáveis. Todavia, havendo coragem civil e definição clara das prioridades do Estado na proteção das pessoas, meio caminho está dado. Nessa perspectiva, é fundamental o apoio dos meios de comunicação e da liberdade de expressão para sacudir a sonolência de tantos e bem pagos promotores e juízes, responsáveis pelo descompasso entre a ocorrência do crime e a resposta que a justiça dá.

IV

O CRIME ORGANIZADO NO PROCESSO DA GLOBALIZAÇÃO

Práticas e usos

O porto de Paranaguá é, por tradição, referência do narcotráfico no sul do país. Bandos árabes agem ali exportando e importando mercadorias com grupos no Paraguai para alimentar o contrabando para o Brasil. Os negócios ilícitos lá realizados tiveram sucesso. Sua eficiência é tanta a ponto de inspirar ações semelhantes em outros portos amazônicos no Brasil, na Colômbia e no Peru. Hoje, quase todos os portos desses países são vistoriados pela DEA o que dificulta a entrada e saída de precursores químicos, para fabricação da pasta-base. Não se sabe se isso tem diminuído o contrabando de armas, pedras preciosas e café.

No Brasil, aproximadamente 14.400 empresas estão legalmente autorizadas a produzir, transportar ou guardar produtos químicos controlados. Para complicar esse quadro, hoje em dia, produtos químicos chegam até mesmo sem etiqueta do exterior. Ou seja, compra-se sem saber a origem, sem saber quem é o fabricante. Companhias multinacionais e nacionais fecham os olhos, porque seu interesse é vender e obter benefícios econômicos. Sabe-se que vários produtos usados na produção de cocaína e heroína procedem dos Estados Unidos da América. A *Occidental Petroleum*, por exemplo, teve toneladas de seus produtos químicos desviadas no Equador para postos de refino, tanto de cocaína quanto da heroína, na Colômbia.

Na Região Amazônica, o dólar e outras moedas usadas nos anos 1980, como o marco alemão e o franco suíço, perderam, durante anos, o atrativo de antes. O pequeno traficante, com a baixa da inflação, não faz pouco caso delas, contudo, prefere intercambiar produtos químicos por armas, pelas novas drogas sintéticas ou por cocaína.

Na globalização do delito, a prática da delinqüência relacionada à aquisição de narcóticos aproxima-se em seus níveis táticos e estratégicos. Como em uma guerra, uns aprendem com outros. Assim, também na Europa e nos Estados Unidos da América, grandes vendedores de químicos recebem como pagamento cocaína de boa qualidade.

Aqui na América do Sul, por exemplo, a remuneração do transporte da droga que chega de Santa Cruz de la Sierra a Aquidauana, no Mato Grosso do Sul, ou a Costa Marques, no Estado de Rondônia, é acertada por quantidades de droga.

Em Santa Cruz de la Sierra, a melhor cocaína, com 96% de pureza vendida acima de 30 quilos, valia 1.500 dólares o quilo em outubro de 1996. Dois anos depois, ou seja, em 1998, o valor para grandes quantidades caiu, aproximando-se inexplicavelmente do preço da maconha nas mãos do consumidor carioca. Em todo território brasileiro o preço baixou consideravelmente. Um quilo de cocaína "batizada" com maisena, talco, polvilho, trigo e outras substâncias que lhe são incorporadas, transforma-se em quatro quilos para o consumidor comum. Esse fato mostra o quanto ainda é lucrativo receber cocaína pura em troca de serviços.

É bom repetir que a tática de pagamento com cocaína por serviços prestados ao narcotráfico contribui para disseminar seu uso. O narcotráfico deixa em seus caminhos milhares de viciados. Isso explica parcialmente a interiorização do crime e a expansão da narcoviolência pelo interior do Brasil.

A criminalidade setentrional – o caso da BR-174

Não há como negar a interiorização dos entorpecentes e das substâncias químicas controladas. Os desvios de produtos de centenas de pequenas e grandes indústrias, nacionais e estrangeiras espalhadas por todo o continente, são comuns. Po-

137

dem passar por Corumbá, Cáceres, Cacoal, Vilhena, Porto Velho, Guajará-Mirim seguindo para San Joaquím ou Santa Cruz de la Sierra, por via fluvial, férrea, rodoviária, aérea ou a pé. Qualquer estatística sobre esses dados é mero esforço de aproximação. É impossível expressar quantidades precisas no mundo dos ilícitos.

Apenas pelo ar, os serviços de informação da FAB observaram, em 1995, que entre Paraguai, Brasil e Argentina, a média era de aproximadamente 40 vôos irregulares por dia carregados de contrabando.

Nas reservas dos indígenas Yanomamis, no Estado de Roraima, no Garimpo do Mutum, no Garimpo Raposa Serra do Sol, nas minas de ouro perto de Mucajaí e entre a capital, Boa Vista, e Surucucus, em outubro de 1996, foram detectados pela FAB uma media de 10 vôos irregulares. Esse movimento em região com as mais baixas densidades demográficas do país leva a acreditar na formação de novo triângulo verde do narcotráfico: Venezuela, Colômbia e Brasil.

As atividades garimpeiras ajudaram, no passado, a despistar o contrabando de produtos químicos para a produção tanto da cocaína quanto da heroína na Colômbia. Agora, com a crise dos garimpos, as substâncias químicas controladas chegam com maior dificuldade aos pontos de fabricação da cocaína e da heroína. Daí a urgência da abertura de novas rotas para o aprovisionamento de químicos. Nessa perspectiva, a Venezuela tem como se transformar em uma fonte inesgotável.

Sem foguetórios e buzinaços por ter dezenas e dezenas de quilômetros dentro de vastas reservas indígenas, está aberta a BR-174, rodovia conectada com a Gran Sabana, ligando Manaus a Caracas.

Se rodar algumas horas nessa estrada significa peripécia, imagine então percorrer seus 2.400 quilômetros, em pelo menos quatro dias de viagem... Quase na metade do caminho, a travessia no rio Branco custa cinco reais, coisa de nada, diante da demora da chegada da balsa. É exatamente nesse rio Branco que se realizam estudos viabilizando a construção de nova hidrovia, um projeto monumental para escoamento de produtos agrícolas amazônides. Essa hidrovia, quase concluída pela mão da própria natureza, promete trazer desenvolvimento ímpar para região. Pena que poderá transformar-se em uma nova alternativa para o trânsito de drogas e produtos químicos. Em outros lugares, despenhadeiros e pontes de madeira que tremem dão arrepios quando se passa por elas. Se chover forte, a prudência manda esperar. Isso tudo é pouco, comparado à "negociação" para rodar no trecho da estrada que atravessa as reservas indígenas de "Raposo Serra do Sol", dos Macuxi, Taurepany, Wapixana, em Roraima, e Waimiri-Atroari, no Amazonas. Deve ser lembrado que esse trecho fecha das 18 até as 6 horas.

Do lado venezuelano, os índios mais aculturados são "empresários de turismo"! Recebem os viajantes em suas malocas, tratam bem e oferecem refeições em troca de dinheiro. Os daqui vendem preciosíssimo artesanato que poucos compram. Os papagaios, bichos preguiça, as tão belas quanto raras anacãs, micos e até filhotes de cadelas magras que eles tentam trocar por dinheiro, relógio ou roupas, nem é bom pensar nesse negócio!

Há trechos com altitude de 1.450 metros. Dá para sentir um friozinho gostoso, quase ao lado da linha equatorial. Montanhas, serras como a de Pacaraíma, exibem lindas formações rochosas feridas pela ação da erosão eólica e pluvial. Cascatas com generosidade de água 100% potável, poços com água cristalina, rios piscosos, matas e cerrados com cheiro de terra, tudo para ser visto e sentido em se passando por essa estrada. Por ali, boa parte das coisas ainda está do jeito que a natureza criou, sem a interferência do homem.

Esse lado monumental da natureza leva a outras realidades ao lado do trecho da estrada. Por exemplo, ela corta regiões auríferas e diamantíferas, como Guasiati, El Callao, Tumeremo e El Dorado, na Venezuela.

Do lado brasileiro, desde princípios do século exploram-se o ouro e o diamante nos rios Maú e Cotingo, norte da capital Boa Vista. Nos anos 1940, garimpeiros estiveram na Serra de Pacaraíma, Serra de Tepequém, Serra de Surucucus e rios fronteiriços com a Guyana. O garimpo atingiu seu auge nos anos 1980. Todavia, em 1981, a "Operação Serra Livre" do Exército e da Aeronáutica destruiu com bombas toda sua infra-estrutura física, até mesmo de maquinarias, deixando agonizante tal atividade em Roraima.

Mais de 25 mil homens, mulheres e crianças perderam, em dias, o seu ganha-pão. Os indígenas garimpeiros tiveram sorte melhor. Regressaram para suas aldeias sem o perigo de passar fome porque a Funai fornece alimentação e remédios gratuitamente.

Os excluídos de origem nordestina ou do Centro-Oeste, não poucos, sem compaixão da sociedade, morrem à míngua, desnutridos e doentes. Lutar pelos direitos humanos do garimpeiro desgraçado da sorte não rende prestígio acadêmico nem dividendos políticos. A leviandade com que é tratado o drama dos garimpeiros, tanto do lado brasileiro quanto do venezuelano, tornou implacável a campanha contra esses desgraçados filhos de ninguém.

No Brasil, a imprensa achoavou o homem dos garimpos, afirmando que ameaçavam os índios e que exterminariam com os yanomamis. Não foi mencionado, porém, que o crescimento da população indígena foi vigoroso nos últimos vinte anos, 12% superior ao do restante da população brasileira. Isso depois de séculos contínuos de dizimação pelo genocídio. A população indígena brasileira em 1998 girava em torno de 350 mil pessoas, das quais 30 mil em Roraima.[68] Nas cercanias desse Estado da Federação, o maior grupo é dos yanomamis, com aproximadamente 10 mil indivíduos, seguidos pelos Makuxís, com 9 mil. Os restantes estão em grupos tribais dos Waiwaí, Waimirí-Atroarí, Taulipâng, Ingaricó, Mayongóng, etc.

Em 1980, moravam em Roraima 79.159 pessoas. Em 1991, esse número saltou para 215.950.[69] Mesmo assim, a densidade demográfica de 0,93 habitantes por quilômetro quadrado, em

---

68. IBGE. Censo 1996 atualizado com dados da FUNAI.
69. *Fonte:* Secretaria de Estado do Planejamento, Indústria e Comércio do Estado de Roraima, 1992.

terras férteis e de bom clima, transforma esse Estado em um dos de mais baixo índice demográfico do mundo.

Fossem verdadeiros os dados da imprensa local e nacional de que o número de garimpeiros naquela região ultrapassava a cifra dos 50 mil, a expulsão, em 1989, dos mesmos, teria reduzido pelo menos em um quarto a população de Roraima.[70] Não foi isso que aconteceu.

No lado venezuelano, a guerra contra o garimpeiro esqueceu os argumentos camuflados em prol da causa indigenista apresentados no Brasil. Lá, o tom da imprensa assumiu conotações nacionalistas. Os principais jornais, entre eles *El Diário* de Caracas e o *El Nacional* estampavam manchetes como: "La riqueza de Venezuela desarrolla pueblos del Brasil", "Con la cosigna 'oro para Brasil', los garimpeiros saquean el Amazonas", "Brasil nos invade", "Más de diez mil garimpeiros se llevam el oro venezolano", etc.[71]

No segundo semestre de 1997, lecionando na Universidade Federal de Roraima, em Boa Vista, com ajuda de alunos do lugar, por meio de depoimentos e testemunho de pessoas que viveram a guerra contra garimpos, tentamos reconstruir um pouco daquela história para saber como anda tudo aquilo agora. Ao contrário de Rondônia, do Mato Grosso e até de regiões do Estado do Amazonas, onde certa parte da mão-de-obra empregada nos negócios de contrabando do ouro passou a servir ao narcotráfico, em Roraima parece que não. Um tanto de seus garimpeiros infiltrou-se na Guyana em busca do ouro; levas e levas voltaram para Manaus, tentando ganhar a vida e certo número permaneceu em Boa Vista. O restante ninguém sabe dizer onde está.

A expulsão, pela força das armas, dos garimpeiros brasileiros que entraram em território venezuelano envolveu a po-

---

70. *Última Hora*, Boa Vista, 13 de junho de 1984.

71. JIMENEZ Marcano, ELVIA E. *La construción de espacios sociales transfronterizos entre Santa Elena de Uiarén y Villa Pacaraima*. Tesis de Doctorado. Faculdad Latinoamericana de Ciencias Sociales e Programa Conjunto de Doutorado sobre América Latina e Caribe. Universidade de Brasília, DF, agosto de 1996, p. 152.

lícia e o exército daquele país. Daí a razão de poucos terem continuado na busca do ouro em regiões fronteiriças, nas quais nem geógrafos sabem dizer exatamente onde começa a Venezuela e termina o Brasil, ou vice-versa.

Os garimpeiros de Roraima, "o resto do resto" de todas as minas do Brasil, tiveram naquele ex-território a última estação da via-sacra do garimpo nacional. Os que lá chegaram, expulsos de outros veios de diferentes regiões, são tão pobres e miseráveis, a ponto de serem recusados em quaisquer das etapas conhecidas do narcotráfico.

Essa "ralé humana", por falta absoluta de caridade cristã, até hoje não foi brindada com políticas públicas nem com uma pastoral do garimpo. Sem oportunidades de emprego em Roraima, onde expressivo contingente da população é composto por servidores públicos federais, estaduais e municipais, é vítima também de sua própria desorganização. Nesse Estado, onde é comum servidor aposentado da União passar a trabalhar para municípios ou na própria máquina administrativa estadual, duplicando ou triplicando seus vencimentos, nunca sobrou dinheiro para políticas públicas direcionadas à promoção social do garimpeiro. Essa categoria humana, no seu êxodo sem fim, na solidão do "cada um por si, e Deus por todos" dos garimpos, não aprendeu nem mesmo que poderia entrar no movimento dos sem terra. Conseguiria com isso, pelo menos, a solidariedade verbal de partidos políticos que se autoproclamam identificados com a causa dos oprimidos e certa simpatia da opinião pública.

A percepção das coisas, dos fatos no mundo ao redor dos garimpeiros e de sua história tem sido malevolamente convencionada por estereótipos ditados pelas normas de grupos com poder de influência na opinião pública. Esquecem que a vida do homem do garimpo tem sua razão de ser. Em tempo anterior de se tornarem garimpeiros e depois, em ex-garimpeiros, foram antes de tudo lavradores e retirantes sem terra. Tanto é assim que, expulsos dos garimpos, iniciaram o plantio de roças de mandioca, milho e feijão, em terras que juravam ser devolutas. Tampouco deu certo: sem saber, pisavam em reservas indígenas, mais extensas que vários países europeus somados. Delatados, não por índios, mas por gente de fora, perderam tudo. Estranhos colocaram fogo em suas roças e a Funai, com a ajuda da polícia, expulsou-os das ditas reservas, despejando esses maltrapilhos, com mulheres e suas crianças, nas ruas de Boa Vista. Qualquer protesto, revolta ou sinal de indignação trazia pancadaria e cadeia.

Eis aí um pouco da infernal trajetória dos excluídos de Roraima, diferenciada do papel dos garimpeiros com quem trabalhamos em minas de ouro no começo dos anos 1980, naquela época verdadeiros sorvedouros de desempregados da agricultura de exportação, do comércio e até da indústria.[72]

Resumindo, realmente o garimpo quase morreu em Roraima. O *modus operandis* de sua mão-de-obra miserável e analfabeta não permite sua absorção no comércio de drogas, que nada tem de primitivo. Mesmo assim, ao lado da rodovia da integração, nasce novo eixo do narcotráfico.

Os amantes da legalidade que moram em localidades servidas pela BR-174, como Presidente Figueiredo, Caracaraí, Vila Pocaraíma, Boa Vista e, no território venezuelano, em Santa Helena de Uairen, São Francisco de Yuruani, San Rafael Kamoiran, La Ciudadela, Las Claritas, San Isidri, Upatá, El Dorado, Tumeremo, El Callao, Guasipati e Ciudad Bolivar, terão saudades do passado sem progresso.

Se a estrada receber boas pontes e asfalto de qualidade em toda sua extensão, se acabarem nas cidades de fronteira com bombas de gasolina a preços diferentes para brasileiros e para venezuelanos, se os postos de fronteira permanecerem abertos no período da noite deixando fluir o movimento de veículos, se puserem fim na burocracia de carimbos em passaportes, se deixar de ser exigida documentação especial para viajar de carro sem enfrentar as famosas filas do Detran, se não for mais necessário carimbar documento na Receita Fe-

---

72. PROCÓPIO, Argemiro. "A miséria do colono e o ouro no Araguaia e Amazônia". In: *Em busca do ouro, garimpos e garimpeiros no Brasil*. Obra coletiva sob a Coordenação Nacional dos Geólogos organizado por Gerônimo Albuquerque Rocha, Editora Marco Zero, Rio de Janeiro, 1984, p. 121-144.

deral e no Consulado Geral da Venezuela, resta ainda lembrar que parte da papelada tem validade de cinco dias (sic).[73]

Não é difícil deduzir a enorme dificuldade para preencher todos esses requisitos para viajar, e quantos dão o "jeitinho" ou boas gorjetas para poder passar. É nessa hora que se pergunta sobre a eficácia da diplomacia dos acordos, atas, declarações conjuntas, comunicados de imprensa, visitas de Chefe de Estado, de ministros, reuniões de comissões bilaterais, convênios de amizade e cooperação, grupos de cooperação consular etc.

Se os países amazônicos, em particular o Brasil e a Venezuela, não puserem um ponto final na tremenda burocracia que impede fluidez em suas relações bilaterais, essa mesma burocracia transformar-se-á em escola de corrupção nos espaços sociais transfronteiriços.

Passar por um desses postos de fronteira serve para ver como é fácil aprender a prática do suborno. Os bons exemplos de integração no Mercosul poderiam ser aplicados na Região Amazônica. Só assim o cidadão comum atrever-se-á a conhecer as lindíssimas paisagens entre os dois países que têm de tudo para fomentar o turismo ecológico. Enquanto isso não acontece, como se afirmou anteriormente, novas bases do narcotráfico se erguem naqueles rincões tranqüilos e longe do progresso. Elas reeditarão ali, em maior magnitude, as estratégias de importação e exportação de drogas e produtos químicos controlados, porque, em termos geopolíticos, a nova localização dessas bases é consideravelmente melhor e mais segura para o crime organizado do que as existentes na Ciudad del Este no Paraguai, expostas demais ao público. Para que tudo dê certo, é preciso ir além da revigoração da Zona Franca de Manaus, há tempo familiarizada com o crime organizado. As máfias necessitam de maior espaço de ação, principalmente para aumentar a oferta de químicos controlados. A fartura de químicos ajudará a baratear a cocaína e sobretudo a heroína, cara demais ao ver dos narcotraficantes. A queda do preço estimulará o consumidor tradicional e conquistará novos clientes.

---

73. Ver: "La Ruta de la integración". In: *Avances de la integración*. Año 1, Nº 3, Brasília/Caracas, agosto de 1998, p. 6.

Conectada com a Gran Sabana, a BR-174 ligando Manaus a Caracas contribuirá na abertura de duas novas bases, diga-se, portas. Uma, conforme se disse, ajudará na entrada de químicos a ser desviada do formidável complexo petrolífero venezuelano com um novo acesso à Colômbia e às ilhas caribenhas. Outra porta, de charme hindu, seria aberta para escoamento do contrabando de pedras preciosas para a Ásia. A máfia indiana existe camuflada na Zona Franca de Manaus, ansiosa para pôr fim à intermediação inglesa, holandesa, francesa, alemã e israelense no contrabando de gemas brasileiras para a Índia, Turquia e outros países asiáticos. Diminuindo a participação do grupo desses cinco grandes do ramo, sonham os indianos em reduzir o encarecimento, hoje demasiado, no preço final das jóias com ouro e pedras preciosas brasileiras.

A BR-174, além, é claro, de unir Brasil/Venezuela, de alguma forma, direta ou indireta, contribuirá para um envolvimento mais efetivo da Guyana no esquema. Isso é essencial para que a estratégia indiana surta resultados. A droga produzida na Região Amazônica destinada aos países do norte terá a seu favor o formidável encurtamento de distâncias, uma vez que os Estados Unidos e a União Européia continuam excelentes fregueses da droga produzida na Colômbia. Outro ponto que conta demais para o sucesso dessa nova estratégia é a existência, na Guyana, de laços étnicos, religiosos e lingüísticos com a Índia e o Paquistão, jogando a favor da tão cobiçada sintonização dos cartéis américo-colombianos com os cartéis de Peshawar e Lahore. Se isso for feito, estará montado o que faltava na parte setentrional da América do Sul. Com a BR-174, integrar-se-á melhor a contravenção caribenha à daqui. Parte de conexões pouco famosas para a Ásia, mas nem por isso menos lucrativas, estarão ao dispor do narcotráfico na América Latina.

Se não receber vigilância adequada, em futuro próximo, a nova Carretera de La Gran Sabana, ligada à BR-174, prestar-se-á a uma aventura em dimensão tal, que colocará "no chinelo" o gigantesco contrabando paraguaio.

Em Caracaraí e nas proximidades das missões de Surucucus e Mucajaí, assim como na beira do rio Mucajaí, há presença intensa de narcotraficantes de diversas nacionalidades. Congregações religiosas e a própria CNBB, Conferência Nacional dos Bispos do Brasil, demonstram profunda inquietação com a questão dos entorpecentes. A Congregação dos Salesianos, responsável pelo trabalho das missões em grande parte da Amazônia, incluído o Rio Negro, onde há centenas de religiosos espalhados, é o segmento da Igreja Católica talvez mais bem informado sobre o movimento dos narcotraficantes na região. Com seu silêncio e discrição, a Igreja dá sinais de condenação ao mesmo tempo em que é obrigada a conviver com o fenômeno.

Em São Gabriel da Cachoeira e em Iauaretê, às vezes, religiosos mostram impaciência com os chefes indígenas que entraram no negócio das drogas. Conhecedores dos distúrbios sociais que os narcotraficantes podem trazer para seu trabalho pastoral e missionário, principalmente agora que se paga com cocaína quem serve ao narcotráfico, os religiosos estão de corpo e alma na luta contra as drogas. Os militares considerados quase inimigos no fim dos anos 1980, devido ao "Projeto Calha Norte", são novamente aliados na luta contra o narcotráfico. Assim, as divergências entre a Igreja e as Forças Armadas vão sendo pouco a pouco esquecidas[74] em nome da cruzada antidrogas.

As igrejas na luta contra o narcotráfico

Ninguém desconhece que a droga corrompe pastores e soldados. Todavia, poucos sabem que as igrejas conquistam vitórias de verdade em batalhas contra a guerra das drogas. Diante dos pífios resultados da ação repressora dos Estados Nacionais contra o narcotráfico, o conseguido na atualidade pela ação de igrejas cristãs é realmente expressivo. Tal atuação é remarcável por vários motivos: o primeiro é de ordem psicológica, ou seja, narcotraficantes que não temiam mal nenhum encaram a catequização de seus comparsas como pesa-

74. PROCÓPIO, Argemiro. "Amazônia: em nome do padre, da posse, do poder e do domínio santo". Revista *Humanidades*, Brasília – DF, 1988.

das e irreversíveis perdas. Sabidamente, eles não têm medo da polícia, do Exército nem de qualquer serviço secreto, vale dizer, o Estado não é temido nem amado por eles. Todavia, a religião sim, porque ela converte seus comparsas, gente da mesma classe e possuidores de tantos segredos e conhecimento quanto eles próprios.

O segundo motivo reside no fato de a conversão atingir principalmente o "baixo clero" do narcotráfico. O "alto clero", ou seja, banqueiros, políticos e homens de negócio, geralmente é "imune", não se deixa converter pela palavra. Daí, de acordo com explicação dada por um pastor, "a dificuldade de o rico entrar no reino dos céus, segundo ensinamento de Jesus Cristo". O que incomoda ao "alto clero" são as baixas nas trincheiras e as brechas abertas.

O terceiro diz respeito ao caráter subversivo da missiologia cristã contra as drogas. Nas favelas, o processo de evangelização mina a ordem, fragilizando estruturas de distribuição a varejo das drogas.

Quarto, os efeitos da pregação em nome de Cristo contra o Anticristo, o demônio das drogas, são profundamente consistentes e duradouros, porque contêm a expressividade do testemunho e o peso simbólico da mensagem cristã.

Quinto, a mensagem, a boa-nova, é acompanhada por lições, exemplos de vida que transgridem, quebram normas e valores do crime, atingindo principalmente parcela de traficantes entre 20 e 30 anos de idade, ou seja, retira gente de experiência e dentre os mais audaciosos do mercado do crime.[75]

Em sexto lugar, uma esperança na nova trajetória de vida é abraçada pelo convertido depois da expiação de suas culpas do passado. Confessada a culpa, o arrependimento lava a alma e a salvação em Cristo está garantida. É a vitória da virtude contra o crime, isto é, contra o pecado, e o desespero transforma-

---

75. Exemplos de traficantes renomados que renunciaram ao crime para abraçar nova vida por meio da fé: José Carlos Gregório, ex-membro do Comando Vermelho, Wladimir Dias Campos, o pastor Renato, Mac e Marcos Bezerra. Revista *Veja*, 15.7.98.

do em esperança. A história de vida arrebanha novas vocações para a conversão, como que em uma espiral inflacionária de virtudes no submundo.

Outro ponto forte a favor das igrejas evangélicas na sua luta contra o narcotráfico é a razão de seus pastores serem provenientes de estratos sociais expressivamente diferenciados, incluindo deserdados e gente rica. Os padres católicos, quando não oriundos da classe média, chegam de famílias pobres, mas com tradição. Já entre os pastores evangélicos, é comum encontrar novos ricos e até netos de "meninos de rua", um fenômeno bem mais velho no Brasil do que geralmente se pensa.

Nascidos em "berço de ouro" ou em favelas, crescidos nas ruas, criados por mães santas ou bandidas, tais pastores são verdadeiros poliglotas: entendem e falam fluentemente todas as línguas do crime. Essa arma poderosa, a comunicação, é vista como o dom do Espírito Santo na luta contra o Anticristo. Com a Bíblia, arrebanham as ovelhas desgarradas do mundo dos estupefacientes e colocam-nas sob o cajado protetor de Jesus, o redentor.

O crente verdadeiro não consome nem trafica psicotrópicos. Somados, perfazem quase duas dezenas de milhões no Brasil; isso corresponde a significativo desfalque na contabilidade do narcotráfico. Conclui-se, então, que qualquer estudo sobre os ilícitos necessita considerar o formidável fenômeno das religiões cristãs contra as drogas.

É grave equívoco a subavaliação dos efeitos do culto religioso na cruzada contra os entorpecentes; pouco importa se por meio de meditação, invocações coletivas, orações, rezas ou preces. Na luta contra o narcotráfico, vale tudo na liturgia: do som dos bailes *funk* ao *rock* pauleira. Só que, ao invés do viva à desordem, à baderna e ao crime, nas igrejas o viva, o salve, é a Cristo, as aleluias, ao Salvador e o amém, isto é, o assim seja, é louvação ao Criador; depois dos pedidos de perdão e da absolvição pelos pecados cometidos. Esse ritual de conversão e redenção colocados em prática nas igrejas evangélicas, como Assembléias de Deus, Congregação Cristã, Igreja Universal, Pentecostal, possui efeito idêntico ao da bola de neve: rola, rola e cresce cada vez mais.

Até no inferno das prisões brasileiras – a melhor universidade para o PhD na ciência do crime –, por onde entra a Bíblia pela palavra desses pregadores, o efeito é revolucionário! No geral, acredita-se que 25% dentre os 170.602 detentos que padeciam e apodreciam nos presídios brasileiros em 1997, compõem-se de pessoas convictamente convertidas.

Nas prisões dos Estados Unidos da América, onde nomes famosos converteram-se para o islamismo, existe também o processo de catequização entre grades. Lá, entretanto, o sucesso de seus pastores parece aquém do dos brasileiros. Dados do Ministério da Justiça dos Estados Unidos da América informam que, no ano de 1997, havia 1.244.554 detentos nas cadeias e presídios de todo o país.

Por todo o mundo, a grande maioria dos presos que é libertada após o cumprimento da pena sai pior do que entrou. Notável exceção são os crentes reabilitados em nome da fé. Fora das grades, relativamente poucos abandonam esse exército da salvação contra as drogas, porque a religião abraçada é sua melhor referência e, até mesmo, ponto de convívio social. A conduta do converso é exemplar. Tão exemplar que crente, no conceito popular, é sinônimo de honestidade.

Nos sábados à noite e durante os domingos, nos bairros pobres e sujos ou nos centros das grandes cidades, geralmente nas entradas de antigos cinemas pornôs ou de clubes noturnos transformados em templos, pode-se encontrar paisagem semelhante à dos anos 1950 no Brasil, ou ainda aquela que se vê nas pequenas cidades européias. Em vez das saias curtíssimas, dos decotes que mostram o que se deseja mostrar, dos bermudões, dos shorts apertados e provocativos, das sandálias e dos tênis, os crentes arrumam-se e enfeitam-se para entrar na casa de Deus. Situadas em regiões de baixarias e de violência, propositadamente anunciam "a salvação ao alcance de todos".

As igrejas ensinam que a filosofia egoísta do "venha a nós" e nunca ao "vosso reino" enlameia o conceito da caridade e daí o de cidadania.

Os altíssimos salários existentes em segmentos privilegiados do funcionalismo público eram mais denunciados nas comunidades eclesiais de base. Para essas, tais privilégios ati- çam a desconfiança na justiça, impedindo a criação de um con- senso em torno da resolução dos problemas sociais no Brasil, até o pertinente ao uso das drogas ilícitas.

As práticas corporativas impedem a responsabilidade para com o social, impossibilitam o corte dos privilégios injustos, imo- rais e descabidamente usufruídos em uma nação cuja maioria do povo vive ainda com o minguado salário mínimo. Nesse universo de podridão com corrupção presente nas instituições do Estado, a opção religiosa é espécie de tábua de salvação. Daí a coragem justificada das igrejas, instalando-se em territórios no coração do narcotráfico a varejo, onde polícia e exército só entram com blindados e em comboio. Um detalhe importante: templos evan- gélicos raramente são pichados ou invadidos.

Com cabelos bem penteados, banho tomado, cheirosos, exalando a sabonete, roupas remendadas, mas impecavel- mente limpas e bem passadas, pés em sapatos engraxados e Bíblia nas mãos, esses expressivos grupos, compostos por tudo que tem a família brasileira, prosperam e multiplicam-se na paisagem urbana do Brasil. Chegam a longínquos recan- tos, até na Amazônia. Lá na divisa com a Colômbia, na região conhecida como Cabeça do Cachorro, soube-se que lideranças indígenas da tribo dos tucanos, nos anos 1980 envolvidos até a alma no contrabando do ouro/cocaína, hoje, em vez das mãos no dinheiro ilícito, eles as têm nas escrituras sagradas, orga- nizando pregações e conversões até mesmo no interior colom- biano. Por quanto tempo será assim, só Deus sabe...

A Igreja Católica, mesmo que com sucessos não tão visí- veis, menos espetaculares que os obtidos por suas irmãs evan- gélicas, atua igualmente com firmeza. Exemplar é a dedicação de seus leigos e religiosos nas centenas de casas mantidas por ela para recuperação de drogados. A Fazenda da Esperança em Guaratinguetá é um exemplo entre tantos outros. Lá, de- zenas de jovens, apoiados pelos franciscanos, da Ordem dos Franciscanos Menores (OFM), conseguiram romper com a dependência das drogas. O êxito é tanto nessa fazenda onde a esperança tem seu nome, que comunidades católicas de países europeus buscam ali o aprendizado de tal experiência.

Na primeira semana de agosto de 1998, estabelecemos contato com seis brasileiros ex-dependentes de drogas que viajaram a Berlim convidados por paróquias naquela capital. Prestando depoimentos de suas experiências, contribuem com a implantação, na Alemanha, de centro agrícola semelhante, chamado de Gut Neuhof.

Outra instituição visitada foi a Comunidade Encontro Vitória Régia, localizada nas proximidades de Brasília. Trata-se de uma chácara para recuperação de rapazes viciados em drogas, fundada em 1995. O método é baseado em isolamento, disciplina e trabalho. No entanto, há total liberdade, tanto para ingressar quanto para permanecer na instituição. Além disso, não há psicólogos ou psiquiatras, são os próprios jovens que passaram pelos problemas com as drogas que ouvem e aconselham os demais. Os internos administram e cumprem as tarefas da comunidade. A proposta da instituição é ser auto-sustentável, mas, por enquanto, ainda recebe ajuda financeira da sede na Itália. As famílias que tiverem condições podem colaborar com um salário mínimo. O maior número de internos era de viciados em merla.

Curioso de tudo isso é constatar que, em nome de Deus, com minguados recursos, pastores de pouca instrução e padres que nunca pensaram em ser psicólogos, sociólogos ou detetives, edificam o que nenhuma burocracia do Estado Nacional ou da própria ONU conseguiu até agora na guerra contra as drogas, sem jogar dinheiro fora tomado do contribuinte com a velha desculpa da luta contra o narcotráfico.

Durante os longos anos que os missionários salesianos eram os únicos nas missões amazônicas, sem a presença da Funai com seu batalhão de antropólogos, sem a interferência de outras organizações governamentais e não-governamentais, brasileiras e estrangeiras, nunca se viu índios metidos e viciados com drogas. Agora, até mesmo a distante Pari-Cachoeira, na divisa com a Colômbia, transformou-se em buliçoso bando de distribuição. A população indígena da região não tem passaporte, passa tanto para o lado colombiano quanto para o brasileiro. Muitos caciques parecem estar a serviço das máfias colombianas. Em Manaus, um indígena originário dessa região conhecida como "Cabeça de Cachorro", da tribo dos tucanos, acabou preso por porte e tráfico de cocaína.

A integração do banditismo

Na beira do rio Traíra, fala-se de possíveis esconderijos de drogas e produtos químicos. Na bacia fluvial da região, pode estar sendo montado um dos maiores esquemas de estocagem e distribuição das drogas para o Brasil e para o exterior, utilizando-se nesse caso a rota venezuelana. Existem outras rotas, como a que vem da Colômbia até Manaus e depois segue para Macapá. De Macapá para Oiapoque, para Guiana, aí onde se aproveita do *status* colonial da Guiana Francesa, cocaína e minerais nobres são escoados com facilidade para a Europa. Por ali chegam químicos básicos para produção de drogas. Por causa de suas expressivas ligações com os Países Baixos, Suriname tem fama de possuir excelentes anfetaminas para o chamado "consumidor social". É dali, antes da construção da BR-174, que se coordenava o contrabando de parte das pedras preciosas brasileiras e do ouro peruano para países asiáticos, como Índia, Tailândia, Cingapura e Formosa.

Vale lembrar que entre Caiena e Paris não há controle de bagagem pelo fato desta ser considerada rota interna. Companhias áreas regionais e nacionais e empresas de navegação podem ser usadas por narcotraficantes para o transporte de pequenas e grandes quantidades de químicos e drogas graças à presença do colonialismo francês nessa parte da América do Sul.

Em 1991, o Boeing 767 da companhia austríaca Lauda Air caiu, matando 223 passageiros. Entre seus escombros foram encontrados 5 quilos de heroína. Isso se repetiu no Brasil, em 1996, com o avião Fokker 100 da TAM. Em seus escombros encontraram-se quase quatro quilos de cocaína. O MD-11 da Swissair, que caiu no dia 3 de setembro de 1998 na costa canadense, levava dois quilos de diamantes, 50 quilos de notas e obras de arte. No mar não foi possível encontrar vestígios de droga na fuselagem. Esses fatos comprovam a tese da logística da distribuição alternada em micro e macroquantidades de dinheiro lavado, sujo, pedras preciosas, ouro ou drogas, usada tanto por banqueiros quanto por narcotraficantes. Como se constata, a rota das drogas não tem obstáculos geográficos. Ela está na selva, nos cerrados, em grandes ou pequenas cidades.

Na América Latina, principalmente entre os países amazônicos, o narcotráfico antecedeu na promoção do processo de integração, antecipando-se às iniciativas estatais. Graças a ele, aumentaram o intercâmbio e o fluxo de pessoas, cresceu o comércio e ampliaram-se os transportes. É enorme o número de cidadãos envolvidos nas diferentes etapas dos negócios das drogas. Cresce com isso também o número de viciados e o Estado se vê impotente frente à amplificação do fenômeno cujas políticas de combate freqüentemente surtem efeitos contrários aos desejados.

A integração ousada da economia informal por intermédio do banditismo, nos países amazônicos e nas Américas em geral, caminha velozmente. Deixa imobilizadas as iniciativas oficiais. A droga integra de fato e não fica no mundo das intenções.

A integração pelo banditismo é rápida; não respeita fronteiras. Até mesmo aviões são roubados por grupos de apoio com base intercontinental. Em 2 de novembro de 1996, tentaram seqüestrar o aparelho Caravan da Brasil Central, uma empresa da TAM. O vôo 322 fazia a rota Brasília-Corumbá. A polícia conseguiu prender os seqüestradores. O avião seria levado para um aeroporto clandestino em Guiratinga-MT, onde o esperava um caminhão com combustível para abastecê-lo. Segundo autoridades da polícia brasileira, o cartel de Cali receberia o aparelho.

Modelos pequenos, como do Cessna Skyline 206, 207 e 210, são preferidos pelos ladrões no Brasil. Essas aeronaves transportam de 200 a 500 quilos de pasta-base. Saem geralmente do Peru, da Colômbia e da Bolívia. No Brasil, o transporte por via aérea passa a ser mais sofisticado. Aeronaves Piper, Navajo, Sêneca, Beecher Baron, Aerocommander, Citation e Lear Jet estão entre as mais utilizadas. A destreza de seus pilotos, o apoio mútuo, a cooperação dos narcotraficantes entre si, aliadas ao conhecimento da selva, dificultam a interceptação.

A ação da DEA no Peru e na Bolívia levou ao transbordo no Brasil. Esses aviões recebem carga e abastecimento até na pista da auto-estrada Porto Velho-Cuiabá, cujas retas permitem a decolagem e o pouso.

No Brasil, a vigilância aérea de superfície é quase inexistente. A Amazônia toda conta com poucos radares. O grave é que radares cobrem somente os aeroportos das capitais. Apenas recentemente, conforme se escreveu anteriormente, iniciaram a instalação de parte dos radares do projeto Sivam/Sipam ao longo da fronteira com a Colômbia. Ainda faltam sensores de comunicação; sem esses, as transmissões clandestinas continuam livres e a serviço do narcotráfico nos países amazônicos, ou seja, Bolívia, Brasil, Colômbia, Equador, Guiana, Peru, Suriname e Venezuela.

A quase totalidade da frota de aviões da FAB está envelhecida. Seus aviões de patrulha, além de poucos, ficam no chão a maior parte do tempo, por economia de combustível, e seus pilotos, "a ver navios". A FAB acredita que terá uma frota compatível com suas atividades até o ano 2040.[76]

No começo de 1998, estava prevista a assinatura de acordo de extensão de programas de satélites sino-brasileiros de recursos terrestres. O protocolo de intenções, firmado em 1996, previa que os equipamentos estariam integrados ao Sivam. O projeto, alçado em 200 milhões de dólares, terá 50% desse valor custeado pelo Brasil. Esse serviço destina-se ao monitoramento de pequenos alvos, especialmente na Amazônia.[77]

"Antes tarde do que nunca" reza o ditado popular. Por causa dos cochilos da sua diplomacia, o Brasil, nos últimos anos, perdeu excelentes oportunidades com a República Popular da China, país que efetivamente nunca esteve nas prioridades da nossa política externa, apesar do que oferece no campo de transferência de tecnologia de ponta. Até hoje não compensamos o tempo perdido. Considerado espécie de "posto de sacri-

---

76. *Jornal do Brasil*, 10/4/98, p. 5.
77. *Correio Braziliense*. 13.12.97.

fício", certo embaixador, há poucos anos passados, após ser credenciado, demorou meses e mais meses para assumir seu posto em Pequim. O Brasil está na fila dentre os últimos países que reconheceram a República Popular da China, bem depois dos Estados Unidos da América.

O rigor da política de combate às drogas na China merece igualmente ser estudado, sem os estereótipos que a imprensa ocidental faz dele. Nessa área, a China, com sua experiência histórica, tem demais a ensinar. Para isso é preciso ampliar o leque de países e aumentar esforços na área da cooperação internacional.

Repetidas vezes tem-se ressaltado que o narcotráfico é fenômeno transnacional. Não somente muda rotas no transporte da droga e cria bases em novos países, como também alterna seus próprios meios de transporte. Para o tráfico de drogas não existe tática ultrapassada: tudo é recorrente.

Levar droga no corpo voltou a ser manchete nos jornais, até nos tablóides europeus que denunciaram jovens inglesas contratadas pela máfia nigeriana. Vale carregá-la no intestino ou colocá-la nas roupas das crianças como forma de não despertar a atenção da polícia. As táticas de transporte até divertem a opinião pública. Não é por aí que se quer merecer a atenção do leitor.

Conforme descrito seguidas vezes, a partir de 1995 observaram-se mudanças na operação do tráfico de drogas do Brasil para o exterior: a droga é transportada e embarcada em grandes quantidades apenas quando há certeza da entrega. Mesmo assim, vez por outra são descobertos grandes carregamentos. O folclórico transporte em pequenas porções evita grandes prejuízos. A estratégia formiga, iniciada silenciosamente pelos asiáticos, sem dar os "escorregões" típicos dos africanos e latino-americanos, permitiu a entrada da heroína por quase duas décadas no Brasil. Isso foi descoberto recentemente graças ao descuido de máfias asiáticas, que abusaram demasiadamente do transporte pela Varig na sua antiga rota São Paulo, Johanesburg, Bankok e Hong-Kong.

Os africanos não atuam apenas como "mulas" no narcotráfico internacional. Gabão, Togo, Senegal, Benin, Congo, Nigéria e Quênia são exportadores da cannabis. Nos dois últimos países plantações de papoula para produção da heroína são realidade. A cannabis africana não penetrou no Brasil por causa da concorrência das plantações nordestinas no vale do Rio São Francisco que velozmente adentram-se pelos sertões com até três colheitas anuais. No sul, a maconha paraguaia tampouco admite concorrência: sua qualidade é boa e seus usuários têm a garantia da fartura do produto.

A exportação de cocaína em quantidades superiores a cinqüenta quilos é operação de risco para os narcotraficantes. Até meados de 1980, era relativamente fácil camuflar a cocaína com produtos agrícolas, até mesmo em sacas de café, tática empregada na Colômbia, no Brasil e em toda América Central. Misturar a droga com cacau brasileiro ou africano para abastecer as fábricas de chocolate na Suíça e na Bélgica tem dado resultados animadores para o narcotráfico, mais até do que o esconderijo em sacos de açúcar, em grandes blocos de mármore, em transformadores elétricos, rodas de tratores, latas de doce e de pescado. Todas essas maneiras, utilizadas com êxito no passado, por vezes são reeditadas no presente. Quanto aos estimulantes do tipo anfetamina ATS, transformados em comprimidos, sua busca equivale a achar agulha em palheiro.

A Polícia Federal fortaleceu a vigilância e desenvolveu novas táticas de controle de portos e aeroportos. O êxito da grande apreensão de drogas rende dividendos políticos. A macroapreensão é publicada pela imprensa e conta pontos junto da mídia. Permite que a opinião pública sinta-se satisfeita vendo justificados seus impostos canalizados para a luta "bem-sucedida" contra as drogas. Conta positivamente na melhoria da imagem externa, dá alegria aos parceiros norte-americanos, principais mentores dessa estratégia na política antidrogas.

Os narcotraficantes sabem que a política das autoridades policiais em vários continentes é a busca de grandes quantidades de droga. Diante dessa realidade, revigora-se, em todos os continentes, o tráfico de drogas por meio de "mulas". Por dois quilos de cocaína pura transportada de São Paulo ou de Buenos Aires para Frankfurt ou Amsterdã, em 1998, ganha-se bem menos do que se recebia nos anos 1980, mas mesmo assim vale o esforço.

O transporte por "mulas" nunca deixou de ser significativo. Meio quilo de cocaína é facilmente transportada e camuflada em fundos falsos de malas, misturados a bebidas, colocados em peças de ornamento ou em simples souvenirs, não existindo limites para a criatividade.[78] O significativo incremento do fluxo de passageiros asiáticos, europeus e do continente americano para não importa onde reforça por vezes a estratégia do transporte das pequenas quantidades. Por aí estão entrando a heroína e certa parte do autêntico ecstasy consumidos no Brasil.

Segundo estimativas da DEA, entre 70% e 80% da droga oriunda do estrangeiro que chega aos Estados Unidos vem em pequenas quantidades por meio de "mulas". A mesma fonte revela que, de 1991 a 1994, a apreensão de laboratórios de ATS ultrapassou aos de heroína e de cocaína. Bom número desses laboratórios está nos Estados Unidos da América, na Rússia, na Alemanha, nos Países Baixos, na França, na Itália e na Polônia.

A banalização da corrupção

A crise do desemprego na Europa e na América Latina, além do processo de globalização pelas comunicações, transportes e turismo de massa tornam atraente o emprego do transporte de drogas em pequenas quantidades. Esse tráfico em "gotas" é relativamente tolerado, pois, em caso de prisão, dependendo da quantidade de droga em questão, o transportador pode ser libertado, por meio do suborno aos agentes policiais.

A estratégia do contrabando-formiga quase nunca é utilizada no Brasil para o translado dos chamados produtos químicos controlados: ácido clorídrico, acido sulfúrico, acetona, benzeno, hipoclorito de sódio, sulfato de sódio e tolueno. Só em casos de extrema necessidade e carência, são transportados em

---

78. A revista CAMBIO 16, publicação colombiana, em seu número 113 de agosto de 1995, afirmou existir uma maneira de transportar a cocaína nos cabelos através de uma tintura especial. Descreve sobre os mais variados métodos empregados pelas "mulas". Um deles é utilizado por velhos que tingem os cabelos de branco com tinta à base de cocaína que não dá cheiro nenhum, sendo a droga recuperada com uma simples lavagem dos cabelos. Revista CAMBIO 16, número 113, p. 46.

garrafas, em quantidades que vão de 1 a 5 litros, misturados, às vezes, com uísque e outras bebidas contrabandeadas. De preferência, são escondidos dentro de tanques de gasolina de veículos automotores, especialmente preparados para isso. Ao que parece, os químicos controlados seguem a rota dos automóveis roubados no Brasil.

Produtos químicos fabricados no Brasil – até mesmo por filiais de multinacionais, como a firma alemã Merk, a mesma que, em 1912, sintetizou pela primeira vez o ecstasy –, ou provenientes do exterior, como o permanganato de potássio, que vem da Coréia do Sul, servem como exemplo. Eles entravam por Corumbá, a cidade brasileira que tem proporcionalmente o maior número de farmácias e drogarias por habitante. Utilizam igualmente a Área de Livre Comércio de Guajará-Mirim, o Terminal Granelero de Porto Velho do Grupo A. Maggi como também a cidade de Costa Marques, no Estado de Rondônia. Costumavam chegar e sair contrabandeados dentro de garrafas de bebidas alcoólicas, de botijões de gás, carros roubados e toras de madeira. Geraram, no passado, e continuam obtendo, no presente, ganhos quase tão altos como a produção da própria cocaína.

Devido aos tratados de 1904, entre Chile e Bolívia, resultado da chamada Guerra do Pacífico, a polícia chilena não pode inspecionar produtos com destino à Bolívia que entram pelo porto de Arica. Portos chilenos, como os de Antofagasta e Iquique, são vitais na receptação de químicos controlados provenientes dos Estados Unidos, Formosa, Japão e Coréia do Sul.

Outro ponto de relevância a ser sempre lembrado é que alguns dos produtos químicos necessários à produção da heroína são os mesmos utilizados na produção da cocaína. Por exemplo, a morfina-base impura é também lavada com acetona. Isso facilita a expansão da substituição da cocaína pela heroína na Colômbia e no Peru. A heroína produzida na Guatemala e no México é chamada de heroína negra. As plantações de papoula em escala comercial na Bolívia também já começaram. No Brasil, mais modernizado que seus vizinhos, a opção parece tender para a produção das anfetaminas, sem menosprezo pelo comércio da cocaína e da heroína.

Todos esses exemplos demonstram a forma pela qual o crime organizado se estabelece e a divisão do trabalho dentro dele. Seu sucesso é proporcional ao processo de raquitização e desmoralização do Estado Nacional.

Perto da divisa com a Colômbia, a região brasileira conhecida como "Cabeça de Cachorro" é produtora do ipadu, consumido e apreciado há séculos. Poucas centenas de quilômetros dali, todo o entorno do Pico da Neblina, por suas características climáticas e pedológicas, apresenta enormes potencialidades para cultivo intensivo da papoula. O maior problema, até a década de 1970, era a pequena densidade demográfica da região. Após a corrida pelo ouro e a falência das minas, parte dessa mão-de-obra ficou desempregada e hoje encontra-se disponível em qualquer cidade amazônica.

A grande diferença é que hoje o narcotráfico, modernizado, está bem seletivo e não emprega tanto quanto no passado. Por causa da sua racionalização apareceu a queima de etapas no processo produtivo. Mesmo assim, a mão-de-obra por ele absorvida é de dar inveja a qualquer mentor de políticas de emprego.

Nessa parte, mesmo pecando pela repetitividade, intentar-se-á síntese de realidades comuns ao Brasil e irmãos latino-americanos, tentando uma melhor visualização do crime na rota da globalização neoliberal.[79] Por exemplo: a corrupção policial generalizada no continente incentiva o transporte de pequenas quantidades. A "mula" presa paga certa soma ao policial e é libertada. O policial corrupto, sem grandes riscos, beneficia-se; se não existissem as "mulas", seus ganhos seriam menores.

A corrupção está tanto entre forças policiais com melhores salários, como é o caso do Chile, quanto entre aqueles cujo salário mal dá para sustentar a família, como no Peru, na Bolívia, no México e no Paraguai. As grandes apreensões, conforme comentado antes, rendem dividendos políticos e notícias na imprensa, mas não dão dinheiro aos policiais envol-

---

79. Ver: PROCÓPIO, Argemiro. "Drogas influem nas Relações Internacionais – Coca integra a América Latina". In: *Correio Braziliense*, Brasília – DF, 05.04.1993.

vidos. O sistema de prêmio na apreensão de expressivas quantidades poderia ser instituído em todas as Américas.

Vale relembrar que o contrabando de café, soja, ouro, esmeralda, cassiterita e de outras pedras preciosas, existentes há várias décadas, montou infra-estrutura a favor da contravenção na Colômbia, no Brasil e na Bolívia.[80] Os narcotraficantes usaram essa infra-estrutura, pois o contrabando de riquezas nacionais deu fundamental suporte logístico ao comércio de drogas. Encontra-se aí o elo invisível, a infalível e poderosa base econômica que une o narcotráfico latino-americano a certos grupos de empresários colombianos, argentinos, uruguaios e brasileiros residentes em Miami e Nova York.

No caso da contravenção do jogo do bicho no Rio de Janeiro, em São Paulo, em Porto Alegre, no Recife e em Belo Horizonte, sua infra-estrutura foi engolida pelo narcotráfico. O dinheiro da contravenção que folcloricamente no Rio de Janeiro sustenta escolas de samba, agora no continente inteiro ampara campanhas políticas. Corrompe, principalmente, autoridades do Judiciário e do Legislativo, desmoralizando a ação do Estado, que vê parte de seus agentes cooptados nos negócios da droga.

O desemprego, o corte de verbas para obras de infra-estrutura e a banalização da corrupção na América Latina trazem consigo crise moral, induzindo a população a encarar com cinismo o problema das drogas ilícitas, vistas como negócio qualquer, nada pior ou melhor que outras, como o álcool ou o fumo. A violência da desigualdade entre as classes sociais leva milhares de pessoas de todas as idades a perderem seus referenciais morais. Buscam ganhar dinheiro, sem peso de consciência, transportando substâncias entorpecentes. Pelo transporte de poucos quilos de cocaína para a Europa às vezes se obtém mais que em meses e meses de trabalho, seja no Paraguai, no México, no Equador ou no Brasil.

---

80. PROCÓPIO, Argemiro. *Amazônia, Ecologia e Degradação Social.* Editora Alfa-Omega. São Paulo – SP, 1992, p. 109.

V

O ECUMENISMO DO ILÍCITO

A hierarquização do valor da vida

O alastramento da comercialização e uso das drogas penetra no modo de vida do povão, excessivamente influenciado pela permissividade e caricaturas da vida transmitidas principalmente por filmes e novelas na televisão. A banalização do uso e comércio das drogas significa que os alucinógenos transformaram-se em parte do dia-a-dia do cidadão. A expansão da cocaína transformou-a na peste que atinge ricos e pobres.

A corrosão social das drogas não se dá por classes sociais. Como o câncer, atinge a todos. Contudo, nas camadas sociais desprotegidas, por falta de antídotos, ela intoxica menos discretamente as vítimas.

Poucos lugares do mundo são tão violentos e brutais como partes da periferia da Grande São Paulo. Lá e em outras localidades onde miséria e crime dão as mãos, disputando restos do dinheiro das drogas, tais migalhas do lixo da delinqüência sustentam milhares de pessoas, melhorando aparentemente a vida de não poucas dentre estas. Esse festim dos excluídos tende, com o tempo, a desaparecer porque não sobrevive com a competência da classe média, que, desempregada, invade territórios da delinqüência, até passado recente zona soberana da pobreza.

Em sociedades em que até o valor da vida é hierarquizado, em que a assistência médica e as burocracias do serviço público reconhecem o cidadão de maneira desigual, não há como estranhar o sistema de distinção de valores de vida entre oprimidos e opressores, porque olhares e percepções jamais serão os mesmos na identificação de fenômenos.

A realidade é tão brutal que roubo à mão armada seguido de morte transformou-se em rotina. A morte do outro é justificada por um punhado de dinheiro. Os odiosos padrões de desigualdade e o consumo sem freios do capitalismo botam lenha na fogueira do crime. As mensagens do consumismo, a falta de fé e o desrespeito ao próximo conduzem o indivíduo a preocupar-se mais com o ter do que com o ser.

Dar um tiro na pessoa para arrancar-lhe a carteira, a correntinha, o tênis ou o relógio parece tão normal e legítimo para essa gente quanto é justo e legítimo um cidadão da elite receber contracheque com somas superiores ao que ganha o próprio Presidente da República, em uma sociedade onde existe ainda fome e peste. Vê-se, então, que a cegueira ética brota tanto na fartura quanto na miséria. Isso diz respeito também aos revoltantes reajustes autoconcedidos por prefeitos e vereadores de câmaras municipais espalhados pelo Brasil. Em nenhum canto do mundo vereadores e prefeitos recebem tanto dinheiro em seus bolsos quanto os daqui.

A sociedade brasileira precisa ir à luta na busca e reconquista de velhos paradigmas morais esquecidos e perdidos no tempo. A perversa distribuição da renda, os altos salários de camadas privilegiadas, conquistados à força pelo *lobby* corporativista no mar do reivindicalismo desacompanhado de deveres e obrigações, atenta até contra a moral cristã. Nesse particular, religiosos brasileiros, pastores e a Conferência Nacional dos Bispos do Brasil não cansam de gritar e denunciar.

Mesmo que não se queira ver assim, a má distribuição da renda no Brasil, pelos negativos impactos sociais, transformou-se em uma questão de segurança nacional, neste país onde até os direitos humanos são constantemente invocados na proteção do agressor e menos na proteção das vítimas. Pela Constituição de 1988, o Governo Federal não tem figura legal para interferir, não tem armas para atuar cortando salários e privilégios rotulados de direitos adquiridos das castas organizadas. Tal realidade impede honesta distribuição da renda e rouba do Estado a oportunidade do exemplo. O não começar a limpeza dentro da própria casa empurra as iniciativas governamentais para um vazio, deixando-as amarradas ao imobilismo provocado pela desarticulação e excesso de autonomia entre os três Poderes.

A construção de novas prisões

A distribuição da renda resolveria o problema de parte da violência e do narcotráfico no Brasil de forma muitíssimo mais eficiente que a construção de novas penitenciárias e recrutamento de batalhões de policiais, por várias razões: a primeira é que cadeia não corrige ninguém. Mais de um quarto de penitenciários libertados depois do cumprimento de suas penas cai de novo nas grades.

O crescimento da população prisional não tem contribuído na eliminação dos crimes em lugar nenhum da face da terra. Nos Estados Unidos da América, conforme mencionado no capítulo anterior, havia, em 1997, 1.244.554 detentos. Um ano depois, as prisões aumentaram a capacidade para guardar 1.750.000 detentos e o banditismo continua, mesmo se arrefecido em grandes centros como Nova York.

No caso do narcotráfico, o efeito do aumento de presídios é particularmente grotesco: as gangues usam a segurança das prisões como quartéis generais e centros de inteligência na criação de estratégias de distribuição, sendo por isso as penitenciárias justamente qualificadas de universidades do crime. Em outras palavras, mais cadeia, mais tráfico.

Construir prisões significa desviar recursos de outras áreas, inclusive escolas e hospitais. É sabido que crianças e jovens com tempo integral nas escolas têm menos disponibilidade para servir à delinqüência. Apesar de ser alto o número de adultos com emprego formal e apesar disso envolvidos no tráfico de drogas, constatam as estatísticas que empregados com carteira de trabalho assinada caem na malha do crime com maior dificuldade.

Em Minas Gerais, por exemplo, cada preso custa mensalmente em 1998 cerca de 500 dólares mensais para o Estado. Se os bilhões de reais gastos em segurança no Brasil afora fossem investidos em emprego e educação e se a renda fosse distribuída com justiça, teríamos índices escandinavos em matéria de criminalidade.

Em 1997, existiam no Brasil 170.602 detentos. Não alcança nem 10% o percentual deles com alguma atividade produtiva. O número de vagas nas prisões era de 74.592. Para suprir o déficit, autoridades não aceleram suficientemente o sistema das penas alternativas: entopem as celas de prisioneiros até que uns matem aos outros na luta por espaço e ar para respirar. Quanto às penas alternativas, oxalá sejam verdadeiras, acabando com o faz-de-conta desmoralizante no cumprimento delas. Em certas universidades e órgãos públicos que se oferecem para a realização dessa saudável alternativa seu cumprimento é vexaminoso, não por culpa daquele que paga a pena, mas por causa da indolência dos responsáveis pela supervisão.

Triste será, no Brasil, imitar o exemplo da nossa grande parceira no Mercosul. Na Argentina, em vez de se criarem novos empregos, 3.700 presos da província de Buenos Aires estão alojados em fábricas desativadas. As 30 prisões da região receberam 12.500 detentos, ou seja, 2.500 além da sua capacidade. O governo daquele país pretende construir 18 novos presídios a um custo de 80 milhões de dólares.

Autoridades do Ministério da Justiça em Brasília estimam ser necessária a construção de no mínimo 96 mil novas celas. Supõe que o custo de sua construção e do pagamento de carcereiros, policiais, juízes, alimentação e outros gastos fixos ultrapasse 3 bilhões de reais. Segundo Julita Lemgruber,[81] da assessoria técnica especial da Secretaria de Estado da Justiça

---

81. Algumas das propostas presentes neste livro foram apresentadas e debatidas por este autor com outros participantes no Seminário Internacional sobre: " Segurança Pública: antigos desafios, novos paradigmas". Apoio do Instituto Latino-Americano das Nações Unidas para a Prevenção do Delito e Tratamento do Delinqüente, Fundação Konrad Adenauer e Fundação João Pinheiro. Belo Horizonte, 2 e 3 de setembro de 1998.

do Rio de Janeiro, isto daria de sobra para solucionar os problemas da seca no Nordeste.

Mesmo diante de tal gravidade, a maioria das autoridades e políticos finge-se de surda e muda quando o assunto é a descriminalização do uso das substâncias entorpecentes. Todos sabem, mas dão a impressão de desconhecer, que os entorpecentes são consumidos por todas as classes sociais, sem distinção de sexo, idade, raça, empregados ou desempregados.

Outro dado para o estudo da sociologia das drogas é o crescimento do número de mulheres no tráfico de drogas. De 1991 a 1997, o aumento delas foi de 45%, de acordo com pesquisa do Departamento de Investigações Sociais sobre Narcóticos da Polícia Civil do Estado de São Paulo. A mesma investigação constatou expressivo aumento de crianças envolvidas no tráfico. Quanto ao perfil profissional dos autuados por tráfico, 30,8% trabalham na indústria ou no comércio; 9,5% são comerciantes; 33,4%, liberais autônomos; 0,1%, policiais; 0,8%, trabalhadores rurais; 0,3%, funcionários públicos; 1,7%, estudantes; 21,4%, desempregados; 2,1% fazem bicos e não têm profissão determinada. Essas estatísticas, levantadas em 1997, provam que só dar serviço sem criação de uma mentalidade de preocupação com o social tampouco resolve.

A proporção de desempregados entre traficantes, é bom repetir, 21,4%, é menor que a esperada. Isso obriga a análise do problema de forma detalhada sob novas perspectivas.

A relação entre o consumo de entorpecentes e desemprego é outro caso da ficção virtual das estatísticas. Dá a impressão de que o negócio de drogas está mais para o povão desempregado do que para as elites. Aí surge outro engano. Não se pode misturar dependentes com traficantes, porque nem todos os traficantes consomem drogas. Entre os traficantes existem tanto os "finos" quanto os "pés-rapados". No meio desses últimos, os que têm emprego ganham mal e a venda de drogas complementa a renda familiar. Entre os "finos", o emprego é um disfarce, uma segurança para qualquer eventualidade.

Outra dura e perversa realidade é a falta de compaixão da sociedade para com o dependente de droga. Ele pode ser pessoa extremamente competente, mas, se assumir sua condição de dependente, conseguirá emprego só por milagre. No narcotráfico, quando estão em jogo quantias significativas, o dependente não entra. No tráfico formiga sim, ele pode participar, porque, na falta de opções para ganhar dinheiro, consegue, com a venda de drogas, obter o suficiente para o consumo pessoal. Qualquer desvio ou roubo dá em morte. Dívidas são acertadas a tiros.

No que tange ao número de apreensões, em 1997, apesar da pequena quantidade de agentes ocupados com trabalhos de campo, em São Paulo a polícia retirou do narcotráfico 765 quilos de cocaína, 2,8 toneladas de maconha e 21 quilos de crack.

O peso do corporativismo

No Brasil, a violência do trânsito e das drogas mata mais gente que todas as guerras e revoluções somadas de nossa história. Segundo dados dos serviços estaduais de trânsito, a causa maior dos acidentes de automóvel é a ingestão abusiva de álcool. Os dados correspondem às cidades de Brasília, Curitiba, Recife e Salvador. Em 61% das vítimas de acidentes constatou-se a presença de algum nível de álcool no sangue, sendo que, em 27,2%, o valor encontrado excedia ao limite preconizado no novo Código de Trânsito Brasileiro, ou seja, 0,6 gramas de álcool por litro de sangue. Os percentuais verificados de outras drogas foram 7,3% de maconha, 2,3% de cocaína e 3,4% de diazepínicos ou tranqüilizantes. A maior concentração dos acidentes verifica-se nos fins de semana. Os envolvidos têm de 20 a 39 anos. A disseminação do abuso de drogas lícitas e ilícitas entre os jovens revela o quanto é fácil obtê-las.

Nas grandes e médias cidades da América Latina, camelôs vendem droga à luz do dia, em beiras de estradas e em ruas, sem repressão do poder público. No Rio de Janeiro, Montevidéu, Buenos Aires, Lima, La Paz, Bogotá e Caracas, consegue-se cocaína quase com a facilidade que se encomenda uma pizza. No Brasil em particular, o traficante, que mantém como fachada comércio de guloseimas em portas de colégio, pouco se importa com a presença da polícia: vende a droga a quem lhe pedir.[82]

Um comprimido de ecstasy custava de 20 a 30 reais em Brasília, em agosto de 1998. As autoridades sabem que as bancas de camelô repassam drogas. No entanto, não conseguem fazer efetivamente nada contra. Nas praias, pelo país afora, o consumo de drogas é praticamente livre. No Rio de Janeiro, apitos servem de alerta, avisando aos consumidores a presença da polícia, que, ao agir, é ridicularizada.

Nas escolas brasileiras, faculdades e universidades, os estudantes se viciam contando a seu favor a falta de disciplina, a avacalhação fantasiada de democracia, o desuso da outrora chamada urbanidade e a ridicularização do civismo.

O desrespeito para com os direitos humanos, a fomentação do informalismo e do compadrio camuflando desigualdades aplainam o terreno para a falsa tolerância. Minada a autoridade dos mestres nas escolas e dos professores nas universidades, o traficante age sem medo.

A vice-diretora Sra. Beatriz da Silva Santos, da Escola Alcina Salles, em Jacareí, a 68 quilômetros de São Paulo, acabou assassinada em 7 de abril de 1998, porque denunciou a existência de tráfico de drogas dentro da sua escola. Sua morte não causou nenhuma indignação nacional. Nesse estágio do terror e horror, Colômbia, Brasil e Guatemala estão na dianteira mundial da violência e do crime.

Nas cidades brasileiras, graças ao corporativismo que enfrenta a ação fiscal, existem milhares de barracas comercializando produtos ilegalmente. Em Brasília, o comércio nas entrequadras e restaurantes freqüentados pela elite do governo avançam sobre áreas públicas sem pagar um tostão de multas e impostos. No passado ocorreram conflitos entre comerciantes e bancas de camelô. Hoje não é mistério o envol-

---

82. Segundo matéria do *Jornal do Brasil* de 17.09.95, a cocaína é encontrada nas bancas de camelôs no Rio de Janeiro, sendo esta uma nova forma do tráfico de drogas na cidade. *Jornal do Brasil*, 17/09/95, p. 2.

vimento do crime organizado e do narcotráfico com o comércio clandestino de produtos importados realizado em feiras. Já foi anteriormente exemplificado o caso da vergonhosa Feira do Paraguai, que ajudou a transformar a Capital Federal na Palermo brasileira. Tal feira só foi tolerada por causa do corporativismo atávico no poder. O peso do novo coronelismo, emoldurado nos arranjos em busca de votos e coligações, obstrui os caminhos limpos da legalidade.

Na Capital Federal, ou em grandes fazendas, em cidades e em reservas indígenas, escondem-se drogas e precursores químicos necessários ao seu processamento. No que diz respeito aos territórios indígenas, desde o início de 1996, quando surgiram novamente denúncias de que membros de variadas tribos trabalhavam em plantações de maconha e que comercializavam o ipadu, o Governo, por meio de ações da Funai, da Polícia Federal e das Forças Armadas, procura coibir essa conexão criada entre algumas lideranças indígenas corruptas e o crime organizado. Policiais federais, nos anos 1970 e 1980, destruíram dezenas de plantações de ipadu protegidas nas terras indígenas.

Por intermédio da presença de funcionários da Funai nas aldeias, tenta-se, sem sucesso, controlar o comércio e o contrabando de ouro e madeiras extraídas das reservas. Existe forte resistência por parte de não poucas lideranças indígenas, algumas "cheias do dinheiro" conseguido por meio de negócios ilícitos em suas extensas reservas. Segmentos de sociedades indígenas cooptadas pelo narcotráfico são enorme problema, não só no Brasil, mas igualmente em países como México, Guatemala, Bolívia, Peru, Colômbia e Equador.

Quanto à estratégia do narcotráfico de utilizar fazendas para estocagem de drogas e químicos, nada tem impedido isso. A Polícia Federal não conseguiu descobrir quais eram os contatos do cartel de Cali no Tocantins, quando houve a apreensão de 7,5 toneladas de cocaína pura, em agosto de 1994.

Os gigantescos latifúndios nas fronteiras do Brasil com o Paraguai, a Bolívia, o Peru, a Colômbia e a Venezuela são usados, tanto quanto as reservas indígenas, para passagem de drogas ou como ponto de estocagem, com ou sem a aquiescência dos seus donos ou moradores. Se houver resistência por parte de alguém, o fim quase sempre é a morte. Na Colômbia, por causa disso, centenas de proprietários de terra foram assassinados no vale do Rio Huallaga, onde se produz quase a metade da cocaína no mundo.

Chamar as coisas pelo próprio nome

Em se sabendo que o começo da sabedoria é chamar as coisas pelo próprio nome, o crime organizado, no dito processo da globalização neoliberal, tem suas especificidades e particularidades. Por exemplo, conforme escrito anteriormente, no Brasil é inadequado falar da existência de cartéis, no sentido que se aplica aos grandes cartéis colombianos. Aqui, nenhum deles controla todos os ciclos de produção. Atuam na compra de armas e de drogas, até como intermediários. Exercem controle sobre esquemas de conexão e contatos para a venda de substâncias controladas em áreas definidas e atuam na cadeia de exportação. Não possuem a mesma estrutura e níveis de organização empresarial dos cartéis américo-colombianos. Dispõem de recursos logísticos, financeiros e humanos diferentes daqueles. No caso brasileiro, o correto seria falar de grupos que estabelecem relações de competição ou de cooperação, se necessário for, para dificultar a ação policial.

Exemplos desse padrão foram mencionados. Não custa repetir a velha rivalidade entre o Comando Vermelho e o Terceiro Comando disputando o controle da distribuição da droga. Os bandidos, quando se entendem entre si, é para dificultar a ação policial nos intentos de interceptação. As próprias forças policiais do Rio de Janeiro admitem essa cooperação.

Encomendas de armas de Miami – feitas por telefone, fax ou Internet e pagas com cartão de crédito – chegam sem brigas e disputas ao Aeroporto Internacional do Rio de Janeiro e de São Paulo em contêineres liberados sem a fiscalização devida, graças à corrupção e à omissão de agentes policiais e funcionários da Receita Federal.

É recente o fato de que parte da intermediação da droga que transita pelo Brasil destinada à Europa passa também por países africanos, com destaque a Marrocos, Nigéria, Angola e África do Sul.

A conexão nigeriana ficou folclórica, diminuindo posteriormente seu fluxo de "mulas". O simples fato de ser negro, bem vestido e com bons dentes, característica típica do africano, chama a atenção imediata da polícia, acostumada com o negro de aparência mais pobre no Brasil. Com ou sem razão, o nigeriano está entre os grupos mais controlados em aeroportos brasileiros. Sofrem discriminação parecida com a dos latino-americanos que vão da Argentina para a Austrália com escala na Nova Zelândia. Há casos em que todos são retirados do avião, farejados por cães, para depois continuar viagem.

Cidadãos europeus são preferencialmente escolhidos para o transporte da droga por chamarem menos atenção. No mês de agosto de 1995, por exemplo, a imprensa inglesa denunciou o uso de jovens anglo-saxônicas no tráfico de cocaína entre o Brasil e Inglaterra sem deixar esquecer que era organizado por nigerianos. A droga, procedente da Colômbia, saía do Brasil transportada em objetos de higiene pessoal dessas jovens que viajavam de avião para outras capitais européias. De lá, por intermédio de outra pessoa, chegava a Londres, seu destino final.[83] Esse tipo de tráfico, já comentado anteriormente, expressivo ou não, tem um sensacional lado jornalístico, ou seja, dá boas manchetes nos jornais e TV.

Desde o final de 1996, conforme explicado, cocaína e heroína tendem a ser transportadas para países onde existe turismo de massas, de preferência em vôos charter. Na América Latina, o México é expressivo exemplo, devido ao grande contingente de turistas que atrai.

---

83. *Jornal do Brasil*, 17.09.95, p. 20; *Folha de S. Paulo*, 6.10.95, p. 3-5.

A gênese dos sacoleiros

A trilogia contrabando de armas, de produtos químicos controlados e de drogas beneficia-se mais da indolência dos serviços de segurança do que da globalização e do processo de integração propriamente ditos. A tolerância do governo brasileiro em relação aos "sacoleiros" e contrabandistas de produtos eletrônicos, como se acabou de ver, é muitíssimo anterior à criação do Mercosul. Número imenso de pessoas, há quase quarenta anos, vai ao Paraguai e à Argentina comprar coisas.

Na época de Natal e na Semana Santa, o volume de compradores costuma ser tão intenso que impede qualquer controle efetivo. A região do Salto de Guaíra, nas beiras do grande lago da hidroelétrica de Itaipu, abriga portos fluviais e campos de pouso que abastecem laboratórios clandestinos, alguns móveis. Acredita-se que, nesses locais, a pasta-base e o sulfato de cocaína proveniente da Bolívia sejam transformados em cocaína. O comércio de carros e de caminhões roubados, assim como o contrabando de soja e café, quando não usados para esconder a cocaína, ajudam o narcotráfico com sua infra-estrutura logística e humana no quadrilátero formado por Paraguai, Brasil, Argentina e Uruguai. Nesse espaço do Mercosul, o sucesso da contravenção é quase total.

Desde 1960, o Encarregado de Negócios da Embaixada do Brasil em Assunção alertava profeticamente a Secretaria de Estado das Relações Exteriores para a "existência de um ponto de fricção na fronteira paraguaio-brasileira que se transformaria com o tempo em um sério problema para os dois países".[84]

O alerta referia-se às atividades que a "Foreign Markets Trading Corporation" desenvolvia na área de Puerto Presidente Strossner – Foz do Iguaçu, com base na zona franca que lhe foi concedida pelo governo paraguaio, por meio de um convênio firmado em 26 de fevereiro de 1960. O mesmo texto denuncia ligações da "Foreign Markets" com o grupo brasileiro

---

84. Carlos S. Gomes Pereira e Afonso Arinos de Mello Franco. *Ofício Secreto*, Assunção, 7 de fevereiro de 1961, Arquivo Histórico Diplomático de Brasília, Caixa 04.

da "Tupi-Guarani S.A." e sua alegada influência sobre certos funcionários estaduais de Foz do Iguaçu.

Com base nos depoimentos colhidos em Assunção e no alto Paraná, a Embaixada não hesitava, e com razão, em afirmar que a zona franca de Puerto Strossner já era, em 1961, "um centro de contrabando em larga escala para o Brasil. Que esse comércio ilegal se processava com o conhecimento das autoridades fronteiriças paraguaias e conta, de outra parte, com a cumplicidade de indivíduos residentes no território nacional".[85]

Tal afirmação do Encarregado de Negócios baseava-se no exame do comportamento de "Foreign Markets" que não criava, conforme prometido ao Paraguai, pequenas indústrias na sua zona franca. Em vez disso, as atenções da mencionada *trading* voltavam-se todas para os problemas transporte e estocagem de mercadorias, por serem, obviamente, os que mais convêm aos seus verdadeiros objetivos.

O documento menciona, ainda, a construção de armazéns para esconder o contrabando, obras do cais de atracação devidamente aparelhado com guinchos e guindaste; e que, além de operar regularmente com o navio "Rio Monday", a companhia estava intensificando o transporte de mercadorias por via aérea.

No Ofício Secreto nº 81/864(43), interrogava-se sobre o motivo do sigilo que envolviam, invariavelmente, as viagens do "Rio Monday" e o porquê do navio só efetuar o movimento de carga e descarga durante a noite. A resposta tocava no destino lógico e evidente da mercadoria estocada em uma região deserta do Departamento paraguaio do Alto-Paraná, onde não havia mercado consumidor para as sucessivas partidas de uísque, cigarros, rádios, produtos de nylon, etc., que na época constituíam o grosso da carga transportada como contrabando para o Brasil.

O ofício textualmente lembrava que os membros da Comissão Mista Permanente já se haviam ocupado do problema,

---

85. *Idem, ibid.*

concluindo que "as autoridades do Exército, Fazenda, Aeronáutica e Marinha deveriam ser alertadas sobre as atividades da companhia, no sentido de impedir futuras transações ilícitas através da fronteira paraguaio-brasileira por uma entidade estranha aos dois países e inteiramente nociva aos nossos interesses econômicos na região".[86]

A leitura atenta desse histórico e importante documento, aqui transcrito quase literalmente, prova como o capitalismo dos Estados Unidos da América choca os ovos da serpente na América Latina. A mencionada "Foreign Markets", essa concessão estrangeira na vizinhança da ponte internacional sobre o Paraná, representou o nascedouro de um dos expressivos pontos de sustentação do narcotráfico continental.

Drogas atraem drogas: no início, como se acabou de mencionar, foram "inocentes" substâncias como álcool e nicotina despejadas dos Estados Unidos sobre nossas cabeças. Hoje, é por ali que entram grandes quantidades de químicos para refinar drogas como a cocaína e heroína, que são contrabandeadas, parte para a Europa, parte para os Estados Unidos, Japão e países do Mercosul.

A proximidade da região com a maravilha das Sete Quedas, agora submersa no grande lago da hidroelétrica de Itaipu, mais o esplendor da natureza das Cataratas do Iguaçu, transformaram essa área de fronteira entre a Argentina, Brasil e Paraguai em um importantíssimo pólo de atração turística de prestígio internacional.

Disso soube aproveitar com maestria a "Foreign Markets Trading Corporation". Turistas pouco a pouco se envolveram em contrabando formiga de bebidas alcoólicas, cigarros e roupas, transformando-se posteriormente em ondas humanas conhecidas como "sacoleiros". Depois, o contrabando trouxe eletrodomésticos, produtos eletrônicos, armas, químicos controlados, sintéticos e finalmente as drogas pesadas, com incal-

---

86. Relatório anexo ao Ofício da embaixada dos Estados Unidos do Brasil em Assunção nº 183, de 12/7/60.

culáveis perdas humanas e vultosos prejuízos para a indústria e para o comércio nacionais.

Igualmente, o Paraguai nada lucrou, pagando caríssimo por sua conivência com o crime. Em vez de industrializar-se, transformou-se em empório subdesenvolvido de quinquilharias descartáveis. Seus cidadãos normalmente são balconistas, "laranjas" e carregadores de malas dos comerciantes chineses, libaneses e coreanos lá instalados como patrões. Até os Estados Unidos da América perderam. É indesmentível o envenenamento de sua juventude com drogas em seu território, procedentes também dessa Região, onde o contrabando nipônico, coreano e chinês soube destronar o monopólio dos produtos "made in USA".

Como se constata, um ilícito abre caminho para outro. O contrabando nessa região passou rasteira em todas as autoridades dos Estados Nacionais envolvidas, abriu caminho para o narcotráfico e, finalmente, o feitiço virou contra o feiticeiro! Eis aí a gênese dos sacoleiros no Brasil. Acabar com isso é questão de vergonha na cara, nada mais.

Contrabando em áreas de fronteira

É quase certo que parte da cocaína amazônica destinada ao mercado asiático, principalmente ao Japão, às vezes dá voltas pelo Oriente Médio. Máfias libanesas radicadas no Paraná, em São Paulo e no Mato Grosso do Sul atuam na área fazendo com que parte dela rode o mundo, tonteando qualquer controle. Os libaneses mafiosos são como peixe dentro d'água no mundo árabe. Suas bases nunca são as mesmas, mas está na islâmica Turquia e no Egito a inteligência do comando dessa poderosa máfia. Por suas mãos, entraram inicialmente no Brasil parte das disputadas anfetaminas "made in Netherlands"; outro tanto chegava de Suriname pelas rotas amazônicas.

Salto de Guaíra quer transformar-se em pólo turístico seguindo os exemplos de Ciudad del Este e Foz do Iguaçu, onde a ação de "sacoleiros" que atravessam a Ponte da Amizade ridiculariza as inertes autoridades fiscais que, de concreto, nada fazem para estancar a sangria de divisas nessa região.

O processo de integração fomentado pelo Mercosul, promovendo a intensificação da circulação livre de bens através das fronteiras entre Argentina, Brasil, Paraguai e Uruguai, facilitou, sem dúvida, a expansão do narcotráfico. Todavia, não se pode esquecer que os narcodólares têm mais idade que o Mercosul. É essencial recordar que o tráfico de drogas sempre fez parte do processo das relações econômicas internacionais. Daí ser impossível a narcogeografia regional deixar de beneficiar-se das vantagens da globalização, como por exemplo a intensificação e as maiores facilidades de circulação de bens e pessoas e da existência de meios de transporte e de comunicações em escala global.

Se houvesse vontade política, o mesmo processo de globalização neoliberal traria substantivas desvantagens para o narcotráfico. Ações conjuntas em escala global poderiam acabar com o contrabando de armas provenientes dos Estados Unidos e de países europeus em direção aos países sul-americanos, começando o controle nas próprias fábricas de armas.

O narcotráfico no Brasil tem seu arsenal bélico procedente, em sua maior parte, dos Estados Unidos, de Israel e da Alemanha. Seus pontos de embarque estão na Flórida, na Califórnia, em Rostock, em Hamburgo, em Roterdã e em Marselha, entre outros. A entrada mais conhecida é pela fronteira Brasil-Paraguai, todavia existem outras nas divisas com Argentina e Uruguai. Entendimentos oficiais entre Brasil e Estados Unidos restringindo a exportação de armas não afetou em nada esse mercado da morte. Armas em abundância continuam chegando como sempre.

O comércio legal de munições entre o Brasil e os Estados Unidos, pondo de lado as transações militares para o abastecimento das Forças Armadas, nunca foi expressivo. A cidade paraguaia de Pedro Juan Caballero, situada ao lado da pequena cidade brasileira de Ponta Porã, além do comércio de armas, tem o das drogas e o dos produtos químicos. Salto de Guaíra, a poucos quilômetros de Guaíra e Novo Mundo, transformou-se em centro de distribuição e depósito de cocaína. Apesar disso, somente dois homens da Polícia Federal lá trabalham.

Um periódico paulista[87] denuncia que, na cidade paraguaia de Pedro Juan Caballero, a loja "Magnun Import" vende armas sofisticadas a quem quer que seja, recebe encomendas por telefone e entrega os pedidos do lado brasileiro.

Na região da fronteira Brasil-Paraguai atua a máfia libanesa, formada em sua grande maioria por cristãos maronitas residentes em São Paulo, em Curitiba e em Foz do Iguaçu. Os produtos químicos controlados chegam até da Ásia, camuflados com artigos destinados a lojas de produtos chineses, oriundos tanto de Formosa quanto da República Popular da China. De acordo com o censo de 1991, vivem 4.882 chineses no Brasil. No Estado de São Paulo, membros da máfia japonesa Yakuza misturam-se com brasileiros de origem nipônica. Segundo o mesmo censo, 65.142 japoneses estão no país. Em São Paulo está a maior concentração de japoneses no mundo depois do Japão. Somados os 9.780 libaneses legalmente registrados aos descendentes dos que aqui aportaram no começo do século, o Brasil conta com cidadãos de sangue libanês em número maior que o existente no próprio Líbano. Os coreanos oficialmente somam 4.365 almas.[88] A causa da visível presença de estrangeiros não latinos nas cidades de fronteira precisa ser cuidadosamente estudada.

As armas vendidas no Paraguai não são apenas "Mossberg" norte-americanos ou metralhadoras "Ingram" e elas transitam no comércio em mãos de negociantes de várias nacionalidades. São escopetas, fuzis, pistolas, revólveres e granadas, que provêm de todo mundo. Assim, o Paraguai é a Miami pobre do subcontinente: um autêntico supermercado de armas misturado com produtos químicos controlados e de produtos ilícitos à disposição de quem conhece o assunto e tem dinheiro para pagar.

Suspeita-se de que as sofisticadas máfias russas atuem com máfias judias, existentes principalmente em Nova York e Berlim, promovendo o contrabando de pedras preciosas, dro-

---

87. *Jornal da Tarde*, 27.10.96.
88. IBGE: Censo 1991.

gas e armas entre as três Américas e Europa, com ponto de apoio em Buenos Aires e em Montevidéu.

A crise econômica na ex-União Soviética fez com que 140 mil russos de origem alemã migrassem para Berlim nos últimos anos. Quarenta mil deles são de origem judaica. A ação da máfia russa, infiltrada em ambos os grupos, pode explicar a abundância de armas "*made in Israel*" e o destino das pedras preciosas que vão parar nas mãos de comerciantes judeus, seja em Amsterdã, em Frankfurt ou em Nova York. Armas alemãs contrabandeadas têm sido vendidas aos narcotraficantes principalmente em áreas de fronteira.

Países europeus e os Estados Unidos da América tradicionalmente fecham os olhos para o comércio ilegal de ouro, diamante, cristal de rocha, ametista, turmalina e água-marinha, provenientes do Brasil, e de esmeraldas, provenientes da Colômbia. O mercúrio reexportado pela Alemanha, pelo Reino Unido e pelos Países Baixos entra por intermédio do comércio legal com esses três países. No Brasil, seu uso é proibido devido aos danos que provoca ao meio ambiente.

Quando o dinheiro é farto e fácil demais, como na Suíça, conflitos étnicos com população de diversas línguas e religiões deixam de existir. Riqueza agrega até inimigos tradicionais. No Brasil, por exemplo, bandidos judeus e bandidos árabes dão as mãos no comércio dos narcóticos. Mafiosos coreanos e japoneses não deixam por menos, em que pese suas rivalidades históricas. Não há racismo quando o branco alemão contrata o negro nigeriano como mula, ou quando o cidadão francês paga o marroquino para traficar. Tampouco o norte-americano de origem anglo-saxônica despreza o latino.

No narcotráfico vale o ditado: um por todos e todos por um! Isso não quer dizer, entretanto, que o dinheiro das substâncias entorpecentes não suporte guerras. Parte dos recursos para compra de armas no conflito entre croatas e sérvios foi angariada no comércio de drogas. O mesmo ocorre em Kosovo e na vizinha Albânia.

Como se vê, o mundo dos ilícitos desconhece fronteiras; aproveita e acompanha a vitalidade e a agilidade do processo

177

de globalização neoliberal, menospreza barreiras étnicas e nunca professa credo por ideologias ou religiões.

No Brasil, os grupos especializados em extorsão, drogas, jogo do bicho, bingos, prostituição, roubo de carros, tráfico de armas, contrabando de minerais e produtos agrícolas misturam-se em nome do lucro; passam por cima de preconceitos raciais e até sexuais. Isso imprime características especiais no narcotraficante brasileiro que, por esse prisma, é marcadamente ecumênico, possuidor de um profissionalismo criminal ímpar.

Integração paralela

Para não esquecer a agilidade imposta pela integração paralela, existem exemplos desse processo nas fronteiras do Brasil. A cidade de Cobija, na Bolívia, utiliza o sistema bancário das cidades brasileiras da fronteira, ou seja, Brasiléia e Xapuri, no Estado do Acre. O transporte da pasta-base e do sulfato de cocaína dos campos peruanos e bolivianos com destino à Colômbia, Venezuela e Brasil, para serem transformados em cocaína, tem sido feito graças ao trabalho conjunto entre várias quadrilhas e máfias. Sem essa cooperação, seria impossível driblar a vigilância dos poderosos agentes norte-americanos equipados com radares instalados em Letícia, na Colômbia, Lago Agrio, no Equador e Yurimaguas, no Peru.

Pequenos aviões voando a aproximadamente 100 metros de altitude despistam a vigilância norte-americana. Os rios amazônicos servem como referência básica de orientação. Parte desses aviões segue a rota Peru-Brasil-Colômbia. Outros vão diretamente para as cercanias das cidades de Manaus, Macapá e Belém. Dali, a droga segue para o sul do país utilizando-se de variados caminhos e estratégias. Quando vai diretamente para os Estados Unidos da América, até o mar serve como esconderijo. Nesse caso, a droga é colocada em tambores, para ser depois resgatada por mergulhadores. A vigilância dos radares e aviões espiões norte-americanos, que freqüentemente invadem o espaço aéreo brasileiro (o governo não declara nada sobre o fato), obrigou os narcotraficantes a montarem novos esquemas logísticos na Amazônia. Eis alguns exemplos:

– reconstruíram os campos de pouso de velhos garimpos bombardeados no Peru, na Colômbia, no Equador e no Brasil, com a ajuda até mesmo de comunidades indígenas;

– reforçaram o sistema tradicional por via fluvial. Ou seja, o transporte aéreo das drogas funciona em conexão com o fluvial. A vantagem dessa estratégia é que os laboratórios nas beiras dos rios são móveis e nenhum radar os incomoda. Navios da região, transformados em espias, alertam os traficantes que têm eficientes sistemas de fuga.

Em São Paulo de Olivensa e em Vila Bittencourt, no Estado do Amazonas, em povoados do rio Japurá, há tantos produtos químicos e pasta-base depositados por colombianos, a ponto dessas localidades terem se transformado quase em armazéns.

Os rios Içá e Japurá, conhecidos na Colômbia como Putumayo e Caquetá, são extremamente importantes na geografia das drogas. Outras cidades utilizadas são: Tabatinga, Ipiranga e Benjamin Costant, o que demonstra estar de vento em poupa o processo de integração amazônica pelas vias do crime organizado.

A droga peruana para o Brasil chega e segue pelo rio Javari. Os aeroportos de Cruzeiro do Sul e Tarauacá, no Acre, e Carauari, no Amazonas, são pontos conhecidos pelos serviços de informações na Amazônia. Qualquer coisa serve: transporte aéreo, fluvial, rodoviário e até mesmo o humano. Do Peru para o Brasil, é comum grupos de até trinta pessoas transportarem nas costas 20 quilos de pasta-base cada uma. Isso é feito nas regiões das serras onde se interrompe o fluxo fluvial. Em outros lugares, a droga é atada a troncos de madeiras nobres, tal como o mogno, e jogadas nas correntezas do rio. Essa técnica é usada no povoado de Bom Jesus, vizinho de Palmeiras do Javari, no Estado do Amazonas. Tal prática mais uma vez comprova a tese do narcotráfico ligado ao contrabando e à evasão de riquezas nacionais.

A exploração de produtos do extrativismo vegetal, como a castanha do Pará, a borracha e a juta, entre outros, sofre violenta decadência. A pecuária extensiva, o garimpo e o comércio de drogas prejudicaram o tradicional extrativismo na Amazônia. O serviço de sangria e coleta do látex dão emprego permanente, porém os poucos centavos pagos por quilo do coágulo desanimam qualquer seringalista. O Brasil produz cerca de 60 mil toneladas de borracha seca por ano. A produção poderia ser muito maior. Todavia o baixo preço, além de frear qualquer tentativa de aumento de produção, levou numerosos seringalistas a buscarem emprego melhor nos garimpos ou no comércio de drogas.

O contrabando de madeiras nobres e raras, sempre aceito pelas indústrias dos países centrais, há cerca de uma década e meia atrelou-se aos negócios da cocaína. Mais do que isso, ajuda na penetração de produtos químicos controlados pelos asiáticos, uma vez que Japão, Formosa e Coréia do Sul são tradicionais receptadores do contrabando de madeiras nobres roubadas na selva amazônica.

Outro aspecto que merece atenção, várias vezes mencionado, é o mercado de carros roubados. É desonesto exagerar a importância desse mercado. Investigações recentes da Polícia Federal provam ser falso acreditar que grande parcela dos carros roubados no Brasil sai do país. Segundo o Diretor do Detran, Kasuo Sakamoto, são roubados por ano aproximadamente 200 mil carros no Brasil. Desse total, 70% são recuperados, ou por terem sido abandonados pelos ladrões ou por busca policial. Dos 30% restantes, 7% são desmanchados para venda das peças, 3% são transformados em "bugres", 10% voltam a circular no país com documentação falsa ou mesmo sem documentação e apenas 5% são negociados no exterior.[89] A máfia dos seguros age nesse processo. Segundo a Delegacia de Roubos e Furtos de Veículos Automotores Terrestres (DRFVAT), boa parte dos reais pagos em prêmios de seguros relacionam-se a processos fraudulentos.

A conexão entre roubo de carros e narcotráfico se dá na fronteira entre Brasil, Paraguai e Bolívia, onde o escambo

---

89. *O Globo*, 30.01.96, p. 5.

funciona livremente, mas não é tão expressiva quanto geralmente se escreve ou se dá a entender.

No Brasil, a forma de obter o carro varia: há casos em que o próprio dono leva seu automóvel para a Bolívia ou o Paraguai e lá o troca por cocaína, ao mesmo tempo em que dá queixa à polícia e entrada na papelada para receber o seguro. O Estado do Mato Grosso do Sul é o maior fornecedor de carros para o escambo por cocaína na Bolívia. Um carro roubado em Campo Grande não precisa mais do que três horas para atravessar a fronteira com aquele país.

O escambo funciona da seguinte forma: o carro furtado é passado ao receptor paraguaio ou boliviano, que, por sua vez, renegocia-o com os revendedores de carro roubado em seus países e em poucos casos até no Peru. A cocaína é entregue ao receptor que a repassa ao vendedor do carro no Brasil.

Com relação ao termo de troca, o carro roubado brasileiro vale aproximadamente metade do seu preço de mercado no Brasil. Em 1996, um bom automóvel de luxo, pouco rodado, podia ser trocado por aproximadamente seis quilos de cocaína. Agora, pelo mesmo carro, é pedido muito mais em cocaína.

A vantagem de se trocar um carro roubado novo na Bolívia ou no Paraguai por cocaína de qualidade é enorme. Em São Paulo, se o quilo da cocaína com aproximadamente 96% de purezas vale menos que no passado, ainda rende bom dinheiro. Dependendo da adição de outros produtos para ser vendido em pequenas quantidades, o quilo do pó chega ao consumidor com valores multiplicados. Por essa razão, compensa o negócio de dar armas e coisas roubadas em troca de drogas.

Na esperança de comprar na Bolívia o quilo de cocaína por 1.000 ou 1.500 dólares e revendê-lo em São Paulo poucos tornam-se ricos e muitos apodrecem nos porões das cadeias. A lei capitalista da oferta e da procura rege o narcotráfico. Daí a conveniência de se lembrar da elasticidade dos preços da cocaína, ultimamente pressionada com a concorrência do ecstasy, produto de preço nem um pouco ascendente e regulado pelas variadíssimas formas de distribuição do mercado interno. Não esquecer que as máfias modernas nunca colocam to-

181

dos os ovos em um único cesto. Elas trabalham não só com narcóticos variados, mas vendem igualmente ouro, armas, bebidas alcoólicas, jóias, pedras preciosas e até tecnologias de ponta. Esta última é especialidade de algumas máfias russas que passaram ser negociantes de importantíssimos conhecimentos obtidos durante suadas décadas de pesquisas pelos cientistas da ex-União das Repúblicas Socialistas Soviéticas. Segredos do setor militar e aeroespacial foram repassados por tais máfias principalmente a empresas européias, norte-americanas e iranianas.

VI

CONEXÕES DO CRIME ORGANIZADO

Lavagem de dinheiro

Até o final de setembro de 1998, a Lei nº 9.613, de 3 de março do mesmo ano, conhecida como "nova lei de lavagem de dinheiro", não havia sido regulamentada.

Essa Lei acompanha um padrão internacional de legislação sobre lavagem de dinheiro existente em várias nações. Põe nas mãos do sistema financeiro a obrigação da vigilância e do controle. Os bancos deverão, a partir da regulamentação da Lei, identificar nominalmente depósitos e contas, denunciar irregularidades e possuir melhor controle sobre as operações, por meio do aperfeiçoamento de procedimentos internos. Em outras palavras, até que enfim o banqueiro será obrigado a fazer um esquecido dever de casa, exercitando-se em matéria de cidadania. Ao invés de acobertar, fechar os olhos e abrir as mãos para receber dinheiro sujo, deverá permanecer atento sobre a origem dos recursos depositados nos cofres de seus bancos.

O banqueiro que não proceder assim poderá, pela nova Lei, ser objeto de processo judicial. Se a polícia conseguir mesmo chegar até ao responsável envolvido em operações ilícitas, estará sendo desfechado um bom golpe na cobra do narcotráfico, que infelizmente tem várias cabeças e fôlego de muitos gatos.

A denúncia contra a delinqüência, contra as injustiças, contra as irregularidades bancárias dentro do espírito da Lei 9.613 coibirá as falcatruas com punição dos banqueiros. Se isso for verdade, é enorme contribuição para a luta contra a corrupção, significando aperfeiçoamento da democracia na

183

sociedade do adágio de "quem rouba tostão é ladrão, quem rouba milhão é barão".

Dinheiro sujo não é somente aquele oriundo de práticas comerciais ilegais ou da ação econômica criminosa. Mesmo os recursos provenientes de fontes lícitas mas que buscam fugir de sua responsabilidade fiscal e tributária são considerados sujos, uma vez que precisam de lavagem, quer dizer, necessitam do status legal. Desse modo, o que caracteriza o dinheiro sujo não é a sua origem, mas o esforço para, em um primeiro momento, não assumir a sua capacidade tributária, ou seja, fugir da ação fiscal do Estado, entrando na dança da mundialização do capital.[90]

Embora fale-se que o dinheiro sujo passa por processo de lavagem por meio da compra de bens como fazendas, casas, apartamentos, sítios e cavalos de corrida, de investimentos no setor de serviços, como postos de gasolina, hotéis, restaurantes, supermercados e transportes, é por intermédio do sistema financeiro e das bolsas de valores, da compra de títulos públicos e portfólios das empresas privatizadas pelo Estado brasileiro que mais se lava dinheiro no Brasil e no mundo. O dinheiro sujo percorre caminho fácil, sem sofrer a depreciação do processo produtivo, sem ser molestado pelo controle do Estado e com taxa de remuneração superior à de outros setores da economia formal.

No caso do Brasil, a preocupação governamental com o processo de lavagem de dinheiro se dá no âmbito do mercado financeiro, isto é, o sistema bancário e as bolsas de valores. Uma vez que, pelo sistema bancário e pelas bolsas de valores, circula expressiva parte das transações comerciais do mundo, são nesses centros nervosos do sistema econômico mundial moderno que chove o lucro dos negócios ilícitos.

As autoridades financeiras sabem que expressiva parte dos dólares que circulam anualmente no sistema bancário nacional são de origem suspeita.[91] Esse dado mostra o mercado

---

90. Ver: CHESNAIS, François. *A Mundialização do Capital*. Ed. Xamã. São Paulo, 1996.
91. *Folha de S. Paulo*, 16.10.95, p. 1-5.

financeiro como grande ímã para o dinheiro sujo. Na medida em que ocorrem avanços nas tecnologias das comunicações, impondo transformações na economia mundial, há mudanças nas oportunidades e facilidades da lavagem de dinheiro. As sofisticações das operações financeiras impõem dificuldades aos instrumentos do Estado no combate ao crime organizado transnacional. Deve ser enfatizado que, em época de crise, como, por exemplo, a sofrida em janeiro de 1999, com a desvalorização do real e pulverização das reservas qualquer dinheiro é bem-vindo. Se estiver lavado, tanto melhor.

O caso do Banco de Crédito e Comércio Internacional – BCCI – mostrou o quão é complexa a prática da lavagem de dinheiro. Essa instituição, liquidada em 1992, causou notável rombo no sistema financeiro. Descobriram que o Banco lavava dinheiro do narcotráfico e do tráfico de armas; investigadores da Procuradoria Departamental de Manhattan suspeitaram de como poderia essa casa com tão poucos ativos financeiros manter sessenta agências cheias de luxo e ostentação.

Durante a investigação, constatou-se que o trabalho de lavagem do dinheiro envolve seqüência de transferências entre diversas contas bancárias, utilizando esquema de formação de "camadas" de dinheiro, de maneira que não desperte a atenção das agências fiscais. Segundo o investigador John W. Moscow, da Procuradoria Departamental de Manhattan, foi necessário rastreamento de todas as contas bancárias que transacionavam entre si.

Lavagem cibernética

Uma nova forma de lavagem de dinheiro surgida a partir dos avanços nas tecnologias de comunicação é a "lavagem cibernética".[92] Embora não esteja regulamentado o sistema bancário no "ciberespaço", a lavagem chegou à Internet por meio de dois bancos cibernéticos: o First Virtual Holdings e o First Internet Bank.[93]

---

92. Ver: MARTIN, Daniel. *La Criminalité informatique*. Éditions PUF, França, 1997.
93. Ver: ROSÉ, Philippe; LE DORAN, Serge. *Cybermafias*. Éditions Denoël. França, 1997.

A década de 1990 pode ser considerada como decisiva para o narcotráfico, em matéria de operacionalização, sagacidade e construção de novas estratégias nas relações internacionais. Graças à Internet, as máfias conseguiram despejar no Brasil significativa quantia de drogas sintéticas, estimulantes do tipo anfetamina, metanfetamina e, mais recentemente, a MDMA, apelidada de ecstasy. Tais drogas tendem a ser consumidas tanto ou mais que a cocaína.

Em boates finas, freqüentadas por gente rica e filhos da elite, pelos "consumidores sociais", costumava-se dar um comprimido de brinde quando da compra do ingresso. Até o ano de 1995, conseguir uma pílula de ecstasy por menos de 50 dólares parecia irreal. Três anos depois, mais precisamente durante a Copa do Mundo de Futebol, esse mesmo produto era encontrado por menos da metade do preço e tão popular quanto "as bolinhas" dos anos 1960. A queda do seu preço é contínua.

As evidências vão comprovando que as drogas têm tido no contrabando cibernético o grande aliado. O pagamento é feito até por cartão de crédito. A visível eficiência dos traficantes de drogas sintéticas e a eficácia da engenharia que constrói pequeninos e voláteis laboratórios para a fabricação desses entorpecentes sedimentam-se igualmente nos avanços da Internet. São milhares de anúncios codificados, dizendo, por exemplo, dia, hora e lugar de tal e tal descarregamento. Recursos criptográficos e estenográficos são rotineiros para as máfias.

Essa constatação é um significativo passo para a revisão do perfil do narcotraficante no Brasil. Ajudará a destruir o mito e o estereótipo de que gente que lida com drogas "é da pesada", moradores de favelas etc. A Internet não está ainda em mãos de analfabetos e sem teto. São 1,6 milhão de brasileiros com acesso à rede mundial de computadores, ou internautas, como são conhecidos. Os recursos cibernéticos usados pelos narcotraficantes permitem a estimativa que, desde 1995, grupos narcocibernéticos atuam no Brasil. Depois de anos de experiência, a sofisticação do narcotráfico cibernético aqui empata com a de canadenses, russos, poloneses, alemães e húngaros, entre outros. Enquanto isso, a Polícia Federal e os órgãos estaduais de segurança lutam com instrumentos da "era da pedra lascada".

Depois do caso do BCCI, o governo americano começou a tomar medidas políticas e jurídicas no sentido de conter a expansão do mercado financeiro informal nos Estados Unidos. Todas as transações financeiras que ultrapassam 10 mil dólares são investigadas pela Fincen – a agência fiscal americana responsável pela centralização de todas as informações do fisco, da Alfândega, do Banco Central, do FBI e mesmo dos cartórios de registro de imóveis.

No Brasil, o intento de combater e controlar os fluxos de dinheiro sujo no país começou com o projeto que cria a agência de controle financeiro nos moldes da estadunidense, a qual se chamará, segundo consta do projeto, Conselho de Controle de Atividade Financeira, Coafi.

A decisão de ampliar a política nacional de combate ao crime organizado no Brasil tem como obstáculo os sigilos fiscais,[94] que impedem o Estado de verificar as transações financeiras de contas sem a prévia permissão legal da Justiça. O sigilo bancário e a resistência do Congresso brasileiro em aprovar a lei que o flexibiliza para a ação investigatória da polícia retardam o combate ao processo de lavagem de dinheiro.

Com a estabilização monetária, a política de valorização cambial, as taxas de juros altas, o rebaixamento do nível das reservas com a crise russa, a instabilidade nas bolsas de valores e as privatizações estão dando nova vida ao dinheiro sujo; em tempos difíceis, efetivamente nenhum Estado ou Governo dificulta a entrada de dinheiro ilegal e muito menos em momentos duvidosos vividos nas relações internacionais depois dos choques asiáticos e russos. Pensa-se que o controle sobre capitais de origem duvidosa não está no âmbito da política monetária e cambial, mas no da política de regulamentação e fiscalização do sistema bancário e financeiro. Com a institucionalização

---

94. Durante o ano de 1994, período em que foi cobrado o IPMF (Imposto sobre Movimentação Financeira), a Febraban resistiu a todas as tentativas da Receita Federal em ter acesso às listas de contribuintes do imposto e os respectivos montantes pagos. Esta informação seguramente ajudaria no esclarecimento de quem é quem na sonegação fiscal e na lavagem de dinheiro. O argumento legal utilizado pela Febraban se baseou na Lei do Sigilo Bancário.

do Coafi, acreditava-se ter instrumentos de combate ao dinheiro sujo sem atropelo do processo de liberalização e globalização da economia.

A crise econômica mundial que abocanha o Brasil fragiliza tais medidas, porque a escassez provoca corrida ao dinheiro, até mesmo o ilegal, comprovando o quanto o narcotráfico beneficia-se com o caos econômico e social.

Desde 1994, ano de lançamento do Plano Real, até o começo da crise asiática, impressiona o crescimento do setor bancário no Brasil. Naquele ano, o aumento foi de 15,31%, segundo dados da empresa de consultoria Austin Assis, de São Paulo. Chegou, em 1995, a 11,37%, enquanto outros setores da economia nacional tiveram desempenhos de caráter recessivo. O setor têxtil teve rentabilidade de 1,6%, o de eletroeletrônica de 3,5%; o de alimentos 3%; o comércio 10,5% e o de turismo 7,6%. Segundo declaração da mesma empresa de consultoria, "a rentabilidade dos bancos brasileiros é maior que a de seus similares no exterior".[95]

Em condições de conjuntura econômica estável, pode-se crer que o aumento dos rendimentos dos bancos se dê por novo impulso no mercado. Porém, como se sabe, a estabilização da moeda impôs à sociedade dose de recessão, expressa principalmente na incapacidade de crescimento da economia com criação de novos empregos. A necessidade de ajuste significou a fusão de pequenos bancos e financeiras, provocando quebra de outros, como no caso do Banco Nacional.

Embora as cifras apontem para esse crescimento milagroso do setor bancário, ninguém soube explicar sua origem ou razão: nem os banqueiros, nem a Febraban, nem os consultores. A multiplicação dos paraísos fiscais, a teimosia de países que efetivamente protegem o dinheiro obtido com drogas, como o Reino Unido, Luxemburgo e a Suíça entre outros, irritam o segmento esclarecido da opinião pública, mas não o suficiente para que a comunidade internacional adote medi-

---

95. *Jornal do Brasil*, 30.05,96, p. 15.

das efetivas contra esses países. Os paraísos fiscais ou aquelas sociedades que fizeram do sigilo bancário, por meio de contas numeradas, um dos sustentáculos de sua economia são pilares do banditismo e do crime organizado. Com esse procedimento, permite-se a entrada do capital proveniente do narcotráfico; apaga-se sua origem criminosa para que possa ser reinvestido em atividades legais, como, por exemplo, no setor imobiliário nos Estados Unidos da América. Em outros casos, dá continuidade e apoio a atividades ilegais, como o comércio de armas e a corrupção.[96]

A lavagem de dinheiro no Brasil, como em outros países, passa pelo sistema de compensação bancária com contas em vários países. Na Europa e nos Estados Unidos, é ajudada pela arrecadação fraudulenta de cassinos. Aqui, pelo jogo do bicho, por bingos e pela loteria esportiva, comprando bilhetes premiados por valor superior ao sorteado. Esse sistema tornou-se famoso por meio da descoberta do seu uso pelo ex-deputado João Alves, que não está na cadeia. É pequeno exemplo da ação da narcopolítica nacional.

O Brasil, há alguns anos, segue os passos dos parceiros desenvolvidos, tendo dezenas de agências de bancos espalhadas em boa gama de países e paraísos fiscais. O Banco Nacional, agora agregado ao Unibanco, esteve envolvido em escândalos de lavagem de dinheiro.

Instituições financeiras dos Estados Unidos da América e da União Européia não só usam os paraísos para lavagem de dinheiro sujo como permitem a presença deles dentro de seus próprios territórios.

O crescimento do mercado de fundos de investimentos tem sido contínuo no protetorado britânico das Ilhas Cayman. Lá instalaram-se 592 bancos e administradoras de recursos, com ativos que ultrapassam a 500 bilhões de dólares.

Sem dizer exatamente quantos são, gerente de uma filial da União dos Bancos Suíços (UBS), que administra fundos

---

96. Ver: Dupuis, Marie-Christine. *La Finance Criminelle.* Éditions PUF. França, 1997.

off-shore naquele paraíso fiscal, revelou que, entre seus clientes, encontra-se expressivo número de brasileiros. Instituições como Unibanco, Credibanco e Sul-América possuem carteiras na bolsa de Cayman. Entre os 592 bancos lá instalados, 87 são privados, 165 subsidiários, 291 filiais e 49 coligados.[97]

Ainda segundo dados da Associação de Fundos Mútuos local, lá 203 fundos investem em ações, 39 em mercados emergentes e 28 em outras categorias. Até fins de 1997, entre as 423 carteiras conhecidas, 311 eram propriedade de cidadãos norte-americanos, 7 de canadenses, 60 de latino-americanos, 18 de europeus e 27 de japoneses. Não há como esquecer que as ilhas de Jersey, Guernsey, de Man, Cantão e Hong-Kong estão igualmente articuladas ao centro financeiro de Londres. Particularmente em Hong-Kong, onde os guias turísticos se orgulham em dizer que a cidade tem mais Mercedes-Benz de luxo e Rolls Royce que qualquer outra da Alemanha e do Reino Unido, é que, nos anos 1990, estabeleceu-se a primeira conexão de heroína asiática com cocaína latino-americana.

O tetrágono do crime

Há evidências de que até o insuspeito Portugal, que disputa com a Grécia o título do país mais pobre da União Européia, esteja jogando notável papel na recente macroestratégia tetragônica do narcotráfico. Tal estratégia envolve Ásia, África, Europa e América Latina.

Por meio do seu enclave colonial de Cantão, na China, misturados à jogatina desenfreada dos cassinos lá existentes, bandos portugueses, aproveitando-se do exemplo de Hong-Kong, empurram a heroína paquistanesa diretamente para a Europa e dali para o Brasil.

O gigantesco fluxo de turistas alemães, ingleses, franceses, holandeses e italianos que vão a Portugal gozar as férias

---

97. Ver: Santis, Paula de. Fundos de paraíso fiscal crescem 152%. In: *Gazeta Mercantil*, 19.10.98.

e aproveitar de seu bom vinho contribui na estratégia de desova dessa heroína, uma vez que inexiste controle aduaneiro e de fronteira na União dos quinze países europeus.

A entrada de Portugal, de corpo e alma, no comércio de drogas, ao que parece, não ajudou somente a desafogar o intenso e comprometedor tráfico espanhol. O quinhão da heroína asiática, reservada ao Brasil, ao Uruguai e à Argentina, trafegando por território lusitano, é precioso porque nem sempre a produção colombiana dá conta da alta demanda do exigente mercado norte-americano. Vem daí o extraordinário carinho para com os grupos portugueses envolvidos no novíssimo elo de ligação entre Cantão, Porto e Rio de Janeiro.

Dependendo das circunstâncias, a heroína dá voltas por Angola e África do Sul antes de entrar na Argentina, Uruguai, Paraguai ou Brasil. O sucesso dessa operação tetragonal aporta polpudas divisas: a transformação da Ilha Madeira em paraíso fiscal apóia fases subseqüentes, indispensáveis ao pleno sucesso dessa estratégia particularmente inovadora.

Invertendo-se a mão do trânsito na auto-estrada do crime, ao transportar de Portugal para sua ex-colônia algo da família do ópio, um membro da União Européia sacramenta-se em reexportador de heroína para a periferia mundial. Esse fato, associado à chegada de drogas sintéticas produzidas nos Países Baixos, no Reino Unido, na Alemanha, na Suíça e na Polônia, destinadas ao consumidor no Mercosul, que concorrem com as *"made in Brazil"*, subverte, por completo, toda uma relação histórica no comércio internacional de substâncias ilícitas. Esse fenômeno, profundamente importante, serve de marco referencial, no estudo da sociologia do narcotráfico nas relações internacionais.

Sobre a Ásia, dar algumas pinceladas-relâmpago, desenhando facetas da realidade de suas partes, poderá auxiliar no aguçamento da curiosidade em torno desse continente repleto de cultura. Se uma enfermeira recebe em Londres o salário de 2.000 dólares, em Hong-Kong ela recebe quase o dobro. Mais de 200 mil filipinas lá estão como empregadas domésticas, em uma cidade cujos apartamentos têm cerca de 20 metros quadrados, abrigando cinco pessoas, em média. Naquela cidade, os poucos apartamentos de 200 metros quadrados ultrapassam a soma de 1,5 milhão de dólares.

A Coroa Britânica sempre se aproveitou do ouro que nas últimas décadas lá entrou no rastro das drogas. O comércio de jóias e de pedras preciosas e as populares corridas de cavalo são maneiras elegantes de se lavar dinheiro da narcocracia asiática.

Boa parte das pedras semipreciosas vendidas em Hong-Kong com destino à Índia, Paquistão, Turquia e outros países da Ásia, saem contrabandeadas por preços irrisórios do Brasil. Peça importantíssima do tabuleiro das drogas, nunca país algum propôs boicote a Hong-Kong nos cem anos que esteve sob a tutela britânica. Esse fato comprova também a política dos pesos e das medidas desiguais da política antidrogas no mundo, capitaneada pelos Estados Unidos.

Na Ilha da Madeira, no Líbano, no Uruguai, em Gibraltar e em Luxemburgo, o banditismo não é diferente do resto do mundo. As Ilhas Cayman, no Caribe, bem conhecidas dos brasileiros, são o quinto centro financeiro mundial, com 570 bancos lá instalados.

Os métodos usados pelo sistema financeiro e por grandes grupos econômicos na repatriação dos lucros auferidos do tráfico é ainda basicamente o tradicional. Vale dizer, os lucros gerados pela venda da droga no Brasil acabam transferidos para bancos suíços, italianos, alemães ou espanhóis, senão diretamente, via contas bancárias em Miami, Nova Iorque, Bermudas ou Hong-Kong. Aí arrolam-se nomes de firmas, importadoras e exportadoras, entre outras, tudo bem acobertado. As operações são realizadas por profissionais da economia subterrânea e não necessariamente por pessoas dos cartéis, dadas a dificuldade e a complexidade dos instrumentos técnicos do setor financeiro.

Pelos meios de comunicação de massa, fartamente falou-se, em 1995, sobre as contas CC-5, Carta Comercial Circular nº 5. São elas parte do sistema que regula as transações financeiras com outros países. As contas CC-5 iniciaram sua trajetória há mais de três décadas. Seu objetivo era ajudar estrangeiros residentes no Brasil a movimentar negócios bancários no país e no exterior. Tais contas, geralmente administradas por instituições financeiras ou por pessoas físicas do mercado nacional, transformaram-se, durante anos, no veio de ouro da lavagem de dinheiro. Com a preciosa ajuda da omissão policial e do sigilo bancário, movimentavam-se altas somas sem fiscalização, pouco importando sua origem ou seu destino.[98]

Antes de sair para os paraísos fiscais, o dinheiro do narcotráfico é pré-lavado, ou seja, deixa a clandestinidade; abandona as mãos dos bandidos passando para a dos bancos, sob forma de depósito, todavia com o cordão umbilical não de todo desvencilhado da contravenção. Depois, vem a segunda fase, a da lavagem: aí corta-se o cordão umbilical, e a "grana", sem vestígios da paternidade, entra na terceira fase, a da inversão. Nessa última, o "dinheiro, que nunca tem cheiro", conforme ditado popular, com a autonomia e status de quem o possui, passa a ser disputado e aplicado não importa se "no céu ou no inferno"! Depois das crises asiática e russa e da saída pelo ralo de grande parte das reservas brasileiras, esse capital é disputado a ferro e fogo. Não há Estado no mundo que feche a porta para ele.

Em 1995, a Polícia Federal investigou esquemas de lavagem de dinheiro que envolveram duas empresas, ou seja, a *Becker Corporation* e a *Accent Financial Corporation*, sediadas no Paraná e operando em São Paulo desde o início dos anos 1990. Dos países membros do Mercosul, o Uruguai é talvez aquele que há mais tempo esteja na geoeconomia bancária das drogas. Apelidado de Suíça latino-americana, atormentado pelo peso das assimetrias e da corrupção no seu setor bancário, esse país transformou-se no principal canal de evasão do ouro das minas brasileiras e, simultaneamente, ponto de saída de parte do capital obtido com drogas na América do Sul.

Títulos da dívida externa de países como Argentina, Brasil, México e até dos Estados Unidos da América entram na valsa da lavagem do dinheiro. Bancos como Citybank, Chase

---

98. Ver: OLMO, Rosa del. *La Socio-Politica de las drogas*. Universidad Central de Venezuela, Caracas, 1985.

Manhattan, Lloyds e ING Bank podem estar metidos em operações a serem classificadas como suspeitas. Vez por outra a imprensa nacional aborda esse problema.

O cidadão israelita chamado Abraham Djamal e seu procurador de nacionalidade uruguaia, Salomão Sapov Kaplan, envolveram-se no esquema da lavagem de dinheiro de drogas no Brasil. Contaram com o apoio da firma "Incorporadora Paulista Ltda.", cujo sócio majoritário, um italiano de nome Giacomo Picciotto, tinha a propriedade de três outras grandes empresas estabelecidas em São Paulo. A empresa do senhor Picciotto operava em paraísos fiscais com outras empresas, como Tristar, Bedeminister, Dow Corning, Sevilla, Barnes, Somax, Tanton Cattleya e IBD, todas envolvidas com operações ilegais.

Apesar de ninguém do esquema padecer por seus crimes em alguma prisão no Brasil ou no exterior, a Polícia Federal listou 57 beneficiados em transações com quatro bancos estrangeiros. A soma de dinheiro no caso acima mencionada é estimada em 2 bilhões de dólares.

As contas CC-5 – não há como desmentir –, usadas em negócios suspeitos e provavelmente articuladas ao narcotráfico, andavam às soltas. Somente no mês de abril de 1996 é que o Banco Central do Brasil divulgou novas regras para seu controle. A partir de então, movimentações superiores a 10 mil dólares passaram a ser identificadas pelo Banco Central por meio do sistema chamado Sisbacen. Tornou obrigatória a menção da origem e do destino dos recursos, bem como identidade e endereço dos depositantes e dos destinatários.

Nem funcionários nem Diretores do Banco Central foram demitidos ou punidos por terem deixado sem controle as contas CC-5. Faltam ainda, em todo o continente americano, definições específicas sobre o que pode e deve ser caracterizado como crime de lavagem de dinheiro.

Os governos dos países centrais poderiam colaborar, mas fazem vista grossa às operações de lavagem processadas em paraísos fiscais como Belice, Panamá, Costa Rica, Antilhas Holandesas, Bermudas, Bahamas, Ilhas Turks e Caicos, Ilhas Virgens, Anguilla, São Vicente, Santa Lúcia, Kitts-Nevis, Libéria, Madeira, Suíça, Luxemburgo, Ilhas Cayman, Andorra, Mônaco, Sark e Jersey, Irlanda, Lienchtenstein, Chipre, Líbano, Dubai, Barheim, Maurício, Malta, Singapura, Hong-Kong, Macau, Samoa Ocidental, Vanuatu, Ilhas Cook, Ilhas Marshal e Ilhas Mariana. Nessa lista encontram-se os centros favoritos para lavagem final do dinheiro das drogas consumidas e transitadas no Brasil.

A expressão "paraíso fiscal" tem sua origem histórica entre os piratas dos séculos XVII e XVIII. As caravelas carregadas de ouro e prata da Bolívia, do Peru, do México, da Colômbia e do Brasil, entre outros, eram alvos fáceis de ataques. Piratas e corsários se apossavam dos tesouros e escondiam-os, geralmente em paradisíacas ilhas tropicais. Depois do roubo, permaneciam no esquecimento durante anos, até o resgate das preciosidades e a volta para a Europa como ricos e respeitáveis conquistadores. Hoje, diríamos, homens de negócio acima de toda e qualquer suspeita!

O dinheiro obtido com a produção e venda das drogas, do esquema papoula-heroína ou coca-cocaína, é difícil de ser detectado. Isso, em grande parte pela hipocrisia e pela ganância dos países centrais que indiretamente se beneficiam com o narcotráfico, ao abrigar em seus bancos os lucros obtidos com negócios ilícitos e igualmente porque os cartéis têm-se modernizado. Estão mais bem aparelhados que as polícias que vivem no seu encalço, inclusive a DEA. Esta, apesar do seu gigantesco orçamento, ano a ano perde espaço na luta contra o narcotráfico em escala mundial.

A informatização, a multiplicação das redes de telecomunicações, o "dinheiro eletrônico" substituindo o papel-dinheiro, o *bit* de informação, a essência do processo de globalização, a rapidez e a variedade das comunicações, a multiplicidade das formas de comércio, os milhares de produtos que transitam de um lado para outro do mundo, tudo isso mistura o capital que vem da ilegitimidade com o legal, e ambos dão a volta ao mundo em minutos. Para separar o joio do trigo, os grupos brasileiros e do exterior, envolvidos na luta contra o narcotráfico, precisam vencer estereótipos, barreiras burocráticas e formalidades jurídicas quase intransponíveis.

Colcha de retalhos

Tentando fazer uma ponte entre dois extremos, serão intercalados comentários sobre regiões extremamente distintas em uma técnica de colcha de retalhos, a começar pela Amazônia: segundo dados levantados por Lia Osório Machado, da UFRJ, apresentados pela *Folha de S. Paulo*,[99] existem, em Xapuri, o Banacre (Banco do Estado do Acre) e o Basa (Banco da Amazônia S.A.). Somente durante o mês de março de 1995, de acordo com a reportagem, essas duas agências movimentaram a soma de 6,4 milhões de reais. Além do narcotráfico, outras mutretas haverão de existir por ali.

Para observar a discrepância dessa soma com o baixo poder aquisitivo da população local basta ler os dados levantados junto à Prefeitura de Xapuri referente ao orçamento desse município. Segundo o texto, a arrecadação municipal mensal varia entre 28 e 30 mil reais; o rebanho bovino do município não ultrapassa 70 mil cabeças de gado; os cofres municipais estão vazios; o pagamento dos salários atrasam-se por meses, e 70% dos aproximadamente onze mil habitantes vivem com menos de um salário mínimo por mês.

No que se refere aos indicadores sociais, não é preciso lembrar que Xapuri é a cara de centenas de pequenos municípios espalhados pelo país. O nível de vida ali iguala-se ao da população da periferia das grandes cidades, onde até passado recente o narcotráfico recrutava a maioria dos seus soldados rasos como vendedores de pequenas quantidades no mercado varejista.

Em Cacoal, pequena cidade do Estado de Rondônia, de acordo com a mesma reportagem, o volume em cheques é superior ao circulante financeiro da própria capital do Estado – Porto Velho. Para os chefões do narcotráfico, os dados apresentados na reportagem da *Folha de S. Paulo*, como em outras publicações da grande imprensa sobre o tema, talvez não signifiquem tanto. Isso porque pouco lhes dizem respeito os fatos até aqui narrados. Narcotraficantes que fazem jus ao nome não passam cheques em negócios envolvendo drogas.

---

99. *Folha de S. Paulo*, 09/06/96.

O traficante, mesmo o principiante, sabe que a polícia tem como rastrear contas bancárias nas instituições de crédito. A quebra do sigilo bancário é como escuta telefônica no Brasil: proibidas por lei no papel, sabe-se que tais coisas são para "inglês ver". Daí o cansaço de policiais e de agentes dos serviços secretos que dedicam seu tempo acompanhando a movimentação bancária de marginais. Ao que se tem conhecimento, esse método não colocou até hoje nenhum barão do narcotráfico em quaisquer das prisões brasileiras.

As trocas e os pagamentos são feitos por títulos, imóveis, drogas, armas, aviões, produtos químicos e, para os nostálgicos, talvez até por maletas recheadas de notas, lembrando filmes hollywoodianos de bandidos. A diferença é que não predomina tanto entre as notas o outrora poderoso dólar, agora freqüentemente marcado pela DEA. O banditismo miúdo, com a estabilização, ainda que passageira, das economias dos países da América do Sul, não se faz de rogado: qualquer boa troca é bem-vinda.

A globalização neoliberal coloca nas mãos do crime organizado, rapidamente, tudo que ela precisa. Os métodos variam caso a caso. Para grandes somas usa-se o processo eletrônico de transferências. Elas são passadas e repassadas pelos *bits* de informação, deixando enrubescidos, pelo seu atraso tecnológico, os passadores de cheques nas fronteiras. Todavia, o que aprecia mesmo o traficante daqui é receber o seu pagamento em cocaína, anfetaminas ou heroína, coisas tão valiosas e disputadas quanto o ouro.

Entre os sinais de desconfiança dos traficantes pequenos em passado recente estava a dúvida na aceitação de notas de 100 dólares e de 100 reais. Pelo exposto, certamente não serão os cabeças dos cartéis que irão até os bancos nas cidades de fronteira abrir suas contas. Afinal, para os grandes, a Suíça ainda existe acima de todas e quaisquer suspeitas e sabe lavar mais branco[100] o dinheiro da droga.

Talvez algum dia, no futuro, sociedades vítimas da droga venham a exigir dos Estados cujos governos dão guarida ao

---

100. ZIEGLER, Jean. *La Suisse lave plus Branc*. Paris, Editions du Seuil, 1990.

crime organizado em suas contas bancárias secretas justas indenizações. Tudo é uma questão de tempo... Há décadas passadas, era quase impensável, senão recuperar, conseguir pelo menos alguma indenização dos bancos suíços pelos bens depositados por judeus, vítimas do Holocausto da Segunda Guerra Mundial. Seguramente bastante aquém ainda do valor lá depositado, famílias de prisioneiros mortos em campos de concentração começam a ser ressarcidas. O Congresso Mundial Judeu, com o apoio da opinião pública mundial, pela primeira vez torce o braço da poderosa máfia de banqueiros da Suíça.

Em razão da concorrência pela abertura, nos últimos anos, de praças em Luxemburgo, Áustria, Gibraltar, Ilhas de Cayman, Ilha de Man e outras localizadas no Canal da Mancha, como as de Jersey e Guernsey, os banqueiros nos paraísos fiscais andam especialmente generosos para com os contraventores. Estes, aliás, também se modernizaram. Deslizes existem, como no caso do ex-presidente do México Carlos Salinas de Gortari, cujo irmão, Raul Salinas, por intermédio do Citybank, depositou aproximadamente 100 milhões de dólares em bancos suíços. A história dos Salinas acabou descoberta por mero acaso.

O que se quer dizer é que, nos anos 1990, não mais como no passado, são raros os casos de capangas de um Ferdinand Marcos, das Filipinas, descendo de um avião Swissair, com malas cheias de diamantes e dólares. Existem ainda, é claro, "Noriegas", "Sampers" ou "Collors de Melo" para enriquecer a cena de folclores montada em torno do narcotráfico. Tais caricaturas, ainda que contenham em si traços de verdade, são alimentadas para justificar estereótipos. Servem freqüentemente para desviar o eixo das atenções para a velha cena da ultrapassada divisão que coloca os países consumidores como vítimas e os países produtores como bandidos. Em se comportando assim, fica-se com uma visão parcial do fenômeno do narcotráfico.[101]

---

101. Dados colhidos e discutidos na Mesa-Redonda sobre "Ilícitos Transfronteiriços" em que participou este autor. Promoção da Fundação Konrad-Adenauer, Fundação Alexandre Gusmão e Secretaria de Assuntos Estratégicos da Presidência da República. 22 de agosto de 1996.

Voltando para dentro da Hiléia Amazônica, é necessário compreender como a população de Cacoal, Xapuri, Lourenço Marques e dezenas de pequenas cidades brasileiras, naquela região, no Nordeste, no Sudeste e no Sul, utilizam as migalhas e as sobras do narcotráfico. Ao contrário da população que vive nos paraísos fiscais desfrutando de um alto nível de vida, o povo de Xapuri e Cacoal vive muitíssimo mal, apesar das "quantias milionárias" que transitaram por lá, descontada a parte limpa desse dinheiro, ou seja, aquele movimentado pelo comércio e pela agricultura.

Ainda de acordo com o trabalho da pesquisadora Lia Osório Machado, em Cacoal vivem aproximadamente 80 mil pessoas. Nesses números, incluem-se os 35 mil habitantes da zona rural, responsáveis pela economia municipal baseada essencialmente no café e na carne bovina. Nesse município, seis bancos receberam 448.630 cheques. O valor somado é de aproximadamente 158 milhões de reais.

Em Porto Velho, como em outras capitais e cidades com nível de desenvolvimento maior, os narcotraficantes, além das mil e uma táticas mencionadas, utilizam, em suas transações, o escambo de bens de fácil valor de troca com condições para sua volta ao mercado.

Repetindo, o traficante experiente não gosta de passar cheques. Cocaína se paga com cocaína, moedas fortes e fracas. Paga-se com imóveis urbanos, com fazendas, gado, carros roubados ou zero km saídos legalmente de agências. Com armas, acervos e coleções de arte, artigos esportivos, cavalos de raça, jóias, ouro, iates de luxo, austeras firmas de prestação de serviço, hospitais, hotéis, restaurantes, prostíbulos, firmas de turismo, gráficas, apartamentos no exterior etc.

Daí não impressionar tanto a informação de que em Porto Velho o volume depositado nas 25 agências bancárias alcançou 412.239 cheques, ou seja, menos que os emitidos em Cacoal, levando a crer que o narcotráfico, nessa última, é mais movimentado do que em Porto Velho.

O estudo aqui comentado, mesmo não mostrando explicitamente outras conexões e partes da economia movidas com o dinheiro das drogas, ajuda a exemplificar estratégia de ação, comprovando que, sem abandonar os grandes centros, o narcotráfico utiliza pequenas e médias cidades como peças na comercialização a varejo ou na formação de estoques. Essa armação não é parte de esquemas soltos ou improvisados. É estratégia dinâmica: envolve toda uma lógica de eficiência capaz de desnortear ações policiais.

Woodstock, Love Parade, Techno Music e Micaretas

No sistema internacional emergente, o fim da bipolaridade ideológica e a crise russa, refletindo na total desagregação das conquistas sociais e tecnológicas herdadas da finada União das Repúblicas Socialistas Soviéticas e dos regimes que orbitavam em sua esfera de influência, impedem que o comunismo venha a ser reutilizado no repisado papel de vilão internacional. Em seu lugar, países produtores e de trânsito das drogas alucinógenas transformaram-se em bodes expiatórios. Ressalte-se, porém, que a política antidrogas dos Estados Unidos da América e da União Européia vão sendo afogadas por suas próprias contradições.

Produtores famosos de ópio, como Birmânia, Vietnã, Laos, Camboja, Paquistão e Turquia, entre outros, não são tratados com a política do porrete como os latino-americanos. Agravando a situação, os Estados Unidos da América, extremamente condescendentes para consigo mesmos e para com outras nações consumidoras do Primeiro Mundo, imolam no altar dos rituais das relações internacionais os países de produção e trânsito, concedendo ou não certificados de aliados no combate ao narcotráfico.

Os Estados Nacionais interagem em diversas esferas de ação: promovem coligações diplomáticas, culturais, comerciais, acordos de cooperação científico-tecnológica e cooperação policial-militar, entre outras. Mesmo assim não conseguem estancar a produção, o comércio e principalmente o consumo abusivo de psicotrópicos. Já foi escrito aqui que se as políticas de integração, em certo sentido, como no caso da União Européia e do Mercosul, contribuem para o alargamento das fronteiras do mundo dos narcóticos, igualmente por meio da globalização das políticas de repressão pode-se dispor de instrumentos coletivos e ações concertadas de maior amplitude no combate às drogas.

Nos anos 1960, a juventude idealista e rebelde, inspirada nos princípios marxistas ou no pacifismo do sim ao amor e não à guerra, pretendeu uma ruptura entre o ético e o legal da ordem capitalista. O movimento *hippie*, por exemplo, ostensivamente transformava o uso de psicotrópicos em sinal de rebeldia ao sistema que poucos anos depois absorvia sua moda, sua música etc. A partir de então, o uso de narcóticos crescentemente abandonou seu caráter contestatório, assemelhando-se mais a um rito de passagem. Primeiro o estudante universitário, depois os alunos dos colégios particulares e públicos e agora até as crianças na pré-adolescência.[102]

As drogas perderam por completo a aura e a graça contestatória da mocidade. Desideologizada, é essencialmente egoísta. Seu lucro desregrado transforma os que estão em seus negócios em seres caoticamente individualistas, sem o charme e a irreverência coletiva de Woodstock, onde cerca de 200 mil pessoas dançaram nuas no ano de 1969.

Para a juventude, ter drogas é sinônimo de poder: rende amizades e novos relacionamentos. Em alguns casos, significa até mesmo status. A cocaína, o ecstasy e a heroína dão às festas dos filhos das elites o toque do caviar e do champanhe no passado.

Tóxicos com nível maior de impurezas, como o crack, são usadas em bailes *funks* freqüentados pela periferia urbana e por jovens provenientes de camadas sociais de média e baixa renda. Formulada de forma grotesca, a luta de classes de ontem foi substituída pela narcoviolência em busca do consumo de drogas nos dias de hoje.

---

102. Ver: MANDON, D. "Perspectiva Antropológica da Droga". In: *Toximanias – Uma Visão multidisciplinar* J. Bergeret e J. Leblanc (Orgs.). Porto Alegre, Artes Médicas, 1991, p. 230-242.

A juventude dos continentes, sem ideologia, sem saber por que lutar, despolitizada, abraça inconsciente o tema do anarquismo alemão dos anos 1960: "*macht kaputt was euch kaputt macht*", ou seja, "destrua o que vos destrói".

Na *Love Parade* realizada em Berlim no segundo sábado de julho de 1998, aproximadamente um milhão de jovens dançaram nas ruas ao som da "Techno Music" no altar do ego. Saudado como o maior evento musical da juventude européia, esse acontecimento é um autêntico sorvedouro de tóxicos.

O techno, o hardcore, o industrial e seus substratos constituem o ritmo-símbolo do caos, daquele que anuncia o final do milênio. Nessas músicas, lê-se anarquia como sinônimo de caos. O simbolismo do som da "Techno Music" surge da inspiração com gente viciada em drogas e em experimentações musicais.

Na Alemanha, terra em que Beethoven nasceu, lá é que se deu o parto também a esse tipo de música, parida do útero das máquinas computadoras. Ouviu-se, naquele país, que a boa Techno Music é a da absoluta sensação do vazio ilimitado de todas as coisas... aquela que vai além da apologia da desordem, em um mergulho ao obscuro. Talvez por ser techno seja uma música assumidamente sem alma.

Essa tradução de conversa e explicação anônima, obtida na pátria-mãe desse ritmo, até pode ser certa. Se for assim, a música deste final de século, produto de teclados sintetizadores e *samplers*, assume sua mania própria de se fazer ouvir. Vale dizer, possui o mito de regressiva visão cosmogônica; encontra-se no estágio pré-filosófico das coisas.

A Techno Music, o grande achado da indústria fonográfica, caiu dos céus, "deu sentido de nada, mas imprimiu cor" na atmosfera em que vive o consumidor de substâncias entorpecentes, descaracterizado por falta de compromissos para consigo mesmo e para com a sociedade que o cerca.[103]

---

103. Ver: GRUND, J.P. C. *Drug use as a Social Ritual – Functionaly, Symbolism and Determinants of Self Regulation* – Rotterdan, Institut voor Verslavingsonderzoek (IVO), 1993.

Agora, por quase toda parte, esse tipo de música é a febre das "boates alternativas", das festinhas e das festanças. Em Berlim, casarões bombardeados na Segunda Guerra Mundial, ruínas não reconstruídas, servem de cenário ideal para a "Techno Music".

No Brasil, prédios inacabados e construções abandonadas transformam-se em palco predileto dessa cultura eletrônica de sons cronometrados e de efeitos duros semelhantes ao velho bate-estacas da poluição sonora.

Na Alemanha, sem conotação política de protesto, com pouquíssimo da contracultura dos anos 1960, essa música, inicialmente adotada pelo numeroso segmento homossexual jovem de sua sociedade, que teima ser chamado de minoria, migrou para o Reino Unido na alienação das alienações. Aí camuflou-se no pop-rock de bandas como a Depeche Mode e a New Order. De lá para San Francisco, na Califórnia, e para o resto do mundo, custou pequeno pulo.

Toda essa ambiência musical com base no pouco falado sentido auditivo valeu como hospedeira ímpar do consumismo de drogas. O trágico é que a sociologia constata essa realidade sem responder, sem explicar a causa exata disso. Deixa de dizer por que parte da juventude se transforma em toxicômana. Ou seja, a dificuldade para entender a ação da droga se estende à dificuldade da "avaliação de seus efeitos sociais e de como lidar com eles".[104]

O "ambiente" da Techno Music leva parecer "jardim de infância" as apresentações da banda brasileira Planet Hemp. Sua fama começou quando a faixa do seu primeiro disco terminou classificada de imprópria e com permissão para ser exibida apenas depois das 23 horas por causa do clip "Legalize já". Isso dá para lembrar a censura que a Igreja Católica fazia, nos anos 1950, dos filmes exibidos em cinemas do interior. Era só afixar o "impróprio para menores de 18 anos" que chovia público.

---

104. MACRAELL, Edward. *A desatenção da legislação de entorpecentes pelas complexidades da questão*. CETAD e Universidade Federal da Bahia (mimeografado). Salvador, 1966, p. 2.

Dar dois significa fumar baseado. Vem daí o nome artístico do líder do Planet Hemp, Marcelo D2. Fumando maconha em público, aparecendo o máximo possível na mídia e por causa de incidentes inteligentemente armados contra a polícia, foi assim que essa banda construiu seu nome. Graças às proibições sofridas por seu grupo, espalhafatosamente divulgadas pela imprensa, autoridades do Ministério da Justiça acabaram se transformando quase em agências de propaganda do Planet Hemp. A melhor prova disso são as multidões de menores, barrados nos shows do grupo – liberados só para os acima de 18 anos – gritando "maconha! maconha!"[105]

Ciente de que suas músicas não têm nenhum valor especial, em seu CD "Eu tiro é onda", o cantor honestamente se revela. Se valesse no Brasil um pouco da sabedoria do "é proibido proibir", com certeza ninguém conheceria quem é o Marcelo D2. A meninada teria menos entusiasmo para usar e abusar da *cannabis*.

Não pela maconha em si, mas por causa dos mitos e da delinqüência formada em volta dela, seu uso transformou-se, no passado – e ainda o é em parte, também hoje –, no primeiro degrau da escadaria para outras drogas.

No Brasil, inventaram a craconha, associação de crack com maconha. O crack, mistura barata da pasta de cocaína com bicarbonato de sódio, éter ou querosene, chega em pedrinhas para ser pitado. Sua mescla com maconha tem seus apreciadores.

Provavelmente será tarde demais o dia em que a nação acordar para a política de descriminalização do usuário. Acontece hoje, com a maconha, o mesmo ocorrido ontem em relação ao jogo do bicho: sua legalização, por causa de suas estruturas acopladas à contravenção, levaria à falência imediata seus banqueiros. Correta ou equivocada essa interpretação, o fato é que a sociedade necessita de visão de conjunto das coisas e de não temer o diálogo.

---

105. Revista *Época*, 14 de setembro de 1998, p. 99.

Ao se mencionar esses fatos, dá-se a impressão de que se está procedendo a uma análise datada. Pelo sim e pelo não, mencionando ora aqui um samba-rap ou Techno Music, ora ali experiências de igrejas ou de domésticas com drogas, passam pela mente fatos de hoje semelhantes aos de ontem, continuando-se a aceitar dogmas sem verificar sua verdade.

A cada ano entram na fama e caem no esquecimento grupos de jovens defendendo, em suas músicas, senão a descriminalização, a própria liberalização das drogas. Tais fatos envelhecem, são esquecidos rapidamente nestes tempos velozes cujas verdades duram uma noite em vez de toda a eternidade. O que não se deve esquecer é que a ilegalidade cria poderoso fetiche em volta da maconha. Mesmo acreditando em suas proclamadas virtudes, esta erva está longe de merecer a estima e a consideração a ela endereçadas por grande parte da juventude.

O *glamour* das drogas hoje é parecido com aquele encontrado no hábito de fumar com piteiras nos anos 1920 e 1930. As fotonovelas, Hollywood e o cinema em geral souberam metamorfosear o mau cheiro da fumaça e do bafo do cigarro em sedução e elegância.

A Tropicália dos avós da juventude de hoje não foi diferente. Maconha naquela época no Brasil era coisa de "gente bacana e avançada". O lema "é proibido proibir" rodava o mundo, ardentemente exaltado por compositores da velha geração, como Caetano Veloso e Gilberto Gil, entre outros.

As anfetaminas e tranqüilizantes misturavam-se a coquetéis e bebidas nas festinhas. Dizia-se que davam ânimo, incrementavam a atmosfera etc. O pessoal deixava de dançar agarradinho como se fazia tradicionalmente, partindo para o "agito" do *twist*.

Mutatis mutandis, o *techno* e as *raves* atuais são ouvidos sob efeito das mesmas drogas experimentadas, não pelos vovôs, porém pelos bisavôs da garotada de agora, uma vez que a Metilenodioximetanfetamina, com abreviação MDMA, sintetizou-se pela primeira vez em 1912.

Elfriede Koller, autoridade responsável pela questão dos entorpecentes em Berlim, previa que um terço dos participantes da Love Parade, ou seja, 250 mil jovens, haveria de se drogar no evento, sobretudo ingerindo o ecstasy.

A estimativa girou em torno da média de 15 comprimidos por dia durante o festejo. Caso esteja correta, consumiram-se 3.750.000 drágeas desta substância. A polícia alemã, considerada a mais eficiente e rigorosa, registrou 159 delitos relacionados a droga durante o acontecimento. Quarenta e oito pessoas foram presas por tráfico e, com elas, 1.100 pílulas do ecstasy, 400 gramas de haxixe e maconha, 16 gramas de cocaína, 10 gramas de heroína, e 140 (*trips*) ampolas com LSD. Essa insignificante quantidade de droga apreendida em festejo de espetacular magnitude, onde o consumo era provocativamente ostensivo, demonstra que a cultura do consumo emperra a alta competência técnica dos policiais alemães, que, neste particular, empata com a de seus colegas de qualquer país emergente. No Brasil, por exemplo, entre 1995 e 1997, caiu de 22.100 para 15.800 o número de registros policiais envolvendo o tráfico e o consumo.

Nesta *Love Parade*, o lucro obtido com a massa de turistas jovens e o volume de dinheiro conseguido com a venda de psicotrópicos explicam a tolerância. O serviço de turismo da capital alemã estima que cada jovem gasta, com hospedagem e alimentação, cerca de 200 dólares. A indústria do turismo ganha tanto na produção de eventos regados com entorpecentes, a ponto do exemplo se espalhar por toda a Europa. Nesse caso, o dinheiro cala a boca do Estado. As Micaretas – carnavais fora de época – por todo o Brasil são quase a mesma coisa: evidenciam as duas caras da política de combate aos narcóticos.

Em contextos em que uma mão afaga e outra baixa o porrete, qualquer esforço de interpretação da dialética da criminalidade deixa perguntas sobre as causas de tamanhas idiossincrasias nas políticas antidrogas patrocinadas pelos Estados Nacionais. O desgaste dos apelos da outrora todo-poderosa "Razão de Estado", em nome da moral cristã e da ética, enfraquece a luta contra os estupefacientes. Conforme já se fez ver, a busca de estratégias eficientes e operativas por parte das sociedades envolvidas na aplicação das leis antitóxicos colide tanto com contradições quanto com falta de decisões e ações da microestrutura familiar até a esfera internacional.

Nos paraísos fiscais, por exemplo, nenhum banqueiro está preso, apesar das evidências de sua participação no narcotráfico. Países envolvidos em processos diferentes do narcotráfico estão sob olhares distintos da opinião pública internacional. Alguns "pagam o pato", outros não. Que se tome como exemplo a imagem da Confederação Helvética e dos países latino-americanos. A Suíça, sem ser membro da Organização das Nações Unidas, sedia importantes organismos internacionais. Em Genebra assentam-se freqüentemente lideranças mundiais para discutir assuntos de relevância para toda a humanidade. Do outro lado, os latinos no banco dos réus são vítimas da guerra suja da difamação da imagem A imprensa ocidental pouco comenta sobre o papel do Paquistão na produção de drogas, mais forte que o da própria Colômbia. Quase ninguém escreve sobre os poderosos e ameaçadores cartéis de Peshawar e de Lahore[106].

Dos países do "Triangle d'or" – Birmânia, Tailândia e Laos – saem substâncias ilícitas significativamente menos leves que as produzidas na Bolívia e no Peru. Esses casos, além de ilustrar o panorama da parcialidade internacional, servem para comprovar que os agentes das drogas aproveitam-se da velha situação da desordem internacional.

Construção do pacto social

Onde não há justiça, não há como lutar pela construção do pacto social antidrogas em que se ganha segurança em troca da liberdade. Com a violência urbana e a indústria de seqüestros, vítima de assaltos e balas perdidas, o homem desta sociedade não acredita na ação estatal, porque efetivamente este Estado não fornece segurança ao cidadão. No clima de lei

---

106. LABROUSSE, Alain. *La Drogue, l'argent et les armes*. Paris, Librairie Arthème Fayard, 1991, p. IV.

da selva no Estado, o Leviatã ainda não apareceu. Assim, a explicação mundialista e as luzes teóricas da globalização na explicação do narcotráfico ficam ofuscadas pelo paradoxo do velho que não morreu e do novo que tampouco nasceu. Nesse contexto, vale ousar afirmar que as drogas são, antes de tudo, parte de uma trama cosmogônica.

As drogas pesadas são consumidas por indivíduos, por gente agrupada em torno de valores, prazeres, interesses, associações e organizações culturalmente transnacionalizadas. Nessa perspectiva, o narcotráfico serve como alerta no processo de observação do deslocamento de eixos de influência da política do poder nas relações internacionais.

As políticas de poder orbitam em torno de realidades mais complexas do que as geralmente até agora estudadas pelos especialistas em relações internacionais. Com o advento da chamada sociedade global, eclipsa-se parcialmente a poderosa influência da visão político-sociológica emoldurada ao conceito estatal. Por conseqüência, a análise sobre o comércio de substâncias entorpecentes não deve ficar exclusivamente nem debaixo do guarda-chuva dos estudos sobre o Estado, nem debaixo da miragem de um concluído e bem finalizado processo de globalização. A virtude está no meio.

As ramificações do narcotráfico forçam a análise da questão das drogas para além do Estado[107], porque as estruturas estatais, arcaicas e debilitadas, não respondem inteiramente às novas exigências da sociedade da exclusão. As decisões estatais constantemente se esquecem de que os tempos são outros. O narcotráfico contribui para que se viva em um momento histórico de redistribuição de autoridade e não se dá conta.

A velha ordem persiste fragmentada, dilacerada pela força do aparecimento das novas tecnologias, pelo poder dos veículos de comunicação de massa, pelo início da consolidação da nova e grande luta de classes. Luta dos que detêm o emprego contra os desempregados ou excluídos que jamais tiveram

---

107. Ver: ZALUAR, Alba. *Governabilidade, Sistema Político e Violência*. Rio de Janeiro, José Olympio Editora, 1994.

emprego e vice-versa. Isso singulariza a fragilidade das bases sobre as quais repousam os princípios democráticos ancorados na trilogia da igualdade, liberdade e fraternidade.

Mesmo não sendo tema diretamente vinculado ao narcotráfico, a não ser pelo dinheiro sujo ou lavado que dificilmente deixa de financiar candidatos nas eleições, é válido ver a tendência dos partidos. A onda da "terceira via" que se abateu sobre as agremiações políticas com histórica tradição de esquerda, como a social-democracia na Alemanha, nos países escandinavos e no trabalhismo inglês, arrebentou sem força e tamanho para os surfistas destas praias tropicais. Na América Latina, os partidos dos trabalhadores e outros ditos de esquerda curvam-se às contradições, cedendo às pressões pela continuação a favor das garantias salariais conquistadas, em vez da luta pela divisão do pão ou da opção preferencial pelos excluídos, segmento majoritário da população, em que geralmente encontra-se expressivo e esquecido quinhão das vítimas das drogas.

A legalização e a descriminalização das substâncias alucinógenas são temas secundários na agenda política e divulgados de maneira distorcida e estereotipada pela grande imprensa. Abraçar essa causa significa mais perder do que ganhar votos. Os partidos verdes, que tiveram coragem civil no enfrentamento dessa difícil temática, estão com crescimento aquém do esperado. No Brasil, até 1998, o Partido Verde conseguiu eleger um único deputado federal.

O consumo de entorpecentes, presente tanto entre os desempregados quanto nos segmentos que possuem o privilégio do trabalho remunerado, amplia a esfera de ação do narcotraficante. Seu poder cresce à sombra da crise de valores morais, valores hodiernamente depositários de um peso simbólico menos significativo que no passado.

O mundo das drogas capta a favor dele a insensibilidade, o egoísmo e a displicência das sociedades que não apenas toleram, mas, indiretamente pela complacência, incentivam a corrupção. A favor do narcotráfico, como já se escreveu anteriormente, atuam os privilégios, regalias do poder e, sobretudo, a displicência do Poder Judiciário, refletida até mesmo no desrespeito aos direitos humanos. Daí o risco das drogas.

Às vésperas do terceiro milênio, o narcotráfico transformou-se num provocativo desafio, porque resguarda-se tanto nas estruturas corroídas do Estado Nacional quanto nas da globalização neoliberal que crescem podres. As drogas adentram nas velhas e novas democracias, sem preferência. Em quase todas as sociedades, a luta contra os narcóticos é movimento incipiente e frágil. Por essa razão, transformado em uma das múltiplas vertentes do crime organizado, os psicotrópicos têm a seu favor as cartadas da ilegalidade para corromper as estruturas sociais.

O contrabando, igualmente pela vitalidade da economia informal, está acasalado com formidável gama de atividades do mundo financeiro. Como dezenas de vezes enfatizado, reproduz na clandestinidade toda a sorte de contravenções. Em outras palavras, o dinheiro das drogas sem cheiro e cor mistura-se a atividades industriais legais, ao comércio e ao setor de serviços. A economia das drogas é de tal forma flexível e forte, que, de uma maneira ou outra, acaba penetrando no setor político. Influi no contexto econômico-social pelo fomento às interações com as esferas políticas nos territórios sob seu domínio, permitindo o que ousamos chamar de mobilidade social pelo crime. O *apartheid* social, mesmo sendo o mesmo, ganha outras cores com o narcotráfico.

A generalizada violência urbana, com todas as conseqüências, os constantes acertos entre gangues rivais e a balança pendente contra o viciado redesenham relações entre classes sociais e o *apartheid* social alcança endêmicas dimensões. No negócio das drogas estão crianças, homens e mulheres, pouco importando se são velhos, jovens, negros, brancos, mulatos, caipiras, internacionalistas, doutores, analfabetos, ricos, pobres, ateus ou crentes.

Tanto no Brasil quanto na Espanha, na Birmânia, na Rússia, no Laos, na Tailândia, na Itália, nos Estados Unidos da América, na Colômbia, no Reino Unido, no Chile, na Argentina e no mundo afora, calcular a magnitude da produção e dos dividendos das drogas é tão temerário quanto incerto. Isso por causa da ilegalidade, da clandestinidade, das conexões e do teor secreto das operações envolvidas pelo mundo do narcotráfico.

VII

MITOS DE MOBILIDADE E ASCENSÃO NO CRIME ORGANIZADO

Métodos de ação

Depois da apresentação de exemplos das atividades do narcotráfico em estados amazônicos e outros, há que se confessar que, se elas prosperam tanto, é também porque pouco se fiscaliza a ação estatal nesses estados. O excesso de autonomia estadual é faca de dois gumes.

Em extensas áreas – ágeis, rápidos, com olheiros por toda parte –, os narcotraficantes com motivação e flexibilidade são capazes de montar bases de refinamento e distribuição dos químicos tanto em uma barca, dentro de barracos em plena selva, quanto dentro de movimentada avenida em pleno centro de cidades como Belém, Porto Velho ou Manaus.

A leveza da estrutura do narcotráfico amazônico hoje é diferente, superior à da utilizada pelos cartéis no passado, até porque agora trabalham com a comunidade, dando apoio de caráter até mesmo assistencial. Esse enfoque cooperativo é importante para entender a penetração do narcotraficante no tecido social.

Pelo fato de ser criminoso semear tanto a maconha quanto a papoula ou a coca, acabaram sendo privilegiados, na América Latina, os plantios das drogas mais fortes. A vocação regional para a agricultura de exportação ou para a agricultura de subsistência desaparece, diante da forte concorrência do cultivo das plantas alucinógenas.

A Colômbia passou a outros países seu outrora monopólio do refino da cocaína. Os centros de refino colombianos destruídos renasceram na Bolívia e no Peru, principalmente.

Crescem assustadoramente os segmentos sociais em todas as Américas envolvidos com entorpecentes, a ponto de a política repressiva dos governos latino-americanos estar desnorteada, sem rumo, principalmente agora que as anfetaminas, produtos sintéticos obtidos em laboratórios clandestinos, são consumidas de forma sem precedentes por sua juventude.

A desinformação na segurança pública faz gorar iniciativas, inibindo a criação de novas estratégias e procedimentos logísticos de combate às drogas, principalmente as de consumo mais recente. Por exemplo, os estimulantes do tipo anfetamina (ATS) detêm duas potencialidades, isto é, além da facilidade de obtenção dos insumos para a produção, contam com um grande número de consumidores.

Conforme já descrito anteriormente, o Brasil é, há mais de quarenta anos, o paraíso dos grandes laboratórios. Poucos países do mundo produzem tantos remédios quanto o Brasil. Em nenhum deles a automedicação é tão permissiva. O consumo de medicamentos a rédeas soltas, além de ter insuflado o aparecimento de laboratórios clandestinos, permite falsificação de remédios até nos laboratórios convencionais e erros na preparação de fórmulas em farmácias de manipulação, fatais à saúde humana.

Com ou sem o controle oficial sobre anfetaminas e metanfetaminas, a produção clandestina prosperou. Além do desvio e do roubo de cargas, a seu favor conta o fato de os produtos finais do tipo anfetamina terem estrutura química bem simples. Além disso, vários compostos químicos servem em numerosos processos de síntese e estão na literatura técnica ao alcance das mãos de profissionais da área, que, sem dificuldade, até em laboratórios pequenos e simples podem transformar substâncias básicas.

Preparados para não perder o espaço para as drogas sintéticas, na guerra do vale tudo, os narcoprodutores amazônicos e, em particular, a Colômbia, parecem ter acertado sua opção, iniciando, em larga escala, plantios da papoula para fabricar a heroína. O risco é o mesmo dos negócios da cocaína. Apenas os lucros são maiores. Na selva de concreto das cidades nenhum satélite espião consegue descobrir laboratórios clandestinos. Afora isso, está sendo falado que, na falta das susbstâncias tradicionais, atualmente os especialistas em química a serviço do narcotráfico apelam até para o uso do limão e da cebola no processo de transformação da coca.

A pressão do governo dos Estados Unidos da América contra os países amazônicos produtores da coca teve o mérito de forçar o crime organizado na América Latina a diversificar e a buscar outras opções. A repressão levou as máfias do subcontinente a melhor racionalização do processo produtivo das drogas. Agora, o refino é mais técnico e realizado geralmente em zonas urbanas perto das plantações de coca, principalmente na Bolívia e no Peru, economizando riscos, transportes, serviços, pessoal etc.[108]

Prova da diversificação na produção de substâncias psicotrópicas encontra-se nos estados de Rondônia, Amazonas, Acre, Tocantins, Mato Grosso e Mato Grosso do Sul, pontos importantes na rota da pasta-base. Tais cidades abriram suas portas para a indústria do refino. O narcotráfico sabe que a opção exclusiva por cocaína é coisa do passado. Os lucros são maiores quando a oferta de drogas ilícitas no atacado é diversificada. Por isso, criou verdadeira interação na divisão do trabalho, tanto nacional como internacionalmente. A narcogeografia prova isso.

Os métodos de ação variam de estado a estado, de região a região. As grandes cidades, por exemplo, são o melhor lugar para os laboratórios de fundo de quintal com visão de conjunto sobre o mercado consumidor e com definidas e estudadas estratégias de compensação em caso de perdas. O narcotráfico, ao invés de burocracias, tem eficientes prestadores de serviço com formidável faro administrativo.

---

108. Ver: PROCÓPIO, Argemiro. *Drugs, Ecology and the Social Issues in Amazonian Countries*. 48º Congresso Internacional de Americanistas. Stockholm/Uppsala, 4 a 9 de julho de 1994.

Vale a pena repetir que o transporte da cocaína, de preferência pago com cocaína, agora aceita em troca outras substâncias controladas. Não entra tanto dinheiro quanto se pensa nesse intercâmbio de mercadoria por mercadoria. Apenas as quantidades variam. Em outros casos, o fornecimento de ingredientes químicos é trocado por cassiterita, esmeraldas, águas marinhas, ouro, mercúrio, aviões, carros, barcos, armas etc.

No controle dos rios está a chave do sucesso

Não tem fronteiras o comércio de imóveis acasalado às drogas. Os negócios imobiliários podem estar em um balneário espanhol, argentino, português, grego, italiano ou em qualquer lugar do mundo. Nem sempre a escritura do imóvel está em nome de pessoas dos cartéis, mas sim no de algum cidadão da própria cidade que lucra alguma coisa ao emprestar seu nome. Se trair, seu fim é a morte, ainda que causada por "acidente" de pouca explicação. Existem casos de contas bancárias milionárias em nome de pessoas que nem supõem estarem sendo utilizadas para tal fim e com poucas possibilidades de serem descobertas.

É interessante insistir nos exemplos de Cacoal, Xapuri, Guajará Mirim, Ariquemes, Cáceres e Vilhena, porque aí se visualiza um lado primitivo e decadente do narcotráfico. Essas cidades e outras servem de exemplo incontestável para ilustrar que o narcotráfico no Brasil não está trazendo progresso nem desenvolvimento. Se não é mentira que ele reduz o problema do desemprego, é verdade que ele não aporta consigo nem saúde, nem educação e nem saneamento. São migalhas o que se deixa nas regiões brasileiras, seja em regiões de garimpo, seja em regiões de agropecuária, seja nas regiões urbanas propriamente ditas. Os indicadores sociais servem de comprovação. Na Amazônia, a qualidade de vida piorou com a narcoviolência. A disputa para entrar no comércio das substâncias entorpecentes é acompanhada pelo aumento da brutalidade e corrupção inerentes à vida dos narcotraficantes.

As pequenas sobras deixadas pelos barões do tráfico criam, entre os excluídos, uma miragem, uma ilusão de prosperidade, porém não dizem muito. Claro, podem excepcionalmente significar um carro na garagem, uma casa com eletrodomésticos, comida melhor, roupas novas, filhos em colégio particular, mas não passa daí a vida do bem sucedido médio traficante. Tal fartura é esporádica, temporária. Seu processo de substituição é rápido. É raro ver traficantes vivendo há muitos anos no mesmo lugar, porque sempre terminam colhendo a violência que semeiam, tendo medo da própria sombra.

Os fazendeiros que deixam que se estoquem produtos químicos em suas fazendas, os indígenas que permitem o mesmo em suas reservas, todos ganham algo, mas por pouco tempo. Nada disso traz consigo prosperidade ou segurança. É esmola ilusória que aporta mortes, arrependimentos e dores de cabeça. Isso vale para os que conservam as pistas de pouso para aviões, sejam elas continuação de estradas em grandes retas ou campos em pastagens bem aparadas que não despertam a atenção dos satélites nem dos aviões da FAB ou da DEA.

As populações às margens da BR-317 – estrada esburacada e mal conservada como a maioria das congêneres brasileiras, por onde a cocaína transitou livre em quantidades desconhecidas – sabem que por aí muita gente desapareceu.

A BR-317 é declaradamente sensível ponto de interligação com outras rotas, por escoar pelas suas pistas a pasta-base, o éter, a acetona e o querosene. Em termos reais, perde para os rios amazônicos, porque efetivamente os maiores lotes de químicos controlados e de cocaína transitam pelas rotas fluviais. O Mamoré e o Madeira são bacias vitais. No período da seca é relativamente fácil vistoriar as embarcações, mas isso é raro. O delegado João Pomba, em Rondônia, no começo dos anos 1990, considerado o maior apreendedor de cocaína no Brasil, teve no controle dos rios a chave do sucesso de suas operações.

Na Amazônia, os rios efetivamente sempre significaram e continuam sendo mais importantes que os transportes aéreo e terrestre para o narcotráfico. Nessa região, não é raro pontos distribuidores da pasta básica transformarem-se em pontos de estocagem de ingredientes químicos e vice-versa. Da noite para o dia, são ativados e desativados, sem prejuízo da produção.

A espiral de desgraças trazida pela tradição de migração em várias regiões brasileiras – vale dizer, agricultores endividados que deixam suas terras para tentar a vida nos garimpos, garimpeiros que abandonam as minas exauridas e vão criar gado, vaqueiros falidos que buscam sua salvação e sustento nas cidades amazônicas – alimentou inicialmente o narcotráfico. Nas pequenas, médias e grandes cidades amazônicas, o processo migratório continua. Com tanta gente nova no lugar, quando se suspeita de um, suspeita-se de todos, ensinou um velho caboclo.

Em Assis Brasil, na divisa com o Peru, em Brasiléia, na divisa com a Bolívia, na zona franca de Cobija, na Bolívia, em Plácido de Castro, no Brasil, separada de Montevidéu na Bolívia pelo rio Abuña, o preço da cocaína não parou de cair nos últimos anos e, conseqüentemente, o recrutamento de pessoas para trabalhar com drogas não é alentador como antes.

Os narcotraficantes já tiveram dias melhores na Amazônia. Mesmo hoje, quem consegue ser recrutado não pode se queixar ou chorar de barriga cheia, porque, se os resultados são menos espetaculares, ainda assim compensam. Resultado de pelo menos década e meia de investimentos, o recrutamento e a formação de recursos humanos sempre foi grande dor de cabeça para as máfias américo-colombianas atuantes na Amazônia brasileira. Como o preço anda baixo, há necessidade de vender produtos em quantidades maiores e de melhor qualidade para novos e mais numerosos consumidores. Com a ampliação avassaladora das anfetaminas, o novo tráfico de cocaína faz de tudo para não perder espaço para as drogas sintéticas. Daí a recente preocupação dos cartéis para com o "controle de qualidade" contra o excesso de impurezas que "desmoraliza" o produto.

O brasileiro acostumou-se a consumir produtos de baixa qualidade, porém agora começa a reclamar. Nas capitais, os viciados sabem que consomem péssimos produtos. A cocaína pura se quadruplica com acréscimos de coisas. Quando passa disso, o exagero de impurezas provoca briga e mortes entre consumidores e distribuidores. Temem certas máfias que a mão da DEA esteja presente na desmoralização das virtudes alucinógenas da cocaína, ou seja, quanto pior o produto, tanto melhor para a política contra as drogas nocivas. Na Europa, como já foi dito, as próprias máfias zelam pela qualidade de seus produtos sintéticos. Nos Países Baixos, autoridades no setor da saúde pública cuidam para que dependentes não se envenenem com drogas injetáveis adulteradas e perigosas.

Na região conhecida como "Cabeça de Cachorro", plantações de ipadu testadas nos anos 1980 não deram certo. Os indígenas e caboclos do lado brasileiro demonstram menos eficiência que seus irmãos de raça do lado peruano, colombiano e boliviano. Promissoras plantações de coca feitas com apoio de engenheiros agrônomos holandeses em áreas desmatadas no Alto Rio Negro acabaram abandonadas. A razão do fiasco parece simples: não há o que comprar com o dinheiro das drogas, porque simplesmente inexiste um bom comércio na região. Nessa parte da Amazônia, quase tudo ainda é mata virgem.

A descoberta do garimpo trouxe aí prostitutas e comerciantes com quinquilharias, comidas e cigarros para extorquir o garimpeiro e retirar dele os lucros obtidos na lavra do ouro. O garimpo moribundo arrasta em sua decadência parte da infra-estrutura comercial e de transporte criada para seu sustento. Hoje, pouco dessa estrutura funciona. O pequeno comércio de mercadorias amazônico sobrevive mal. O eventual aporte das drogas é dado de maneira extremamente irregular.

Nos Estados do Pará e do Amazonas, na região do Alto Rio Negro e na região do Alto Solimões, os plantios de ipadu nos anos 1980 pareciam promissores e fracassaram. Escreveu-se anteriormente que a razão era de mercado, ou seja, não havia o que comprar com o dinheiro obtido na venda das folhas de coca. Acrescente-se a esse fracasso razões de ordem cultural e a própria repressão da Polícia Federal, erradicando plantações de ipadu, apesar de ninguém mais se lembrar dele.

Desgraças no rastro das drogas

Se em cada lugar os métodos da máfia variam e adaptam-se, se narcotraficantes não criam raízes, se são mestres na arte de corromper e cooptar; se foi grande o êxito no Alto Solimões por terem conseguido cooptar pescadores para transformarem barcos de pesca em abrigos flutuantes utilizados no transporte e no refino da pasta, o fiasco ocorrido na comercialização do ipadu no Brasil significou tremenda decepção para as máfias que contavam ver na Amazônia brasileira a reedição do sucesso das plantações no Peru e na Bolívia.

Para contrabalançar a deficiência da Região Amazônica, em termos de pessoal com mínimo de formação e habilidades para trabalhar na agricultura de exportação e nas diferentes etapas do narcotráfico, o processo migratório tem sido a melhor solução. Com o processo de migração a partir da década de 1970, as máfias souberam aproveitar a quebra da resistência contra o pessoal de fora, até mesmo estrangeiros.

A zona franca de Manaus e a expansão do seu comércio trouxeram o que faltava para as máfias, que passaram a ter na capital do Estado do Amazonas a junção do contrabando de mercadorias com a exportação de cocaína e heroína, principalmente para a Europa Ocidental, com entrada pela França, Espanha e Itália. Isso por causa das identidades culturais deste subcontinente com aqueles povos e pelo enorme fluxo turístico entre ambos.

Herança do colonialismo espanhol, as ilhas de Santa Cruz de Tenerife, La Palma, Gran Canaria, Ibiza, Menorca e Mallorca são antros de consumo de narcóticos e bebidas alcoólicas, uma vez que os "consumidores sociais" europeus associam férias ao abuso de entorpecentes. Quanto aos Estados Unidos da América, cerca de 85% da cocaína destinada a esse país entra pelas fronteiras mexicanas.

A zona franca abasteceu os cartéis em "recursos humanos" e em infra-estrutura física. Graças a ela, o narcotráfico enraizou-se pelo Brasil até mais rapidamente do que previam os próprios cartéis américo-colombianos, grandes interessados nessa expansão. Em razão de o suprimento para fabricação de drogas sintéticas estar mais controlado no Sudeste do Brasil, o crime organizado presente na Zona Franca de Manaus e na região de Foz do Iguaçu é que supre os demais mercados regionais com insumos básicos para a produção clandestina.

Em Cacoal, a cidade mencionada em páginas anteriores, o narcotráfico amazônico anda de mãos dadas com mestres dos cartéis colombianos há pelo menos três décadas. Nessa cidade, o discípulo mais famoso do Cartel de Cali é o ex-Deputado Federal por Rondônia, Jabes Rabelo, migrante sulista, que iniciou cedo suas atividades no comércio de drogas. Seu irmão Abidiel Rabelo acabou flagrado transportando cocaína. Processado, o mencionado senhor transformou-se no primeiro e único deputado brasileiro condenado por suas ligações com o narcotráfico, não obstante ser do conhecimento público nomes de políticos das esferas municipal, estadual e federal envolvidos com o narcotráfico, vez por outra citados nos noticiários da imprensa falada e escrita.

Culpar só a omissão do Estado pela expansão do narcotráfico na Amazônia, além de modismo acadêmico, significa entrar no caminho explicativo menos penoso, menos polêmico e mais confortável na análise do fenômeno. Todos sabemos que as fronteiras não têm vigilância e que a presença da Receita Federal e da Polícia Federal e os tratados de cooperação negociados pelo Ministério das Relações Exteriores não dão conta do recado. Conforme escrito no tópico sobre a diplomacia e as drogas, os mencionados acordos de cooperação contra o narcotráfico, se não ficam no papel, o que deles de fato é extraído para combater o mal pela raiz não passa de intenções, dada a distância entre as atividades previstas e aquelas de fato implementadas.

Sabe-se, no Brasil, que o Governo Federal, pressionado talvez pelos Estados Unidos, tolerou que sua Polícia Federal trabalhasse durante anos seguidos com maior ardor no combate à exportação da droga do que atuando na contenção do seu consumo interno. Isso é contradição que desacreditou profundamente a ação policial brasileira, comprovada por meio do número expressivo de policiais nos aeroportos do Rio de Janeiro e São Paulo e de sua minguada presença nas áreas de fronteira, principalmente na Amazônia.

Sobre a corrupção, o narcotráfico no Brasil faz dela sua principal arma. O narcotráfico pune quem não retribui seus favores e os rebeldes que transgridem seus códigos e regras. As "escolas colombianas" marcaram indelevelmente o narcotráfico no Brasil. A imprensa e até mesmo estudiosos sobre o narcotráfico sempre se referem às máfias e aos cartéis colombianos. Pelo fato de a inteligência controladora desses cartéis viver hoje mais em Miami, Los Angeles, Chicago e Nova York do que em Bogotá, Cali, Medellín e Cartagena, pareceu honesto ampliar a denominação para máfias américo-colombianas, expressão utilizada seguidas vezes neste livro.

O número de cidadãos norte-americanos conectados com o crime organizado na América Latina justifica esse acréscimo. Ressalte-se que não integram as máfias apenas indivíduos de origem hispânica ou negros. Gente de origem italiana, judia, irlandesa, ucraniana, inglesa, alemã, árabe, entre outros, dançam no baile do narcotráfico. Pela história, comparativamente, o peso dos ingleses no secular comércio do ópio é incomparavelmente maior do que o da atual participação latino-americana nos negócios com substâncias entorpecentes.

Ao que tudo indica, primeiro na Amazônia e depois por todo o Brasil, à exceção do Rio de Janeiro, a "escola" dos irmãos Gilberto e Miguel Rodriguez Orejuela, inspirada nas máfias italianas, arrebanhou número maior de adeptos. Tradicionalistas, os seguidores de Orejuela preferem o método silencioso e eficiente da corrupção. Gastam somas de dinheiro enormes, é verdade, mas seguram pelo "vil metal" estruturas do judiciário, corrompendo juízes, promotores, políticos, empresários e policiais pelo Brasil afora. Daí a razão de se acreditar que segmentos do mundo político, jurídico e policial-militar, em quase todos os Estados da Federação, estejam compromissados e indelevelmente marcados por transações diretas ou indiretas com o narcotráfico. Se a globalização dá um toque internacional na maneira de traficar, o "jeitinho brasileiro" tanto pode terminar em beijos e abraços, como em banhos de sangue, configurando diferentes formas no trato do narcotráfico com a sociedade.

No Rio de Janeiro, mostrado acima como exceção, a "escola" da máfia de Ivan Urdinola conquistou maior número de seguidores. Estes costumam ser diretos e menos pacientes. Apelam sem temor para qualquer tipo de violência, preferindo assassinatos e seqüestros, lembrando o comportamento das violentas máfias russas. Não raro as ordens emanam de dentro dos próprios presídios cariocas. Todavia, em escala nacional, não há ainda confronto entre seguidores de uma e outra "escola". As brigas são pontuais, como as do Comando Vermelho e o Segundo Comando.

Ao que se saiba, em nenhum lugar do mundo, seja nos Estados Unidos da América, Itália, França ou Espanha, Estado algum conseguiu desvencilhar-se por completo do poder de influência ou de corrupção dos barões do tráfico. Sem conseguir precisar quem é quem, sem poder comprovar denúncias, a sociedade brasileira constata que a ética e moral da nação esmorece com a banalização da corrupção e da violência.

A coragem civil cede espaço para a covardia, quando tornam-se cotidianas nos jornais as denúncias sem punição de juízes, políticos e altos funcionários abraçados no lucrativo negócio dos ilícitos. O processo de corrupção é abrangente e nada seletivo: recruta pessoas de alta e baixa renda, atinge regiões ricas e pobres.

Nesse particular, a Amazônia depara-se com uma singular complexidade. Conforme várias vezes assinalado, ela é parte de um país ao mesmo tempo território de trânsito, de refino e consumo. Mais do que isso: além de esconderijo privilegiado de narcotraficantes de outras nacionalidades, lá os mafiosos misturam suas estratégias, em um compadrio e ecumenismo sem precedentes. Talvez seja por isso que ali tenha começado agora também a produção de sintéticos, em um processo que os economistas gostam de chamar de substituição de importação.

Quantitativamente, em termos de consumo de droga, o Brasil só perde para os EUA. Não obstante isso, pouco de eficiente se faz para coibir o consumo interno. A campanha antidrogas nas escolas continua em mãos de gente bem intencionada, porém sem preparo técnico-pedagógico. As políticas antidrogas formuladas nos Ministérios da Educação e da Justiça limitam-se a cartilhas e manuais pouco lidos e chatos. Mestres e professores tampouco são formados para trabalhos contínuos e racionais na luta antidrogas. Nas igrejas, o discurso, apesar de apelativo, moral, é o que mais tem alcançado a juventude.

Os meios de comunicação de massa, principalmente a televisão e o rádio, indiretamente fazem propaganda das drogas. Os boletins oficiais antidrogas parecem não acreditar na gravidade do assunto. As mensagens implícitas contra as drogas, que deveriam ser veiculadas em filmes, letras de músicas do *rock* e novelas, raramente existem.

Na cidade de São Paulo, por exemplo, o Grupo de Apoio e Proteção à Escola – Gape, que prende pequenos traficantes que servem colegiais e universitários, presta-se igualmente a esclarecimentos sobre as drogas. A polícia militar paulista criou o Programa Educacional de Resistência às Drogas – Proerd –, com cartilhas que tentam levar a moçada a dizer não às drogas. Conhecido desde 1993, o modelo Proerd espalhou-se para outros Estados da Federação. Infelizmente, o material didático utilizado, quando não simples cópias de modelos norte-americanos, são orientados demais por padrões culturais que fogem dos daqui.

O Sindicato dos Estabelecimentos de Ensino de São Paulo tem mostrado consciência de que prevenir é melhor que remediar. Lamentavelmente, os cursos de pedagogia, sociologia e métodos de ensino, entre outros, não se envolvem como deveriam nesses programas. É vergonhoso afirmar, mas é verdade: no Brasil, as polícias mostram, por meio de seus programas, maior preocupação com as drogas do que as próprias universidades. A falta de apoio técnico das universidades nas campanhas contra as drogas é visível. Talvez por isso se traduzam para o português manuais vindos do exterior. Criados fora da ambiência sociocultural desta nação, perdem em substância.

A cobrança da sociedade poderá sacudir a letargia universitária, retirando dos estabelecimentos de ensino superior não só idéias, mas concreta e saudável ajuda na luta contra as drogas.

Os lucros auferidos dos negócios da droga – ainda que parcela pouco expressiva permaneça definitivamente no Brasil – operam praticamente como "bancos subterrâneos". Aqui, os narcodólares invadiram de tal forma ao ponto de quebrar e sustar por anos a velha tradição do câmbio negro. Dados do

Federal Reserve, uma espécie de Banco Central dos Estados Unidos da América, revelam que as instituições bancárias daquele país, em setembro de 1998 – ou seja, antes da grande crise da debandada do capital especulativo no Brasil – possuíam 27 bilhões de dólares em aplicações nesta terra. Esse volume eleva o país quase ao nível de gigantes como França e Japão. Quanto desse dinheiro provém de negócios ilícitos, como drogas e contrabando de armas, é impossível saber.

O narcodólar é onipresente, apesar de pouquíssimo nas mãos dos pobres e abundante nas mãos dos ricos. O fenômeno narcodivisa ocorre na Amazônia em uma intensidade tal, a ponto de formar a ilusão de que o narcotráfico é também fator de distribuição de renda naquela região.

Na Amazônia brasileira, comunidades visitadas nos anos 1980 em Estados como Rondônia, Acre, Amazonas e Pará não têm agora o mesmo rosto que tinham então. Naquele tempo, a população parecia imune às drogas que acreditávamos ser fenômeno do capitalismo decadente. Hoje, nas cidades que serviam como depósitos, ponto de trânsito da droga para o Sudoeste do país e para o exterior, parte de sua juventude está nas mãos do crime. Se por causa do total descuido do combate às drogas no plano doméstico ou se por causa da desagregação dos costumes, não se sabe.

Quem conhece o submundo do narcotráfico em Belém, Manaus e Porto Velho entende a gravidade dessa denúncia. Há omissão nas escolas, nos quartéis, nas universidades e nos meios de comunicação de massa. Em nenhuma das pequenas e grandes cidades amazônicas existem políticas públicas que motivem a população a rejeitar o uso de drogas ilegais. Da mesma maneira como no Rio de Janeiro e em São Paulo, menores de idade estão nos negócios do tráfico da cocaína, começando a iniciar-se também no comércio das anfetaminas, que está na crista da onda.

Outro modismo encontra-se no abuso das ditas bebidas energéticas como a Flash Power, Flying Horse e Red Bull, importadas da Alemanha, Países Baixos e Áustria. Fingindo advertir que não podem ser misturadas com bebidas alcoólicas, elas dão a receita exata do que se precisa fazer para alcançar os "desejados efeitos". Quando ingeridas conjuntamente com a cachaça, vodka ou uísque, ativam o efeito da cafeína e da taurina contidas em suas fórmulas. O resultado bate no sistema nervoso central que transmite sensação de se "estar ligadão". A procura por tais bebidas é grande: vendida aproximadamente por cinco reais a latinha, esses "energy drinks" abrem a noitada para outras drogas e surubadas.[109]

Os quase centenários ATS são por equívoco considerados produtos da modernidade. Vale escrever de novo que o ecstasy nasceu em 1912, sintetizado pelo laboratório Merk. Seu efeito dura mais que o da quase sempre impuríssima cocaína vendida no mercado brasileiro. Depois de ingerir o ecstasy, certos jovens bebem o guaraná em pó para ajudar a repor energias. Os efeitos são exatamente os desejados. Levam à ilusão de que o relacionamento com o mundo e a comunicação com o entorno tomam mais fluidez. A dor na consciência também é menor. O ecstasy vende imagem equivocada de droga mais mansa e menos prejudicial à saúde física e mental. A razão da subestimação de opinião pública dos perigos para a saúde do consumo das anfetaminas precisa ser explicado. Mesmo com fartura de cocaína, por ser moda, a garotada filha da elite, em Manaus, Porto Velho e Belém, busca o ecstasy. Dinheiro não falta para a meninada dessas capitais, porque parte dela é oriunda de famílias sustentadas pela robustez da rica economia informal amazônica, umbilicalmente associada à gigantesca evasão fiscal.

As artimanhas financeiras dos bancos nacionais e estrangeiros limpam parcialmente com truques a cara do narcotráfico. A economia informal amazônica nos últimos trinta anos forneceu ingredientes para fazer crescer o bolo do banditismo regional e, conseqüentemente, nacional. O Estado, em face dessa realidade, encontra-se diante do seguinte dilema: se correr o bicho pega, se ficar o bicho come. Pensar alto e ousar debater com determinação os prós e os contras da descriminalização das

---

109. Coquetel Jovem com cara de molotov. *Correio Braziliense*, 15/11/1998.

drogas, enfrentando unidos as reações pela condenação do arcaísmo imobilista das políticas antidrogas, deveria ser parte das políticas públicas de segurança e de defesa do cidadão.

A ausência absoluta de políticas nos anos 1960 e 1970 no sentido de incentivar o homem do campo a morar em suas terras e não migrar para as cidades e a lerdeza por ter permitido se formar a imagem de que reforma agrária era coisa de comunista impediram uma justa distribuição da terra. O resultado, em parte, está no desordenado crescimento das cidades, com quebra dos vínculos familiares e esquecimento dos valores de berço.

A ruptura de tudo isso obriga a sociedade a arcar com pesadíssima dívida social, com gordos dividendos para o narcotráfico. Se as drogas existem por todo o mundo, em nenhum dos demais países a violência invadiu tanto o cotidiano das pessoas e tomou proporções parecidas com as vivenciadas pelos povos brasileiro e colombiano. No Brasil, um país essencialmente urbano, com 76% da sua população nas cidades, a expressão "reforma urbana" soa desconhecida e irreal. Os sem teto não tiveram o espaço na mídia obtido pelos sem terra, mesmo sendo ambos quase a mesma coisa.

O caos habitacional na periferia urbana, o êxodo rural, a falta de saneamento básico e a miséria nas favelas são fatores de apoio para a ação do narcotráfico, encarado por milhares de excluídos como "benefício social". Na omissão do Estado, é o narcotraficante quem distribui benesses, como remédios, material escolar e até caixões de defunto. A mão repressiva do Estado mete medo sem impor respeito, porque suas estruturas apodreceram com a corrupção e na malandragem das concessões de favores. Muitos narcotraficantes são queridos e temidos. Combinam intimidação com proteção, transformando-se, por isso, em uma espécie de caricatura dos conselhos do Príncipe de Maquiavel[110].

As drogas que, no passado, proporcionaram fugaz melhoria de vida para pequenos distribuidores das classes subalternas,

---

110. Ver: MAQUIAVEL, Nicolau. *O Príncipe e Dez Cartas*. Editora da UnB. Brasília – DF, 1989.

agora transformam-se em "remédio" para os desempregados da classe média. Todavia, o que se ganha é gasto no mesmo dia, endivida-se para o amanhã, uma vez que as bugigangas compradas pelos ricos exercem pesadíssimo poder de atração entre pobres e remediados. Em não se conseguindo consumir com dinheiro angariado honestamente, apela-se para as engrenagens da dependência ao crime.

O comércio de drogas é passo rápido para levar o desgraçado da sorte à ilusão do enriquecimento. O narcotráfico, obsequioso para com os que entram nele ricos, querendo transformar-se em bilionários, é cruel para com os sem nada, para com os excluídos.

A ascensão social pelas drogas existe como miragem. Mais mito do que realidade, o narcotráfico nunca mostrou pobres subindo ao topo da pirâmide social vendendo punhadinhos de drogas. Se o narcotráfico, no passado, chegou a ser ganha-pão de milhares de pessoas, hoje, apesar de seu número assustadoramente grande, a tendência é absorver menos os excluídos, incorporando mais os jovens dos estratos da classe média. Ontem, como agora, o comércio ilícito de substâncias alucinógenas jamais transformou-se em instrumento de ascensão e de mobilidade social para os deserdados do capitalismo. Na Amazônia ou em qualquer outra parte do Brasil, o futuro do narcotraficante pobre é trágico: morre como bandido ao Deus-dará.

A cultura ao serviço da vida

A miséria, o desemprego e a falta de escola continuam apontados, teimosamente, como razões básicas da violência em sociedade. Transformadas em pilares históricos da delinqüência, banalizam-se essas causas, omitindo o fato de a realidade do crime alimentar-se também de outros pratos. Sendo assim, é preciso abrir os olhos para novas vertentes abastecedoras da criminalidade, além das tradicionalmente apontadas, aqui e alhures.

No Brasil, há décadas, indicadores sociais comprovam o aumento do leque das causas da violência nas classes dominantes e nas dominadas. Segundo informações da Secretaria de Segurança Pública do Rio de Janeiro, naquela cidade, a média de assassinatos é de um a cada hora; ninguém está fora do alcance da violência.

Em capitais, nas cidades de porte intermediário e nas grandes espalhadas pelo país, parte dos crimes é levada a cabo por gente rica, bem empregada e com razoável índice de escolaridade. No DF, exemplifica-se isso por meio de casos famosos, por exemplo, a morte da menina Ana Lídia, até hoje não elucidada de todo, perpetrada por filhos de notáveis da República, no período da ditadura militar. O assassinato, pelo próprio marido, da esposa de um alto funcionário da divisão de orçamento do Congresso Nacional, envolvido com corrupção em processos de desvio de dinheiro público, tampouco deve ser esquecido.

Espancamentos seguidos de morte ou atropelamentos inexplicados de centenas de pessoas debitam-se na conta de gangues residentes no Plano Piloto e em prósperas cidades satélites do DF, como Guará, Gama, Sobradinho e Taguatinga. As gangues, compostas mais por jovens provenientes de famílias de médio poder aquisitivo do que de camadas de fato pobres, transitam impunes no meio da população.

Está comprovado que expressivo número de roubo de carros e assaltos a postos de gasolina, bancos e supermercados é efetivado por ladrões oriundos de famílias abastadas, envolvidos igualmente em negócios de drogas. Diferença notável é que os delinqüentes das classes privilegiadas não pagam por seus crimes na cadeia. Os "filhinhos de papai" detidos, quando não conseguem soltura por meio do suborno de policiais, contam com apoio técnico de advogados especializados, para que juízes libertem tais bandidos dentro das leis. É isso o que fazem: tudo realmente de acordo com as leis.

Em um país onde apesar de a maioria da população receber aquém do salário mínimo, que não chega a 100 dólares, as leis do Estado permitem pagar salários mensais de 10 a 30 mil dólares a políticos, magistrados e outros funcionários públicos, pode-se esperar por tudo. Também Hitler obedecia e andava dentro das leis. Aquele ditador pode ser culpado de tudo, menos de ter descumprido a legislação alemã no nacional-socialismo. Os cursos de direito ensinam: as obrigações devem ser respeitadas. *Pacta sunt servanda!*

Dados de pesquisas sobre as causas da criminalidade, levantados em penitenciárias e delegacias, dão conta de que a miséria, o desemprego e a falta de escolas são, sim, razões estruturais que levam ao crime. Isso é só meia verdade! Tais conclusões, escondendo a outra face da moeda, revelam distorção da realidade relativa à delinqüência, por várias razões. A primeira é que só parte inexpressiva de crimes é solucionada. A segunda é que pessoas de alto poder aquisitivo, velhas ou jovens, não pagam penas, ficam fora do alcance da lei. Obviamente por isso, não se encontram nos números das estatísticas oficiais. Por último, os ladrões pegos "com a mão na massa" são geralmente integrantes do exército de "pés-rapados". Estes não possuem nem o popular telefone celular. Não têm a estrutura tática móvel sustentada por vários veículos para driblar a polícia, não têm olheiros que mapeiam o lugar do crime nem disfarces visuais ou bases financeiras de sustentação, em caso de fuga forçada, como hospedagem em hotéis, fazendas, casas e apartamentos fora do círculo familiar e de amigos. Não dispõem de apoio logístico, fornecido por bandos insuspeitos, em outras cidades, e assim por diante.

Dada a desorientação do aparelho repressivo, hoje os bandidos ricos não usam metade dos recursos operativos acima mencionados. Suas bases logísticas estão inteiramente fora do alcance do delinqüente "pé-de-chinelo", mesmo considerando que, no mundo das drogas, competência criminal vale mais que origem social.

Entre os amantes do crime, provenientes das classes dominantes, grande moda é partir para o prazer de matar por matar. A diversão, tirando a vida do próximo, significou o martírio de um indígena da tribo dos Pataxós, queimado vivo enquanto dormia em um ponto de ônibus em Brasília. Depois de deter os assassinos, constatou-se que provinham de famílias de bem. Dessa gangue saiu até dependente de um juiz federal, com a pérfida declaração em juízo de que ateou-se fogo no índio sem querer, porque pensava-se tratar de simples mendigo (sic). Meses depois, noticiava a imprensa que um integrante desse bando encontrava-se fora das grades. Tais dados revelam duas realidades: uma nova e outra antiga. A nova é que a impunidade, na história do Brasil, jamais chegou a ser tanta e tão cinicamente assumida quanto é hoje. A antiga, propositalmente esquecida pela vertente conservadora dos estudiosos da questão, é que a criminalidade, nesta terra, nunca constituiu-se em monopólio do pobre, do desempregado, do sem escola ou do sem teto.

Em diferentes partes deste livro, chama-se a atenção sobre esse particular. A ladainha da pobreza, do desemprego e do analfabetismo, que todos acabamos repetindo, não explica por si só o crime. Relacionar, de forma exclusiva, pobreza à delinqüência e miséria ao narcotráfico é atitude parcial. Isolado de outras causas, o combate à pobreza nem sempre significa combate às drogas. Fosse assim, ricos de nossa e de outras sociedades não consumiriam substâncias entorpecentes. As razões do apelo às drogas são múltiplos. Seu abuso se alastra principalmente quando a cultura não está a serviço da vida. É por esse caminho que as coisas necessitam ser encaradas, criando alternativas viáveis às fracassadas políticas antidrogas espalhadas pelo mundo afora. Não significa, em hipótese alguma, que deva ser esquecido o combate à pobreza e uma real política de distribuição de renda.

Nas relações internacionais, sociedades dos países ricos e pobres tanto produzem quanto consomem drogas. Absolver os primeiros condenando os segundos, *mutatis mutandis*, é ver as coisas distorcidamente, por exemplo, encarar o favelado como bandido e a elite como vítima. Questionar essa crença comum e repudiar essa dualidade significa quase um esmolar metafísico clamando por olhar antropomórfico sobre os problemas humanos. Se as drogas vieram para ficar, a questão maior não é tanto diminuir os danos provocados, mas sim ter o controle delas para que as mesmas não controlem os homens[111]. Controle extremamente difícil na atmosfera de clandestinidade e diabolização reservada às substâncias alucinógenas nas políticas antidrogas espalhadas pelo mundo.

---

111. Ver: RIBEIRO, Lauro. *Nova Perspectiva do Homem*. Livraria Freitas Bastos S. A., Rio de Janeiro, 1968, p. 47.

Se o relatório "Erradicando a Pobreza Humana" estiver certo, outro ponto se alinhava na costura da tese de que a negligência serve ao narcotráfico em intensidade maior que a miséria. Esse relatório otimista constata que a pobreza vem caindo na América Latina. Diz que, no Brasil, a camada da população na pobreza, ainda enorme, passou de 47%, em 1989, para 43%, em 1995. Mesmo assim, o consumo e a produção de drogas cresce, ao invés de diminuir. De acordo com o mesmo estudo, as 225 personalidades com mais dinheiro do mundo,[112] têm o equivalente à soma de tudo que possuem 2,5 bilhões de pessoas, ou seja, um punhadão da população do planeta terra.

Essa cifra, revelando diferença aterradora, testemunha a favor do que se disse da "crise de sentido" na encíclica *"Fides et Radio"*. É ausência da dimensão do valor de si e das coisas. Traduz falta de uma percepção fenomenológica mais aguda. Prova o desuso da inteligência na solução dos problemas do próprio homem. As diferenças sociais existentes no Brasil são ímpares. A intensidade com que são perpetradas não tem similar nem no mundo dos civilizados, nem no dos bárbaros. Graças a elas, o narcotráfico acompanha-se da violência ao nível da tolerada aqui.

Não se pode cansar de repetir que os altíssimos salários, garantidos por leis injustas, efetuados às custas do contribuinte e pagos pelo Estado, são desmoralizantes, tanto pela soma em si quanto pelos perversos efeitos sociais que trazem consigo. No mar de miséria onde afogam-se milhares de brasileiros, esses pagamentos efetuam-se com o mais completo desprezo e nojo por parte dos segmentos com consciência social dentro e fora do país. Nesse contexto, vale relembrar que o consumo de drogas tem tudo para expandir-se nas sociedades em que "a vida não passa de uma oportunidade para sensações e experiências".[113]

---

112. *Erradicando a Pobreza Humana* – Programa das Nações Unidas para o Desenvolvimento (PNUD), outubro de 1998 (Relatório elaborado em comemoração ao Dia Internacional para Emancipação da Pobreza).

113. Ver Encíclica *"Fides et Radio"* (Fé e Razão). Vaticano, 15/10/98.

CONCLUSÃO

Sem dados exatos, sem números e sem estatísticas confiáveis, este estudo sobre a questão das drogas no Brasil move-se em um exercício de geometrias variadas. Tateou informações verídicas e falsas, com o cuidado de separar o joio do trigo. Observou o fácil e o difícil se confundirem e o óbvio deixar de ser tão óbvio. Enfim, essa tentativa de fazer uma pequena sociologia brasileira das drogas no contexto das relações internacionais seguidas vezes enfrentou realidades contraditórias, espelhando idiossincrasias típicas de nosso contexto social.

Ponto de extrema relevância deste trabalho é a constatação de que o contrabando de ouro, cassiterita, café, soja e pedras preciosas existentes no Brasil há várias décadas montou infra-estrutura a favor da contravenção. A corrupção manifesta no processo de evasão dessas riquezas nacionais criou e mantever-se como suporte logístico ao contrabando de drogas. A discrepância entre o enorme volume das atividades na procura por pedras preciosas e as fracas somas aportadas pelo fisco resultantes de suas vendas reforçam essa tese, importantíssimo pilar de sustentação e referência básica desta análise.

É do conhecimento público que as drogas alucinógenas saem dos locais de produção para os de consumo juntas ou misturadas ao contrabando e ao comércio legal de mercadorias. O que geralmente se desconhece é que os insumos químicos básicos destinados à produção e ao refino dos alucinógenos integram o rol de produtos mais comercializados no Ocidente. Repetindo, na geopolítica dos narcóticos, pela total desconsideração e esquecimento e pela ausência do Estado, tornam-se nulos os simbólicos marcos fronteiriços da Amazônia brasileira na divisa com os maiores produtores de coca e cocaína, vale dizer, Peru, Bolívia e Colômbia.

A integração continental promovida pelas drogas é realidade e, desde o seu nascedouro, desconhece fronteiras e marcos divisórios. O contrabando, várias vezes mencionado, de ouro, pedras preciosas, cassiterita, madeira e espécies vegetais nobres, estas últimas destinadas aos grandes grupos da indústria farmacêutica, brindou o Brasil com um ambiente aculturado pela corrupção propício à contravenção e cobiçado por máfias de diferentes países.

No trabalho, pouco exemplificou-se sobre a aproximação da Igreja com as Forças Armadas no contexto da guerra contra o inimigo comum, isto é, as drogas, depois da luta de ambos por espaço e poder na Amazônia nos anos 1970 e anos 1980, porém ressaltou-se com exemplos o grande sucesso das igrejas na luta contra as drogas. Para que isso não fique esquecido, nesta conclusão vale relembrar o formidável papel das igrejas na seara da reabilitação dos dependentes.

O baixo preço pago aos tradicionais produtos oriundos do extrativismo vegetal – a borracha, a castanha do Pará e a juta, entre outros – leva o caboclo e o produtor rural amazônico à procura de novas opções. As minas de prata e estanho no Peru e na Bolívia, bem como o garimpo de ouro na Amazônia, puderam absorver por alguns anos a mão-de-obra expulsa da agricultura e a desempregada do meio urbano. No Brasil, no final dos anos 1990, os garimpos de ouro, depois de desordenada exploração, mostram-se improdutivos por causa das primitivas técnicas empregadas em sua exploração. O plantio, o tráfico e o refino de drogas, nesse contexto, foi inicialmente redentora opção para essa mão-de-obra desgraçada da sorte. Agora, enxotados, são substituídos por "gente de melhor aparência", mostrando, mais do que nunca, que a distribuição e o consumo de drogas jamais foram monopólio da pobreza.

A coca e a papoula requerem quase o mesmo esforço de plantio e colheita empregados no cultivo de tradicionais produtos, como o arroz, o feijão e o milho. Seus dividendos são incomparavelmente superiores. Daí a obviedade das opções.

No Brasil, tanto antes quanto depois da desvalorização do real em janeiro de 1999 e da debandada das reservas, o perigoso entra e sai do fluxo de capital externo especulativo, atraído pelas altas taxas de juros, pela lavagem do dinheiro das drogas, pela privatização de estatais e pelo liberalismo das iniciativas da política econômica significam, de certa forma, etapas do processo de globalização. Idem para o moderno sistema eletrônico bancário e para as operações de empréstimos realizadas em países com diferentes moedas e diversificadas políticas de inversões. Tudo isso ajuda na lavagem do dinheiro sujo. É extremamente difícil saber quem é quem em todo esse processo.

Na Amazônia brasileira, o narcotráfico, além dos elementos acima citados, beneficiou-se do fluxo migratório sem precedentes na história regional nas últimas décadas. Grande parte de todo esse movimento de gente ocorreu graças à expansão das fronteiras agrícolas, à busca do ouro nos garimpos e à recessão dos anos 1980. Isso sem falar na solidificação da capital do Amazonas, Manaus, como Zona Franca, e a abertura da BR-174, oferecendo oportunidades logísticas sem precedentes, tanto aos insumos químicos quanto ao recebimento e ao despacho da cocaína e da heroína para outras regiões. Graças ao contrabando, ao fluxo de pessoas, capital, serviços e comércio de cocaína, Manaus, Porto Velho e Belém transformaram-se em espécie de comando regional do narcotráfico, aumentando o número deles espalhados por todas as Américas.

A chave do sucesso do crime para os narcotraficantes brasileiros consiste em saber respeitar a competência das máfias américo-colombianas, misturando os negócios ilícitos à economia formal. Manaus goza da fama de ter sido ponto quase perfeito do trânsito da heroína e cocaína. Tal perfeição criou modernos laboratórios para o refino de drogas, parte deles móveis, ao estilo das serrarias em barcas fluviais. No Sul e no Sudeste, o contínuo e impune roubo de cargas com químicos e remédios brindam o país com auto-suficiência e um novo papel de exportador de drogas sintéticas.

O progresso técnico, a transnacionalização das economias, dinheiro fácil por um lado e o desemprego rural/urbano por outro, além da mecanização, trouxeram para dentro da Amazônia gente especializada para repassar conhecimentos necessários a praticamente todas as etapas do narcotráfico.

Graças ao transporte moderno e às facilidades de comunicação, não importa se os laboratórios estão ou não próximos das áreas de cultivo para reduzir problemas de logística, encurtar distâncias e, conseqüentemente, maximizar o processo produtivo. Os insumos químicos necessários à produção da heroína, como se sabe, quase os mesmos destinados ao refino da pasta básica, fabricam-se em indústrias também localizadas nas cidades. Nesse caso, parte do refino da cocaína desloca-se agora para dentro de conglomerados urbanos, gerando situações novas, pouco estudadas e fora do alcance de qualquer satélite.

A produção da heroína na Colômbia comprova a globalização do processo produtivo amazônide das drogas. Significa que um produto típico do Oriente de repente passa a ser do Ocidente. Até quando Bolívia e Peru manterão o monopólio da produção de coca – que, no passado, expandiu-se com pouco êxito pela Amazônia brasileira com outro nome, o ipadu – é boa pergunta a se fazer.

Desnorteamento não falta na política de combate às drogas dos Estados Unidos da América, impedindo a Bolívia, o Peru, a Colômbia e o Brasil, se este último assim o quisesse, de exportar coca ou ipadu em escala suficiente para ser utilizada e comercializada na forma de remédios e alimentos. Produto dietético por excelência, é provável que a proibição da utilização comercial legal das folhas de coca seja responsável pelo seu desvio para produção de cocaína. Contudo, vencer a teimosia dos Estados Unidos da América significaria, de imediato, o desemprego de aproximadamente 70 mil agentes e especialistas encarregados do combate ao narcotráfico. Distribuídos em 50 organismos especializados, vivem tais agentes às expensas do contribuinte norte-americano, tornando o emprego uma justificativa para a manutenção dessa política proibitiva e coercitiva sem resultados. No Congresso em Washington, 53 comitês na Câmara e 21 no Senado ocupam-se com o narcotráfico. Vê-se, assim, que, da mesma maneira que existem a execrável indústria da seca no Nordeste, a indústria dos meninos de rua e a indústria da degradação ambiental, também existe a indústria de combate às drogas nos Estados Unidos da América, que começa a ser repassada para o Brasil, respaldada em apelos de ordem ética e moral.

Falar em descriminalização das drogas soa como heresia. Esquece-se, entretanto de que existem poderosos grupos que lucram com as drogas na ilegalidade. No Brasil, o jogo do bicho é caso exemplar: ele até hoje é considerado atividade ilícita, porque certamente, como contravenção, enriquece numerosos segmentos ligados à classe política dirigente e segmentos da força policial.

A proteção das liberdades e dos direitos do cidadão passa pela paz social e pela resolução de conflitos que jamais serão alcançados na perversidade da distribuição da renda vigente no país. O equacionamento da problemática social e da ordem pública e a luta contra a corrupção são incompatíveis com as regalias outorgadas à elite e a certos funcionários do Judiciário, do Legislativo e do Executivo. Tais desigualdades, cúmplices da imoralidade administrativa, significam problema sério de governabilidade, porque o privilégio transforma o cidadão em membro de uma sociedade onde se acata e não se cumpre a lei.

Salários desproporcionalmente altos, principalmente se comparados aos vigentes nos países ricos, pagos a determinados segmentos do funcionalismo público, em uma sociedade onde existe gente sem escola, sem assistência médica-hospitalar e com desnutrição, criam na sociedade ambiente cultural de insatisfação e revolta extremamente propício para o crime. As mordomias no serviço público e nas antigas estatais são escolas de um modelo pedagógico sem ética: atuam contra valores universais e contra os direitos humanos, transformando-se em arsenais da ilegitimidade. Impedem a parceria da justiça com o cidadão. Sendo as desigualdades essências do egoísmo social, ferem a dignidade humana.

Se existisse, no Judiciário, no Legislativo e no Executivo brasileiros, ao menos um pouco de convivência ética e de solidariedade para com a massa da população na pobreza, inspirada nos princípios morais da civilização ocidental cristã, tão proclamados nos discursos, tal postura impediria os membros dos escalões superiores e outros de receber, no contracheque, as costumeiras altas somas. Tragicamente, as rotinas sedimentadas e a insensibilidade social cegam. Anulam as características da eficiência dos esforços cívicos, afetando negativamente o trabalho solidário de milhares de cidadãos, em total desacordo e indignados com a hedionda prática dos descabidos privilégios típicos de uma sociedade que suporta tantas desigualdades como a nossa.

Nesta conclusão, a questão não é comparar salários, porém lembrar a imagem de uma pátria enxovalhada pelas desigualdades sustentadas pelo corporativismo. A falta de vontade política e a falta de coragem civil no enfrentamento de problemas coloca o Brasil entre aqueles onde a renda é a mais mal distribuída na face da terra.

Se forem lembradas, neste país cristão, as mensagens evangélicas pregadoras da justiça social, se analisarmos criticamente as experiências com bons resultados, ainda que obtidos com estratégias opostas – como é o caso da República Popular da China e dos Países Baixos – se, no caso da distribuição da renda, o exemplo partir de cima, começando inicialmente dentro do próprio serviço público e expandindo-se para a iniciativa privada, a sociedade será salva do afogamento no mar de violência. Terá respostas para controlar o banditismo involucrado no comércio de substâncias entorpecentes que tanto atormenta. Isso, se for apoiada por medidas intermediárias, também no âmbito da informação, incentivando a criação de vontade política e coragem civil no ataque ao problema das drogas em seus diferentes aspectos.

O narcotráfico na América Latina dança de acordo com a música que embala a corrupção nos três Poderes. Parece ousadia, mas a desregulamentação abraçou igualmente o comércio e a produção das drogas. Nos anos 1970, agiam praticamente apenas dois cartéis colombianos. No final dos anos 1990, o narcotráfico pulverizou-se entre máfias, gangues, bandos e cartéis de diferentes procedências geográficas. Tal desregulamentação tornou-o ágil e fora de alcance das tradicionais estratégias de repressão.

Proibido, na ilegalidade e banalizado pelo gigantismo do número de consumidores, o narcotráfico, em suas diferentes fases, transformou-se, não importa onde, em "um negócio como outro qualquer". A vulgarização do crime, a passividade da sociedade diante da violência e a resignação perante a onda de individualismo e egoísmo autoritário que açoita esta civilização têm minado o poder de resistência contra as drogas. Nesse sentido, o "faça o que eu mando e não faça o que eu faço" predomina na postura do aparelho repressivo de quase todos os Estados. Está na ideologia e no comportamento do dia-a-dia das sociedades que auferem lucros com as drogas. Aí, países consumidores passam por vítimas, ao mesmo tempo em que abrem suas portas ao dinheiro lavado das drogas, capital cobiçado que intensifica vários setores da economia. Em nações como a brasileira, restam migalhas e sobras do banquete do narcotráfico. Pagam as periferias mundiais, os excluídos globalizados, altíssimo preço pela violência generalizada e pela distorcida imagem que se faz de seu povo na sociedade das nações.

BIBLIOGRAFIA

ALVATER, Elmar. *Grenzen der globalizierung: ökonomie, ökologie und Politik in der Weltgesellschaft.* Münster. Thien und Wienold, 1996.

AMORIM, Carlos. *Comando Vermelho: A História Secreta do Crime Organizado.* Ed. Record. Rio de Janeiro, 1993, 3ª Ed.

BAGLEY, Bruce M. *After San Antonio.* In: Journal of Interamerican Studies and World Affairs. Miami, 1994.

BRONET, Olivier. *Drogue et Rélations Internationales.* Ed. Complexe, Bruxelles, 1991.

CABALLERO, Francis. *Droit de la drogue.* Ed. Dalloz, Paris, 1989.

CARDOSO, Fernando Henrique. *Política Externa em Tempos de Mudança.* Brasília, MRE-Fundação Alexandre Gusmão, 1994.

CEBRID (Centro Brasileiro de Informação sobre Drogas e Psicotrópicos) – Escola Paulista de Medicina. *Terceiro levantamento sobre o Uso de Drogas entre Adolescentes de 1° e 2° Graus da Rede Estadual em dez capitais brasileiras* (Belém, Belo Horizonte, Brasília, Curitiba, Porto Alegre, Recife, Rio de Janeiro, Salvador e São Paulo), 1996.

CHESNAIS, François. *A Mundialização do Capital.* Ed. Xamã, São Paulo, 1996

CORREIO BRAZILIENSE, 13.12.97.

CORREIO BRAZILIENSE, 22.10.98

CORREIO BRAZILIENSE, 15.11.98

DER TAGESSPEIGEL, 21.06.1998

DUPUIS, Marie-Christine. *La Finance Criminelle.* Éditions PUF. França, 1997.

ESCOHOTADO, A. *Historia de las Drogas.* Madrid, Alianza Editorial, 1990, 3 vol.

FOIZER, Rosely. *Gênese e Desdobramentos da Política dos Estados Unidos da América de combate às drogas*. Tese de mestrado – Departamento de Ciência Política e Relações Internacionais – Universidade de Brasília. Brasília, 1994.

FOLHA DE S. PAULO, 09.06.96.

FOLHA DE S. PAULO, 6.10.95, p. 3-5.

FOLHA DE S. PAULO, 16.10.95, p. 1-5.

FRANÇA, Valéria. *O Brasil se entope de remédios*. In: *Veja*, Editora Abril. São Paulo, 11.06.97.

GABEIRA, Fernando: *O que é isso, companheiro?* Companhia das Letras, 1979.

GARRET, R.C.; WALDEMEYER, U.G.; SERNAQUE, V. *The Cook Book: The complete reference to the uses and abuses of cocaine*. Berkeley Books, New York, 1984.

GEFFRAY, Christian. *Efeitos Sociais, Econômicos e políticos da Penetração do Narcotráfico na Amazônia Brasileira*. Relatório de Atividades nº 2. Fevereiro de 1996, ORSTOM/CNPq.

GOMES PEREIRA, S.; Carlos e Mello Franco, Afonso Arinos de. *Ofício secreto*. Assunção, 7 de fevereiro de 1961. Arquivo Histórico Diplomático de Brasília, Caixa 04.

GRAY, John. *False Dawn: the delusions of global capitalism*. Grant Books, Londres, 1998.

GRUND, J.P.C. *Drug use as a social ritual – functionality, symbolism and determinants of self regulation*. Rotterdan, Institut voor Verslavingsonderzoek (IVO), 1993.

HOBBES, Thomas. *O Leviatã ou Matéria, Forma e Poder de um Estado Eclesiástico e Civil*. Editora Nova Cultural, São Paulo, 1988.

IBGE: *Censo*, 1991.

JAMIESON, Allison: "Global Drug Trafficking". In: *Conflict Studies 234. Research Institut for the Study of Conflict and Terrorism*, London, 1991.

JORNAL DO BRASIL, 10.04.98, p. 05.

JORNAL DO BRASIL, 30.05.96, p. 15.

JORNAL DO BRASIL, 17.09.95, p. 20 e 29.

JORNAL DA TARDE, 27.10.96.

LABROUSSE, Alain. La Drogue, l'argent et les armes. Paris, Librairie Arthème Fayard, 1991, p. IV.

MANDON, D. "Perspectiva antropológica da droga". In: *Toximanias – Uma visão multidisciplinar*. J. Bergeret e J. Leblanc (org.). Porto Alegre, Artes Médicas, 1991, p. 230-242.

MARINI, Ruy Mauro. *Dialectica de la Dependencia*. Série Popular, 7ª ed. Ediciones Era S/A México, Capital Federal. 1985.

MARTIN, Daniel. *La Criminalité informatique*. Éditions PUF, França, 1997.

MAQUIAVEL, Nicolau. *O Príncipe e Dez Cartas*. Editora da UnB. Brasília – DF, 1989.

MME – Plano Plurianual para o Desenvolvimento do Setor Mineral – Ministério de Minas e Energia – Departamento Nacional de Produção Mineral. Brasília, 1994, p. 73.

MME – Sumário Mineral. Departamento Nacional de Produção Mineral. Brasília, p. 43

MURAD, José Elias. *O perfil epidemológico do usuário de drogas de Minas Gerais*. Câmara dos Deputados. Centro de Documentação e Informação. Brasília, 1997, p. 11

—. *Pesquisa sobre o abuso de drogas no Brasil*. Epidemological Inquiry About Drug Abuse in Brazil. Câmara dos Deputados. Centro de Documentação e Informação. Brasília, 1997, p. 9-11.

MURAD, José Elias. ABRAÇO – Associação Brasileira Comunitária para Prevenção do Abuso de Drogas. Belo Horizonte, 1997.

NABIL, Attawil. *Os males das bebidas alcoólicas*. Movimento da Juventude Islâmica Abu Bakr Assidi. Centrais Impressas Brasileiras Ltda., São Paulo.

O ESTADO DE S. PAULO, 08.01.98.

O ESTADO DE S. PAULO, 19.10.98.

O GLOBO, 21.09.98.

O GLOBO, 08.09.96, p. 16.

O GLOBO, 30.01.96, p. 5 e 18.

O GLOBO, 14.05.95, p. 14.

O GLOBO, 15.05.95, p. 5.

OLMO, Rosa del. *La Socio Politica de las Drogas*. Universidad Central de Venezuela. Caracas, 1995.

PANAD – (Programa de Ação Nacional Antidrogas), Ministério da Justiça, Brasília, 1996.

PNAD (Pesquisa Nacional por Amostra de Domicílios). Instituto Brasileiro de Economia e Estatística, 1995.

PNUD/IPEA. *Relatório do Desenvolvimento Humano 1996*, 1996.

PROCÓPIO, Argemiro. *Der Caipira und die Schule in der brasilianishen Agrargesellshaft*. Anuário Ed. Muenster, Alemanha, 1979.

—. "Modelo Dissociativo: uma saída para crise Brasileira". In: Jornal de Brasília, 05 de dezembro de 1982.

—. *O Ouro e a Questão da Agricultura na Amazônia Legal*. Ibero-Amerikanisches Archiv, Berlim, 1984.

—. "O soldado sem farda". In: Jornal de Brasília, 20.11.85

—. *Posseiros e Colonos: A Luta pela Vida no Médio Araguaia*. Lateinamerika, Universidade Wilhelm Pieck, Rostok, Alemanha, 1985.

—. "O Itamaraty também é Brasil". In: *Jornal de Brasília*, Brasília – DF, 13.07.1985.

—. "Amazônia: em nome do padre, da posse, do poder e do domínio santo". In: *Revista Humanidades*, Brasília – DF, 1988.

—. *Amazônia, Ecologia e Degradação Social*. Editora Alfa-Ômega. São Paulo, 1992, p. 109.

—. *Comércio Internacional, Agricultura e Meio Ambiente*. BIRD/IPEA/Brasília, 1994.

—. "Drugs, Ecology and the Social Issues in Amazonian Coutries". 48º Congresso Internacional de Americanistas. Stockolm/Uppsala, 4 a 9 de julho de 1994.

—. "Degradação Social e Ambiental: Garimpo e Narcotráfico nos Países Amazônicos", no livro *Derechos Humanos, Desarrollo Sustentable y Medio Ambiente = Human Rights, Sustainable Development and the Environment = Direitos Humanos, Desenvolvimento Sustentável e Meio Ambiente/Antônio Augusto Cançado Trindade, Ed.* IIDH/BID/San Jose de Costa Rica, 1995.

—. "Drogas influem nas Relações Internacionais – Coca integra a América Latina". In: *Correio Braziliense*, Brasília, 04.04.96.

—. *A Incorporação das Normas Internacionais de Proteção dos Direitos Humanos no Direito Brasileiro*. Antônio Augusto Cançado Trindade (Editor). Co-edição Instituto Interamericano de Direitos Humanos, Comitê Internacional da Cruz Vermelha e Alto-Comissariado das Nações Unidas para os Refugiados e Comissão da União Européia – San José, Costa Rica/Brasília, 1996.

—. "O crime organizado no contexto da globalização". In: *Textos de Política e Relações Internacionais* – Fundação Universidade de Brasília/Instituto de Ciência Política e Relações Internacionais. Caderno n° 6, fevereiro de 1997.

—. VAZ, Alcides Costa. "O Brasil no contexto do narcotráfico internacional". In: *Revista Brasileira de Política Internacional*, Ano 40, n° 1, Brasília, 1997, p. 75-122.

REVISTA CAMBIO 16, n° 113, p. 46. Colômbia, 1995.

REVISTA VEJA, 15.07.98.

REVISTA VEJA, 21.10.98.

ROSÉ, Philippe; LE DORAN, Serge. *Cybermafias*. Éditions Denoël. França, 1997.

RUFIN, Jean-Christophe. *L'Empire et les Nouveaux Barbares*. Paris. Editions JCLattès, 1991.

TAYLOR, Arnold H. *United States and the International Movement to Control the Traffic in Narcotic Drugs*, UMI, Ann Labor, 1988.

TIMTSHCENKO, Viktor. "Russland nach Jelzin". *Die Entwicklung einer kriminellen Supermacht*. Rasch & Röhring, Hamburg, 1998.

TUCHOLSKY, Kurt. *Ein deutsches tempo*. Alemanha, Reinbek, 1985.

ZALUAR, Alba. *Cidadãos não vão ao Paraíso: Juventude e Política Social*. Ed. Escuta, São Paulo, 1994.

—. *Governabilidade, Sistema Político e Violência*. José Olympio Editora, Rio de Janeiro, 1994.

ZIEGLER, Jean. *La Suisse lave plus Branc*. Paris, Editions du Seuil, 1990.

OUTRAS FONTES

1. II Encontro de Trabalho dos Representantes Regionais da IN-TERPOL/Brasil. Organização Internacional de Polícia Criminal. Porto Seguro, 22 de outubro de 1998.

2. Seminário Internacional "Segurança Pública: antigos desafios, novos modelos". Fundação João Pinheiro, Fundação Konrad-Adenauer, Instituto Latino-Americano das Nações Unidas para a Prevenção do Delito e Tratamento do Delinqüente. Belo Horizonte, 2 e 3 de setembro de 1998.

3. Câmara dos Deputados. Entrevista com o Deputado Federal José Elias Murad da Comissão Parlamentar de Prevenção ao Abuso de Drogas e Presidente da CPI do Narcotráfico em 1991.

4. IV Simpósio "Corrupção e Narcotráfico", Universidade de Brasília/Departamento de Relações Internacionais, novembro de 1997

5. Mesa-Redonda sobre "O Narcotráfico nas Relações Internacionais" no XX Encontro Anual da ANPOCS. Caxambu, 22 a 26 de setembro de 1996.

6. Mesa-Redonda sobre "Ilícitos Transfronteiriços". Fundação Konrad-Adenauer, Fundação Alexandre Gusmão. Secretaria de Assuntos Estratégicos da Presidência da República. 22 de agosto de 1996.

7. III Simpósio "Visões Políticas sobre o Narcotráfico", Universidade de Brasília/Departamento de Relações Internacionais, 17 de abril de 1996.

8. II Simpósio "A Imprensa e o Narcotráfico nas Relações Internacionais", Universidade de Brasília/Departamento de Relações Internacionais, 7 de junho de 1995.

9. I Simpósio "Questão das Drogas e do Narcotráfico nas Relações Internacionais", Universidade de Brasília/Departamento de Relações Internacionais, 28 de novembro de 1994.

10. Trabalho e pesquisa de campo em boates, farmácias, drogarias, escolas noturnas e igrejas no escopo das atividades do Projeto Integrado "Dimensões e Características sociológicas do Narcotráfico no Brasil". CNPq, 1995-1998.

11. "Por que consumir? O que pensam os estudantes universitários sobre drogas". Pesquisa sob a coordenação de A. Procópio, UnB, 1994-1998.

12. "A questão da terra, dos garimpos e da colonização no Médio Araguaia." Pesquisa sob a coordenação de A. Procópio. Ministério do Interior – Projeto Rondon – UnB, 1980 – 1983.

13. "Em defesa do homem e da natureza na Amazônia. O caso da agricultura e do garimpo". Trabalho de extensão e pesquisa no Médio Araguaia, Alto Rio Negro e Rio Madeira. Coordenação de A. Procópio. Apoio: CNPq – Presidência da República – UnB, 1984-1987.

14. Relatório anexo ao Ofício da embaixada dos Estados Unidos do Brasil em Assunção, nº 183, de 12/07/1960.

ABREVIATURAS

ABRAÇO – Associação Brasileira Comunitária de Prevenção ao Abuso de Drogas.

AIDS/SIDA – Síndrome de Imuno Deficiência Adquirida.

ANATEL – Agência Nacional de Telecomunicações.

ANPOCS – Associação Nacional de Pós-Graduação e Pesquisa em Ciências Sociais.

ATS – Anfetamines Type Stimulants.

BANACRE – Banco do Estado do Acre.

BASA – Banco do Estado da Amazônia.

BCCI – Banco de Crédito e Comércio Internacional.

BID – Banco Interamericano de Desenvolvimento.

BIRD – Banco Mundial.

CC-5 – Carta Comercial Circular Nº 5.

CEBRID – Centro Brasileiro de Informação sobre Drogas e Psicotrópicos.

CNBB – Conferência Nacional dos Bispos do Brasil.

CNPq – Conselho Nacional de Desenvolvimento Científico e Tecnológico.

COAFI – Conselho de Controle de Atividade Financeira.

CONAD – Conselho Nacional Antidrogas.

CONFEN – Conselho Federal de Entorpecentes.

CONENs – Conselhos Estaduais de Entorpecentes.

COMENs – Conselhos Municipais de Entorpecentes.

DEA – Drug Enforcement Administration.

DETRAN – Departamento Nacional de Trânsito.

DIAP/DENARC – Divisão de Inteligência e Apoio Policial da Polícia Civil de São Paulo.

DNPM – Departamento Nacional de Produção Mineral.

DPF – Departamento de Polícia Federal.

DRE – Divisão de Repressão a Entorpecentes.

DRFVAT – Delegacia de Roubos e Furtos de Veículos Automotores Terrestres.

ELN – Exército de Liberação Nacional.

EMBRATUR – Empresa Brasileira de Turismo.

EPL – Exército Popular de Libertação.

ETA – Euskadi Ta Askatasuna (Pátria Basca e Liberdade).

FAB – Força Aérea Brasileira.

FARC – Forças Armadas Revolucionárias Colombianas.

FBI – Federal Bureau of Investigation.

FBN – Federal Bureau of Narcotics.

FEBRACT – Federação Brasileira de Comunidades Terapêuticas.

FINCEN – Agência Fiscal Norte-Americana.

FUNAI – Fundação Nacional do Índio.

GAPE – Grupo de Apoio e Proteção à Escola.

IBAMA – Instituto Brasileiro de Meio Ambiente.

IBGE – Instituto Brasileiro de Geografia e Estatística.

IBOPE – Instituto Brasileiro de Opinião Pública.

IIHD – Instituto Interamericano de Direitos Humanos.

INFOSEG – Sistema Nacional Integrado para Informações sobre Questões de Segurança Pública e Justiça.

INSS – Instituto Nacional de Seguridade Social.

IPEA – Instituto de Pesquisa e Economia Aplicada.

INTERPOL – Organização Internacional de Polícia Criminal.

LSD – Lysergsanredianthylamid.

MDMA – Metilenodioximetanfetamina.

MIR – Movimento de Esquerda Revolucionária.

MICT – Ministério da Indústria, do Comércio e do Turismo.

MME – Ministério de Minas e Energia.

MRE – Ministério das Relações Exteriores.

OFM – Ordem dos Frades Menores.

OICE – Órgão Internacional de Controle de Entorpecentes.

OMS – Organização Mundial da Saúde.

ONU – Organização das Nações Unidas.

OTAC – Organização do Tratado de Cooperação Amazônica.

PANAD – Programa de Ação Nacional Antidrogas.

PNAD – Pesquisa Nacional por Amostra de Domicílios.

PRODEQUI – Programa de Estudos e Atenção às Dependências Químicas.

PROERD – Programa Educacional de Resistência às Drogas.

PT – Partido dos Trabalhadores.

PSDB – Partido da Social Democracia Brasileira.

SAE – Secretaria de Assuntos Estratégicos.

SECEX – Secretaria do Comércio Exterior.

SETCESP – Sindicato das Empresas de Transporte de Carga de São Paulo.

SENAD – Secretaria Nacional Antidrogas.

SIVAM/SIPAM – Sistema de Vigilância da Amazônia/Sistema de Proteção da Amazônia.

SINDARMA – Sindicato Nacional de Empresas de Navegação.

TAM – Transportes Aéreos Meridionais.

TCA – Tratado de Cooperação Amazônica.

TIAR – Tratado Interamericano da Assistência Recíproca.

UBS – União dos Bancos Suíços.

UFBA – Universidade Federal da Bahia.

UFRJ – Universidade Federal do Rio de Janeiro.

UFRR – Universidade Federal de Roraima.

UNB – Universidade de Brasília.

UNDCP – United Nations Drug Control Programme.

VARIG – Viação Aérea do Rio Grande.

VASP – Viação Aérea de São Paulo.